文革史料叢刊第四輯

第三冊（一）

李正中　輯編

只有不漠視、不迴避這段歷史，中國才有希望，中華民族
才有希望！忘記歷史意味著背叛！

——摘自「文革史料叢刊·前言」

蘭臺出版社

巴金先生說在文革

受盡火與血磨煉

的人是不會沉默的

八十又

五叟

李正中

著名中國古瓷與歷史學家、教育家。
李正中　簡介

祖籍山東省諸城市，民國十九年（1930）出生於吉林省長春市。
北平中國大學史學系肄業，畢業於華北大學（今中國人民大學）。
歷任：天津教師進修學院教務處長兼歷史系主任（今天津師範大學）。
　　　天津大學冶金分校教務處長兼圖書館長、教授。
　　　天津社會科學院中國文化研究中心主任、研究員。
現任：天津文史研究館館員。
　　　天津市漢語言文學培訓測試中心專家學術委員會主任。
　　　香港世界華文文學家協會首席顧問。
　　　（天津理工大學經濟與文化研究所供稿）
為加強海內外學術交流，應邀赴日本、韓國、香港、臺灣進行講學，
其作品入圍德國法蘭克福國際書展和美國ABA國際書展。

文革五十周年祭

百萬紅衛兵打砸搶燒殺橫掃五千年中華文史精華　可惜

中國知識分子慘遭蹂躪委曲求全寧死不屈有氣節　可敬

國家主席劉少奇無法可護窩窩囊囊死無葬身之地　可歎

內鬥中毛澤東技高一籌讓親密戰友林彪墜地身亡　可悲

2016年李正中於5.16敬祭

前言：忘記歷史意味著背叛

文學巨匠巴金說：

應該把那一切醜惡的、陰暗的、殘酷的、可怕的、血淋淋的東西集中起來，展覽出來，毫不掩飾，讓大家看得清清楚楚，牢牢記住。不能允許再發生那樣的事。不再把我們當牛，首先我們要相信自己不是牛，是人，是一個能夠用自己腦子思考的人！

那些魔法都是從文字遊戲開始的。我們好好地想一想、看一看，那些變化，那些過程，那些謊言，那些騙局，那些血淋淋的慘劇，那些傷心斷腸的悲劇，那些勾心鬥角的醜劇，那些殘酷無情的鬥爭……為了那一切的文字遊戲！……為了那可怕的十年，我們也應該對中華民族子孫後代有一個交代。

要大家牢記那十年中間自己的和別人的一言一行，並不是讓人忘記過去的恩仇。這只是提醒我們要記住自己的責任，對那個給幾代人帶來大災難的「文革」應該負的責任，無論是受害者，或者害人者，無論是上一輩或是下一代，不管有沒有為「文革」舉過手點過頭，無論是造反派、走資派，或者逍遙派，無論是鳳或者是牛馬，讓大家都到這裡來照照鏡子，看看自己為「文革」做過什麼，或者為反對「文革」做過什麼。不這樣，我們怎麼償還對子孫後代欠下的那一筆債，那筆非還不可的債啊！

（摘自巴金《隨想錄》第五冊《無題集‧紀念》）

我高舉雙手讚賞、支持前輩巴老的呼籲。這不是一個人的呼籲，而是一個民族對其歷史的反思。一個忘記自己悲慘歷史和命運的民族，就是一個沒有靈魂的民族，沒有希望的民族，沒有前途的民族。中華民族要真正重新崛起於世界之林，實現中華夢，首先必須根除這種漠視和回避自己民族災難的病根，因為那不意味著它的強大，而恰恰意味著軟弱和自欺。這就是我不計後果，一定要搜集、編輯和出版這部書的原因。我想，待巴老呼籲的「文革紀念館」真正建立起來的那一天，我們才可以無愧地向全世界宣告：中華民族真正走上了復興之路……。

當本書即將付梓時刻，使我想到蘭臺出版社出版該書的風險，使我內心感動、感激和感謝！同時也向高雅婷責任編輯對殘缺不全的文革報紙給以精心整理、校對，付出辛勤的勞累致以衷心得感謝！

感謝忘年交、學友南開大學博導張培鋒教授為拙書寫「序言」，這是一篇學者的呼喚、是正義的伸張，作為一個早以欲哭無淚的老者，為之動容，不覺潸然淚下：「一夜思量千年事，人生知己有一人」足矣！

李正中於古月齋

2014年6月1日文革48周年紀念

序言：中國歷史界的大幸，也是國家、民族之大幸

張培鋒

李正中先生積三十年之功，編集整理的《文革史料叢刊》即將出版，囑我為序。我生於1963年，在文革後期（1971-1976），我還在讀小學，那時，對世事懵懵懂懂，對於「文革」並不瞭解多少，因此我也並非為此書寫序的合適人選。但李先生堅持讓我寫序，我就從與先生交往以及對他的瞭解談起吧。

看到李先生所作「前言」中引述巴金老人的那段話，我頓時回想起當年我們一起購買巴老那套《隨想錄》時的情景。1985年我大學畢業後，分配到天津大學冶金分校文史教研室擔任教學工作，李正中先生當時是教務處長兼教研室主任，我在他的直接領導下工作。記得是工作後的第三年即1987年，天津舉辦過一次大型的圖書展銷會（當時這樣的展銷會很少），李正中先生帶領我們教研室的全體老師前往購書。在書展上，李正中先生一眼看到剛剛出版的《隨想錄》一書，他立刻買了一套，並向我們鄭重推薦：「好好讀一讀巴老這套書，這是對「文革」的控訴和懺悔。」我於是便也買了一套，並認真讀了其中大部分文章。說實話，巴老這套書確實是我對「文革」認識的一次啟蒙，這才對自己剛剛度過的那一個時代有了比較深切的瞭解，所以這件事我一直記憶猶新。我記得在那之後，李正中先生在教研室的活動中，不斷提到他特別讚賞巴金老人提出的建立「文革紀念館」的倡議，並說，如果這個紀念館真的能夠建立，他願意捐出一批文物。他說：「如果不徹底否定「文革」，中國就沒有希望！」我這才知道，從那時起，他就留意收集有關「文革」的文獻。算起來，到現在又三十年過去了，李先生對於「文革」那段歷史「鍾情」不改，現在終於將其裒輯付梓，我想，這是中國歷史界的大幸，也是國家、民族之大幸！

前兩年，我有幸讀到李正中先生的回憶錄，對他在「文革」中的遭遇有了更為真切的瞭解。「文革」不僅僅是中國知識分子的受難史，更是整個民族、人民的災難史。正如李先生在「前言」中所說，忘記這段歷史就意味著背叛。李先生是歷史學家，他的話絕非僅僅出於個人感受，而是站在歷史的高度，表現出一個中國知識分子的真正良心。

就我個人而言，雖然「文革」對我這一代人的波及遠遠不及李先生那一代人，但自從我對「文革」有了新的認識後，對那段歷史也有所反思。結合我個人現在從事的中國傳統文化教學與研究來看，我覺得「文革」最大的災難在於：它對中華優秀傳統文化做出了一次「史無前例」的摧毀（當時稱之為「破四舊，立新風」，當時究竟是如何做的，我想李先生這套書中一定有非常真實的史料證明），從根本上造成人心

的扭曲和敗壞，並由此敗壞了全社會的道德和風氣。「文革」中那層出不窮的事例，無不是對善良人性的摧殘，對人性中那些最邪惡部分的激發。而歷史與現在、與未來是緊緊聯繫在一起的，當代中國社會種種社會問題、人心的問題，其實都可以從「文革」那裡找到根源。比如中國大陸出現的大量的假冒偽劣、坑蒙拐騙、貪汙腐化等現象，很多人責怪說這是市場經濟造成的，但我認為，其根源並不在當下，而可以追溯到四十年前的那場「革命」。而時下一些所謂「左派」們，或別有用心，或昧了良心，仍然用「文革」那套思維方式，不斷地掩飾和粉飾那個時代，甚至將其稱為中國歷史上最文明、最理想的時代。我現在在高校教學中接觸到的那些八十年代、九十年代後出生的年輕人，他們對於「文革」或者絲毫不瞭解，或者瞭解的是一些經過掩飾和粉飾的假歷史，因而他們對於那個時代的總體認識是模糊甚至是錯誤的。我想，這正是從巴金老人到李正中先生，不斷呼籲不要忘記「文革」那段歷史的深刻含義所在。不要忘記「文革」，既是對歷史負責，更是對未來負責啊！

記得我在上小學的時候，整天不上課，拿著毛筆——我現在感到奇怪，其實就連毛筆不也是我們老祖宗的發明創造嗎？「文革」怎麼就沒把它「革」掉呢？——寫「大字報」，批判「孔老二」，其實不過是從報紙上照抄一些段落而已，我的《論語》啟蒙竟然是在那樣一種可笑的背景下完成的。但是，僅僅過去三十多年，孔子仍然是我們全民族共尊的至聖先師，「文革」中那些「風流人物」們今朝又何在呢？所以我認為，歷史是最公正、最無情的，是不容歪曲，也無法掩飾的，試圖對歷史進行歪曲和掩飾其實是最愚蠢的事。李正中先生將這些「文革」時期的真實史料拿出來，讓那些並沒有經歷過那個時代的人們真正認識和體會一下那場「革命」的真實過程，看一看那所謂「革命」、「理想」造成了怎樣嚴重的後果，這就是最好的歷史、最真實的歷史，這也就是巴老所說的「文革紀念館」的一個重要組成部分啊！我非常讚成李正中先生在「前言」中所說的，只有不漠視、不回避這段歷史，中國才有希望，中華民族才有希望！

是為序。

中華民族最黑暗的年代「文革」48周年紀念於天津聆鍾室
〔注〕張培鋒：現任南開大學文學院教授博士班導師

绝密

革命大批判

〔批林彪专刊·阅后收回〕

第 六 期　　　　　　　一九七二年四月二十一日

党内绝密资料

天津市革命委员会政治部编印

毛 主 席 語 录

人民，只有人民，才是创造世界历史的动力。

阶级斗争，一些阶级胜利了，一些阶级消灭了。这就是历史，这就是几千年的文明史。拿这个观点解释历史的就叫做历史的唯物主义，站在这个观点的反面的是历史的唯心主义。

广大干部下放劳动，这对干部是一种重新学习的极好机会，除老弱病残者外都应这样做。在职干部也应分批下放劳动。

知识青年到农村去，接受贫下中农的再教育，很有必要。

戳穿新瓶装旧酒的骗术

——驳林彪一伙"英雄和奴隶共同创造历史"的反动谬论

天津市历史研究所

叛徒、卖国贼林彪一伙躲在阴暗角落里精心炮制的《"571工程"纪要》，是以唯心论的先验论和唯心史观为理论基础的反革命黑纲领。这个反革命黑纲领，是他们一小撮野心家、阴谋家"要设国家主席"的反党政治纲领和坚持"天才"观点的反党理论纲领的继续和发展。

在党的九届二中全会以后，林彪一伙拒绝党和毛主席对他们的挽救，继续反对"九大"路线，攻击毛主席**《我的一点意见》**这一马克思列宁主义的光辉文献，坚持反动的"天才"观点。他们玩弄诡辩手法，抛出了一个所谓"英雄和奴隶共同创造历史"的反动谬论。我们必须以"痛打落水狗"的精神，用马克思列宁主义、毛泽东思想的锐利武器，彻底加以批判。

（一）"英雄和奴隶共同创造历史"是地地道道的二元论

林彪一伙抛出的所谓"英雄和奴隶共同创造历史"，从表面上看来既有"英雄"，又有"群众"，多么"全面"，何等光滑。可

13

惜这种骗术并不新鲜。列宁早就揭露过，似是而非的诡辩和四面光滑的外貌，常常是政治骗子的特征。并指出：**"把马克思主义改为机会主义的时候，用折衷主义冒充辩证法是最容易欺骗群众的。这样能使人感到一种似是而非的满足，似乎考虑到了过程的一切方面，发展的一切趋势，一切相互矛盾的影响等等，但实际上并没有对社会发展过程做出任何完整的革命的解释。"** 所谓"英雄和奴隶共同创造历史"论，正是这种货色。

是奴隶们创造历史，还是英雄创造历史？这是历史唯物论与历史唯心论的一个重要分界线。不承认群众创造历史，就必然承认英雄创造历史，非此即彼，所谓"英雄和奴隶共同创造历史"，不过是"英雄创造历史"的唯心史观的变种罢了！

在哲学史上，唯心主义者用"二元论"以至"多元论"的手法来反对唯物主义的一元论，这是屡见不鲜的。但只要审查一下它们对哲学上的基本问题的答案，它们的唯心主义面目就无法隐匿了。林彪一伙所鼓吹的"英雄和奴隶共同创造历史"论，也是企图用"二元论"的折衷手法，来反对奴隶们创造历史这个历史唯物主义的根本原理。

林彪一伙所炮制的"共同创造论"，真的承认群众的作用吗？完全不是。在林彪这个叛徒、卖国贼的咀里，"老百姓的思想"就是"年成好"、"做生意"、"恭喜发财"；就是"八路军打仗，他们站在旁边看看，打好了他们就回家去，打败了他们就当顺民。"工人罢工闹革命，在林彪看来，只不过是要求"少作点工，多搞一点钱。"伟大的人民群众，竟被他污蔑成这个样子！他的这些腔调，同那些地主资产阶级老爷学者如尼采之流有什么两样呢？哪里还能找到一丝一毫群众对历史的创造作用？反过来再看他对"英雄"、"天才"又是如何地吹捧，什么"天生就高明"，"站在历史的前头"，"指挥历史的前进"，等等。真是调子最高，吹的最凶。老反共分子陈伯达甚至胡说"中华民族的所以存在，所以衰而复振，亡而复存"，都是一些"天才人物"所赐。这就表明，他们所谓"英雄和奴隶共同创造历史"，完全是他们隐蔽反动面目的一种障眼法。拨开这层迷障，这个反动谬论就现了原形，仍然是赤裸裸的反动"天才史观"。

历史唯物主义明确认定，人民群众是历史的主人。马克思说："**历史活动是群众的事业**"。毛主席说："**人民，只有人民，才是创造世界历史的动力。**"全部历史都证明，劳动群众是生产斗争和阶级斗争的决定力量，是人类物质财富和精神财富的创造者。一切社会变革都是劳动群众革命斗争的结果，一切先进思想、理论都是劳动群众革命意志的反映，一切科学技术成就都是来自劳动群众的实践经验，一切优美的文学艺术，都根源于人民群众丰富的斗争生活。人民群众是推动历史前进的决定力量，这是林彪一伙的任何谣言和诡辩所改变不了的。

那末，应该如何看待英雄人物及其在历史上的作用呢？历史唯物主义是不是否认英雄人物的作用呢？完全不是这样。斯大林同志说过："**马克思主义从来没有否认过英雄的作用。恰恰相反，马克思主义认为这种作用是相当大的，……**"可见，问题的实质不在于是否承认天才或英雄人物的作用，而在于如何看待他们的作用。与历史唯心主义的二元论相反，历史唯物主义者认为，历史决不是英雄和奴隶"共同创造"的。马克思主义是在肯定人民群众是历史的主体，是社会发展的决定力量这个前提下，承认英雄人物对推动历史发展的重大作用。为了彻底批判林彪一伙政治骗子抛出的"共同创造论"，揭穿他们玩弄的折衷主义诡辩术，就必须进一步弄清楚天才或英雄人物的含义究竟是什么？他们是怎样产生的？怎样起作用的？他们和群众又是什么关系？正是在这些问题上，林彪一伙妄图鱼目混珠，以假乱真，制造混乱。

林彪一伙所谓的"天才"，就是"父母生下的好脑袋"，"天生就高明"，是与群众（他称之为"低级的人"）完全对立的"高级的人"。他们把天才或英雄人物的出现，说成是偶然的，不可解释的。这是彻头彻尾的神秘主义。

马克思主义者并不否认天才。毛主席说："**我并不是不要说天才，天才就是比较聪明一点，天才不是靠一个人靠几个人，天才是靠一个党，党是无产阶级先锋队。天才是靠群众路线，集体智慧。**"毛主席这一英明论述告诉我们，天才只能来自社会实践，只能来自群众，只能在后天的实践过程中逐步形成，而不能归之于生理上的差异。人的生理条件，对于才能的发展来说，只是提供了一种可能性，才能的真正获得，只能靠后天的学习和锻练。

从历史唯物主义的观点看来，天才或英雄人物的出现绝不是偶然的，而是历史的产物，是受历史发展规律制约的，受阶级斗争规律制约的。马克思说过："**每一个社会时代都需要有自己的伟大人物，如果没有这样的人物，它就要创造出这样的人物来。**"在阶级社会中，个人的活动总是受阶级斗争制约的。天才或英雄人物，从来都不是孤立的个人，而是阶级的代表。先进的英雄人物就是先进阶级和人民群众的代表，是反映了历史发展的要求和人民群众愿望的，他们的思想反映了当时历史前进的趋向，因而对推动历史能起重大作用。但是他们不能决定社会发展的基本趋势。所以，我们说"时势造英雄"，而不是"英雄造时势"。

从英雄人物和群众的关系来看，天才或英雄人物，在不同程度上都是群众的代表，都是在群众中产生的。马克思说过：**"有才智的人总是被一条无形的线和人民大众联系在一起的。"**鲁迅也说过："天才并不是自生自长在深林荒野里的怪物，是由可以使天才生长的民众产生，长育出来的。"至于无产阶级的革命领袖更是最先进的无产阶级和广大人民群众的代表，和群众始终保持最密切的联系，是在无产阶级和劳动群众的革命斗争中形成的。无产阶级领袖的天才，是党的智慧的集中表现，是无产阶级和人民群众智慧的集中表现。领袖的先进思想，只有被群众所掌握，才能成为巨大的物质力量；领袖的重大作用，也必须通过政党、通过群众的革命实践才能表现出来。由此可见，离开人民群众，离开了人民群众的三大革命斗争实践，任何英雄既不能产生，也不能起作用。无产阶级的革命导师恩格斯把一切空闲时间都用来和工人交往，认为这是最大的快乐。伟大领袖毛主席总是认为群众是最聪明、最有才智的，总是教导我们要虚心向群众学习，并要求一切领导者自觉地置身于群众之中，接受群众的监督。毛主席自己就把甘当群众的小学生作为自己的志愿。革命导师对群众的这种态度，永远是我们的榜样，也最深刻地说明了领袖和群众的关系。

至于林彪一伙所鼓吹的"天才"、"英雄"，只不过是他们这一伙违反广大人民群众意志，违反历史潮流的反动头子，是国内地、富、反、坏、右和国际帝、修、反的代表，是极端腐朽、极端反动的历史渣滓，更谈不上什么"创造历史"。他们妄图扭转历史前进的方向，到头来，只能被历史的巨轮辗得粉身碎骨。

（二）"天才史观"是剥削阶级的反动史观

林彪一伙鼓吹的"英雄和奴隶共同创造历史"的反动谬论，就是改头换面的唯心主义的"天才史观"，这种"天才史观"历来是剥削阶级的反动史观。

为了彻底批判林彪一伙所鼓吹的"天才史观"，我们就必须重温一下哲学史，看看"天才史观"究竟是什么东西，历代剥削阶级是怎样鼓吹"天才史观"的，以及他们为什么要顽固地宣扬"天才史观"。

从茹毛饮血、岩居穴处的远古社会，发展到今天的高度文明，几十万年的历史，尤其是近几千年激烈的阶级斗争的历史，究竟是谁创造的？是英雄创造历史，还是奴隶们创造历史？对于这个根本问题，无产阶级战歌《国际歌》在一百年前就作了响亮的回答："是谁创造了人类世界？是我们劳动群众"。

但是，几千年来，古今中外，一切剥削阶级却一直在宣扬历史是由少数"英雄"、"天才"创造的，而把劳动群众污蔑为"阿斗"、"群氓"，甚至比作牲畜。

在中国，古代的统治者把治理国家叫做"牧民"，把老百姓比作牲畜。孔子的话是"民可使由之，不可使知之"；孟子的话是"君子"、"大人"不劳而食，统治"野人"、"小人"，乃"天下之通义"。西汉时代的董仲舒更说："天之所大，奉使之王者，必有非人力所能致而自至者，此受命之符（证据）也。"把封建皇帝说成是"天赐"的"圣人",是"奉天之命"的当然统治者。以孔孟为代表的儒家思想,统治中国封建社会达两千多年,谁要反对,就要受到最严厉的惩罚。到了近代中国资产阶级改良派的代表人物康有为,他以"圣人"自居,鼓吹"天生之圣,不思而得"。另一个资产阶级代表人物梁启超在《历史研究法》这本书中说,"历史为少数伟大人物之产儿",伟大人物"心理之动进稍易其轨,而全部历史可以改观"。康、梁鼓吹依靠圣君、贤相的改良主义,对抗群众革命,结果堕落为顽固的保皇派。

在欧洲,古希腊贵族奴隶主哲学家柏拉图把人分为三等。第一等是哲学家,第二等是武士,第三等是农民和手工业者,至于奴隶,根本不算人,不在三等之列。由少数"天才"的"哲学家"指挥武士来统治劳动人民,这就是柏拉图的"理想国"。柏拉图主义,在整个中世纪被统治阶级奉为正统,成为封建主义的神权、教权、君权的理论基础。

在近代,德国哲学家黑格尔把历史说成是"宇宙精神"的发展,而伟大人物则是"宇宙精神"的体现。他在《历史哲学讲演录》中说:"历史上的伟大人物是这样一些人,在他们的个人的、特殊的目的中包含着作为宇宙精神的意志的实体性的东西"。德国反动哲学家尼采还说,历史的意义就在于产生"超人",群众只不过是"超人"实现其意志的工具,是供"实验的材料",甚至污蔑群众是"畜群"、"一堆瓦砾"。在英国,有一个托马斯·卡莱尔,专门写了一本《论历史上的英雄、英雄崇拜和英雄业绩》,胡说全部历史就是"伟人的历史","世界上所完成的一切",都是"天赐的伟人思想的实际实现和具体化"。二十世纪以来,在帝国主义国家中，一直流行着各种流派的"新柏拉图主义"、"新黑格尔主义"，为垄断资产阶级的反动统治辩护。

为什么一切剥削阶级这样如出一辙地宣扬"天才史观"呢？马克思和恩格斯在批判托马斯·卡莱尔的"天才史观"时，一针见血地指出，这种反动史观企图把阶级矛盾归结为"贤人与贵人"和"愚人与贱人"的矛盾，把阶级差别归结为天生的自然的差别。企图让**"人们必须向天生的贵人和贤人屈膝，尊敬这些差别，……一言以蔽之，即应崇拜天才。""最后得出一个答案：应该由贵人、贤人和智者来统治。"**"天才史观"就是这样一种为剥削阶级利益服务的反动理论。林彪一伙极力鼓吹"天才史观"，也完全是为他们这伙剥削阶级代表人物上台，统治劳动人民制造舆论的。

按照这种反动理论，历史的发展只能服从少数统治者的意志，根本没有任何客观规律。人民既不能认识历史规律，更不能掌握历史规律。他们除了俯首听命，接受奴役以外，就只能仰望苍天，等待"救世主"的来临。哪里还能反抗？哪里还能革命？哪里还有一线光明和希望？"天才史观"，这个似乎很玄妙、很崇高的字眼，实际宣扬的却是愚昧、屈辱和黑暗。

几千年来，剥削阶级用尽一切手段强迫劳动人民接受这种反动史观，但却无法压制劳动人民的革命意志。两千年前，中国农民起义领袖陈胜就满腔悲愤地质问过："王侯将相，宁有种乎？"连续不断的奴隶暴动和农民起义，把一个个自封为"天才"、"圣人"的帝王打翻在地，更是劳动人民用革命暴力对"天才史观"的**"武器的批判。"**

但是，由于历史的局限性，在马克思主义产生以前，没有，也不可能从理论上彻底摧毁"天才史观"。只有现代无产阶级出现以后，产生了马克思主义，才第一次指出劳动人民是历史的主人，创立了历史唯物论，成为无产阶级推翻资产阶级和一切剥削阶级的锐利武器。

（三）林彪一伙鼓吹"天才史观"的罪恶目的

马克思主义对"天才史观"的批判已经进行了一百多年。但是，剥削阶级的本性是不能改变的，即使在无产阶级专政条件下，他们仍然要利用各种唯心主义，其中包括"天才史观"，来反对马克思主义。林彪一伙正是这样的人物。他们疯狂地鼓吹"天才史观"，阴谋策划于密室，四面点火，八方串连，上下呼应，声嘶力竭，甚至要尽流氓手段，"用眼泪来表达"，"刀搁在脖子上，也不收回"反动的"天才"观点。他们为什么要这样干呢？马克思曾深刻地刻划过这类人物的丑恶嘴脸：**"对巴枯宁先生来说，学说（用蒲鲁东、圣西门等人的一些片断拼凑成的废话）过去和现在都是次要的东西——仅仅是抬高他个人的手段。如果说他在理论上一窍不通，那末他在干阴谋勾当方面却是颇为能干的。"** 林彪一伙鼓吹"天才史观"，完全是一个反革命的政治阴谋，他们的险恶政治目的就是歪曲我们伟大领袖毛主席的光辉形象，并把他们自己打扮成"天才"，从而为他们分裂党，篡权复辟制造反革命舆论。

中国人民在几十年的长期斗争中，产生了毛主席这样伟大的领袖，这是全中国人民的幸福。毛主席的崇高威信，是在千百万中国人民的革命实践中形成的。毛泽东思想是马列主义的普遍真理与中国革命的具体实践相结合的产物，是中国人民革命经验的总结，是广大人民智慧的结晶。毛泽东思想的伟大，正在于它集中地反映了广大人民群众的根本利益，用毛泽东思想武装革命人民就成为不可战胜的物质力量。

但是，林彪一伙为了达到不可告人的罪恶目的，却用"天才史观"来歪曲革命领袖的形象，歪曲毛泽东思想。所谓伟大天才"几百年、几千年才出现一个"这种歪曲历史事实的反动论点，实际是两千年前孟子所鼓吹过的"五百年而王者兴"的神秘主义的封建史观。他们用这种反动观点来蛊惑人心，正是要抽掉毛泽东思想的阶级内容和群众基础，混淆无产阶级的革命领袖与腐朽的地主资产阶级政治家的根本区别。斯大林同志在《联共党史》结束语中引用了希腊神话中大力士安泰的故事，来比喻党和群众的关系：大地是安泰的母亲、也是安泰力量的源泉，敌人以阴谋诡计使安泰脱离大地，失去力量，因而被扼死在空中。斯大林用这个比喻来谆谆告诫苏联共产党，千万不可失去与群众的联系。林彪一伙鼓吹"天才史观"，正是妄图割断党、党的领袖与广大群众的血肉联系。斯大林同志在戳穿托洛茨基匪帮的反革命两面派阴谋时说：**"反对派歌颂列宁同志是天才人物中最有天才的人，……这里也含有战略上的诡计：他们想以叫嚷列宁同志的天才来掩护他们离开列宁的行为，……"**赫鲁晓夫在篡夺苏联党的领导权时继承了托洛茨基的衣钵。在《"571工程"纪要》这个反革命纲领中，林彪一伙自己招供出，他们鼓吹"天才史观"也正是要采用这种战略上的诡计，来达到篡权复辟的罪恶目的。

林彪一伙鼓吹"天才史观"，还在于借此制造谣言，挑拨离间，阴谋发动突然袭击，打击陷害中央领导同志。所谓"有人反对提毛主席是天才"就是他们制造的一大谎言。在反动透顶的《"571工程"纪要》中，可以清楚地看到，这一伙叛徒、卖国贼是如何磨刀霍霍，杀气腾腾地阴谋暗害忠于毛主席革命路线的中央领导同志。这些"天才史观"的吹鼓手，剥掉画皮，原来是一个法西斯阴谋暗害集团。

林彪一伙鼓吹"天才史观"，更在于"大树特树"林彪父子的个人威信和绝对权威，为林家封建法西斯王朝的上台大造反革命舆论。正如毛主席指出的：**"什么'大树特树'，名曰树我，不知树谁人，说穿了是树他自己。"** 林彪的死党吴法宪露骨地说："发现天才的人本身就是天才"。老反共分子陈伯达更直言不讳地说："林彪是个天才"。这真是"一爪落网，全身被缚"，一语泄露天机，野心完全败露。他们不仅鼓吹林彪是"天才"，还要人们承认林彪的儿子是"天才"，公然把法西斯分子林立果这个二十几岁的人吹成是"超天才"。就是在这一阵阵吹捧"天才"的喧嚣声中，这一伙叛徒、卖国贼加紧策划反革命军事政变，简直是紧锣密鼓，急不可待，就等着登基做皇帝了。林贼一伙的这一番穷凶极恶的表演，使我们想起了当年的袁世凯。这个反动家伙为了搞复辟，当皇帝，先勾结一个美国人，制造了所谓中国人民"智识不高"，只能实行君主、不能实行共和的反动理论。又指使了一班吹鼓手对他进行大捧特捧，接着就是"请愿""拥戴"，然后就是"天许以此位，传其子孙，以至万世"，袁世凯就"承天建极"，穿上了黄袍。这个家伙还在"金匮石屋"藏了遗嘱，指定在他死后，由他的儿子袁克定继承皇位。袁世凯的皇帝只作了八十三天，就垮了台，一命鸣呼，变成了不齿于人类的狗屎堆。林彪一伙的痴心妄想和丑恶表演，几乎和袁世凯一样。不同的是，垮的更快更惨，"皇帝"没有作成，却落得个狼狈投敌，自取灭亡，粉身碎骨，遗臭万年的可耻下场。

伴随着"天才史观"而出现的这一场激烈的阶级大搏斗，异常深刻地表明了无产阶级专政下阶级斗争的复杂性，暴露了被推翻的阶级敌人是如何处心积虑地阴谋复辟以及他们的活动手法和特点。为了在复杂的阶级斗争中，能够识破假马克思主义政治骗子的谣言和诡辩，我们必须切实遵照毛主席的教导：**"认真看书学习，弄通马克思主义"**，深入开展批修整风，努力提高阶级斗争和路线斗争的觉悟。

痛斥林彪一伙对我党反修防修重要政策的恶毒污蔑

史　祖　义

林彪一伙在他们炮制的《“571工程”纪要》反革命纲领里，杀气腾腾，露出了一副反革命狰狞嘴脸。他们代表国际上帝修反和国内地富反坏右，用最恶毒的语言，丧心病狂地攻击我们伟大领袖毛主席，攻击我们伟大的、光荣的、正确的中国共产党，攻击毛主席的革命路线和政策，攻击无产阶级专政的社会主义制度，真是罪恶滔天，死有余辜。这个反革命纲领，颠倒黑白，混淆是非，造谣诽谤，挑拨离间，从头到尾，字里行间，统统是毒。它的反动实质，是妄图反对党的“九大”路线，从根本上改变党在整个社会主义历史阶段的基本路线和政策，达到复辟资本主义，建立封建法西斯王朝的罪恶目的。

在这个反革命纲领里，林彪一伙恶毒攻击我党的干部上五·七干校和知识青年上山下乡的反修防修重要政策，妄图把广大干部和青年引上修正主义的道路，成为他们发动反革命政变的工具。下面·我们着重揭露批判他们这方面的反革命罪行。

一、谎言掩盖不了事实

伟大领袖毛主席指出：一小撮阶级敌人**“因为要维护其违反真**

25

理和正义的私利，而自知他们主张、纲领、政治任务和政治目的是得不到广大人民的欢迎的，所以不敢堂堂正正的行动，只能鼠窃狗偷，鬼鬼祟祟，因而玩阴谋、耍手腕、造谣言之类，就成了他们的拿手好戏。" 林彪一伙正是这种玩阴谋、耍手腕、造谣言的无耻之徒。他们躲在阴暗角落里，极尽造谣污蔑之能事，胡说什么干部上五·七干校"等于变相失业"，知识青年上山下乡"等于变相劳改"。这同苏修叛徒集团攻击我们干部下放劳动是进"集中营"、知识青年上山下乡是"流放"的反革命腔调，如出一辙。这充分说明，林彪一伙是地地道道的帝、修、反的忠实走狗，是国内被打倒的地、富、反、坏、右的代言人。

事实胜于雄辩。

林彪一伙抛出的"变相失业"的谎言，是掩盖不了事实的。失业是资本主义制度的产物。在资本主义国家，在半封建半殖民地的旧中国，失业问题一直是无法解决的社会矛盾。但是，在党和毛主席英明领导下的社会主义新中国，根本不存在什么失业问题。随着社会主义革命和社会主义建设事业的日益发展，就业人数越来越多。目前，全国职工人数已由解放初期的八百万增加到五千一百四十万。再拿我们天津市来说，解放前，平均七个人中只有一个人在业，在业人口只占全市居民的百分之十四。而到一九七一年在业人数已达到总人数的百分之四十八。可以说，除了老人、小孩和在校学生外，凡有劳动能力的都有了适当的工作，旧社会那种失业现象已经一去不复返了。这个铁的事实有目共睹，谁也抹煞不了，就连西方资产阶级也不得不承认新中国已经从根本上解决了失业问题。干部到五·七干校，一面学习，一面生产，在劳动中改造世界观，以便更好地为党为人民工作。劳动锻炼期间，工资待遇不变，世界上那里有这样的"失业"？明明是在业，林彪一伙却污蔑是"变相失业"，这不是睁着眼睛说瞎话，又是什么！

林彪一伙抛出的"变相劳改"的无耻谰言，更是十分荒谬的。在我们无产阶级专政的国家里，劳改，是广大人民群众对林彪及其反革命一伙所代表的一小撮地、富、反、坏、右所实行的革命专政。知识青年是无产阶级革命事业的接班人。知识青年上山下乡，是到三大革命斗争的第一线，在农村的广阔天地里，经风雨，见世面，使他们成长为有社会主义觉悟的有文化的劳动者，成长为无产阶级革命事业的可靠接班人。这是一场深刻的社会主义革命，是改革我国旧教育制度的根本措施之一，对促进城乡斗、批、改，建设社会主义新农村，防止资本主义复辟，巩固无产阶级专政，有着深远的意义。林彪一伙把知识青年上山下乡污蔑为"变相劳改"，是骗不了任何人的。

造谣言，说假话，给对方扣上几顶莫须有的"帽子"，然后恶毒地加以攻击，这是一切机会主义者惯用的手法。林彪一伙也采用这个手法向党进攻，他们自以为得计，其实是最愚蠢的。林彪一伙对我党反修防修重要政策的攻击，不但丝毫无损于我党一根毫毛，相反却充分暴露出他们这一小撮是无产阶级专政最凶恶的敌人，是一群披着羊皮的豺狼。同时，也说明了干部上五·七干校和知识青年上山下乡等反修防修重要政策是无比正确的。

毛主席指出：**"凡是敌人反对的，我们就要拥护；凡是敌人拥护的，我们就要反对。"** **"被敌人反对是好事而不是坏事"**。广大干部和知识青年把上五·七干校和上山下乡，看成是毛主席对自己的亲切关怀和爱护，他们积极响应毛主席的伟大号召，到五·七干校去，到农村去，到边疆去，在毛主席的革命路线和政策指引下，在继续革命大道上奋勇前进。

拿干部上五·七干校来说，仅就市属三个干校统计，三年来，已经有六千多名干部到干校学习锻炼。经过学习锻炼，加强了阶级观点、劳动观点、群众观点，提高了阶级斗争、路线斗争和继续革命的觉悟，洗刷了唯心精神，思想面貌、精神状态、工作作风，都发生了显著的变化。老干部焕发了革命青春，新干部更加朝气蓬勃。他们离开干校后，在新的战斗岗位上，密切联系群众，保持艰苦奋斗作风，为社会主义革命和社会主义建设作出了新的贡献，受到了广大革命群众的欢迎和称赞。群众摸着他们手上的老茧说："你们是带着五·七干校的校徽来的，这样的干部我们信得过！"

再拿知识青年上山下乡来说，广大知识青年在农村这个广阔的天地里，在各级党组织的领导下，认真看书学习，接受贫下中农再教育。他们在阶级斗争和路线斗争中，冲锋陷阵，勇敢战斗，成为宣传、执行和捍卫毛主席革命路线的骨干力量；在生产斗争中，战天斗地，艰苦奋斗，成为**"农业学大寨"**的突击力量；在科学实验中，解放思想，敢想敢干，成为一支发展农村科学、文化、卫生事业的新生力量。他们当中，英雄人物不断涌现，先进事迹层出不穷。仅据我市近几年来下乡的二十四万知识青年中的统计，已有一万八千八百多人被选为县（团）以上的学习毛主席著作积极分子，有一千九百多人光荣地加入了中国共产党，有一万八千多人参加了共青团，有六千三百多人被贫下中农选进省、地、县、社各级领导班子，有两万七千五百多人担任了宣传员、辅导员、会计、保管、赤脚医生和学校教师。广大知识青年深有体会地说："农村需要我们，我们热爱农村。农村不是英雄无用武之地，而是广阔天地大有作为。"这些活生生的事实，是对林彪一伙散布的无耻谰言最有力地驳斥。

二、林彪一伙抛出的所谓"变相失业"、"变相劳改"是为他们反革命政变服务的

列宁说："**所有一切压迫阶级，为了维持自己的统治，都需要有两种社会职能：一种是刽子手的职能，另一种是牧师的职能**"。林彪一伙在《"571工程"纪要》反革命政变纲领中抛出的"变相失业"和"变相劳改"的反革命谬论，就是耍弄的这种反革命两手策略。

林彪一伙把自己装扮成"救世主"的模样，极力散布所谓"变相失业"和"变相劳改"的谬论，其罪恶目的是蛊惑人心，拨挑离间，妄图以此来煽动干部和青年对党不满，破坏党和群众的血肉关系，分裂革命队伍，诱使干部、青年走上修正主义道路，为他们反革命阴谋效劳。这完全是徒劳的。我们广大干部、知识青年忠于党，忠于人民，和他们这一小撮阶级敌人是誓不两立的。我们有马列主义、毛泽东思想这个最锐利的思想武器，一眼就看穿了他们的阴谋诡计。我们从党的五十年斗争历史中深深地认识到，毛主席是人民利益的代表，是革命潮流的代表，是历史前进方向的代表。没有毛主席，就没有我们党，就没有新中国，就没有劳动人民的今天。毛主席的革命路线是我们的生命线，幸福线。乌鸦的翅膀遮不住太阳的光辉，林彪一伙妄图挑拨干部、青年和党的亲密无间的关系，阻

挠我们跟着毛主席干革命，这个阴谋是永远不能得逞的。

干部是革命队伍的骨干，青年是革命事业的接班人。在干部和青年应该走什么道路这个根本问题上，历来存在着两个阶级、两条道路、两条路线的激烈斗争。斗争的中心是搞马克思主义还是搞修正主义的问题。

历史的经验告诉我们，国内外阶级敌人在破坏无产阶级革命，破坏无产阶级专政的时候，总是交替使用或同时使用反革命暴力和糖衣炮弹这两种武器的。而糖衣炮弹进攻的重要目标就是党的干部和青年。一切机会主义头子，为了颠覆无产阶级专政，复辟资本主义，都极力用资产阶级名利作为诱饵，引诱干部和青年脱离劳动，脱离工农群众，脱离实际，脱离社会主义轨道，走上修正主义道路，变成高踞于劳动群众头上的精神贵族。在伟大列宁的故乡、社会主义的苏联，十四国的武装干涉，白匪的叛乱，希特勒的几百万军队的进攻，都没有能够攻破苏联这个社会主义堡垒。但是在斯大林逝世后，却被苏联内部新生的资产阶级篡夺了政权，改变了颜色，使克里姆林宫的红星暂时熄灭了。帝国主义的预言家们根据苏联发生的变化，也曾经把"和平演变"的希望，寄托在中国党的第三代或第四代身上。林彪一伙抛出"变相失业"、"变相劳改"的反革命谬论，攻击党的干部上五·七干校和知识青年上山下乡政策，就是妄图步赫鲁晓夫的后尘，对干部和青年进行腐蚀侵袭，分化瓦解，以便把**"复辟希望"**变成**"复辟行动"**。但是，他们和一切反动派一样，总是错误的估计形势，过高地估计自己的力量，过低地估计人民的力量。我们有伟大领袖毛主席的英明领导，有以马列主义、毛泽东思想作为理论基础的党，有经过无产阶级文化大革命锻炼的革命干部和革命群众，有一条马列主义的路线和各项无产阶级政策。任何复辟资本主义的妄想，只能在无产阶级专政的铜墙铁壁面前碰得头破血流！

在毛主席的领导下，我们党一贯重视对干部和青年的培养教育，并且把培养和造就无产阶级革命事业接班人放在极其重要的地位。

走同工农相结合的道路，这是毛主席的一贯思想，是毛主席革命路线的组成部分。早在抗日战争时期，毛主席就教导我们：**"全国知识青年和学生青年一定要和广大的工农群众结合在一块"**，**"……是一个假马克思主义者还是一个真马克思主义者，只要看他和广大的工农群众的关系如何，就完全清楚了。只有这一个辨别的标准，没有第二个标准。"**还指出，这是革命的或不革命的或反革命的**"最后的分界"**。在解放战争时期，毛主席又号召**"应该热情地跑到农村中去，脱下学生装，穿起粗布衣，不惜从任何小事情做起"**，为完成**"农村民主革命而奋斗"**。进入社会主义革命和社会主义建设时期，毛主席又进一步阐明了与工农相结合的重要意义，并发出了伟大号召：**"一切可以到农村中去工作的这样的知识分子，应当高兴地到那里去。农村是一个广阔的天地，在那里是可以大有作为的。"**毛主席总结了国内外无产阶级专政的正反两方面的经验，更加明确地把培养为工农服务的干部队伍和知识分子队伍，提到反修、防修，坚持无产阶级专政下继续革命的高度，毛主席深刻地指出：**"必须坚持干部参加集体生产劳动的制度。我们党和国家的干部是普通劳动者，而不是骑在人民头上的老爷。干部通过参加集体生产劳动，同劳动人民保持最广泛的、经常的、密切的联系。这是**

社会主义制度下一件带根本性的大事，它有助于克服官仔主义，防止修正主义和教条主义。""为了保证我们的党和国家 不 改 变 颜色，我们不仅需要正确的路线和政策，而且需要培养和造就千百万无产阶级革命事业的接班人。"无产阶级文化大革命中，毛主席再一次指示："广大干部下放劳动，这对干部是一种重新学习的极好机会，除老弱病残者外都应这样做。在职干部也应分 批 下 放 劳动。"随后不久，又发出了"知识青年到农村去，接受贫下中农的再教育，很有必要。"的伟大号召。当革命委员会诞生 的 时候，毛主席又反复强调干部要参加集体生产劳动，"既当'官'，又当老百姓"。在党的第九次全国代表大会期间，毛主席在谈到新选进中央委员会的一些基层同志时，又谆谆教导说："要注意，要他们不要脱离群众，不要脱产，又要工作。"

毛主席这一系列教导明确地告诉我们，我们党的干部下放劳动和知识青年上山下乡的重要政策，是由我们党的指导思想、党的性质、党的任务所决定的。我们党是为广大人民群众谋利益的政党，肩负着解放全人类的伟大历史使命；我们党的路线和政策的理论基础是马克思主义的辩证唯物论和历史唯物论；我们党的力量源泉是用马列主义、毛泽东思想武装起来的广大人民群众；我们党把培养无产阶级革命事业接班人的问题看成关系我们党和国家命运的极其重大问题。路线决定政策，政策体现路线。一个马克思列宁主义的党，必然把干部下放劳动和知识青年上山下乡这两项重要政策，作为社会主义制度下带根本性的大事，作为反修防修的百年大计、千年大计、万年大计。

林彪一伙疯狂攻击我党反修防修重要政策，妄图改变我党的基本路线和政策，挑拨干部和知识青年对党不满，把干部和知识青年引上修正主义道路，实现其复辟资本主义的阴谋，只能是痴心妄想，白日作梦。

三、林彪一伙抛出的所谓"变相失业"、"变相劳改"是他们地主资产阶级世界观的大暴露

党内两条路线的斗争，实质上是按照无产阶级世界观改造世界，还是按照资产阶级世界观改造世界的斗争。

林彪一伙抛出的"变相失业"和"变相劳改"的反革命谬论，是他们地主资产阶级世界观的大暴露，是唯心论的先验论和唯心史观的必然产物。他们奉行的是地主资产阶级哲学"劳心者治人"、"学而优则仕"，鼓吹的是"读书做官论"、"劳动惩罚论"。他们拚命地向干部和青年灌输这些封资修的破烂，把人民群众贬之为"无知的群氓"，把干部封为高人一等的"官老爷"，竭力制造干部和群众的对立，使我们无产阶级政权脱离人民群众。在他们看来，干部就是骑在人民头上的"官"，只能上不能下，只能官不能民，上五·七干校就是"削官为民"，就是失业；青年只能读书做官，追求精神贵族的地位，上山下乡就是劳改。

其实，这些破烂都不是什么新鲜货色。历史上地主资产阶级就是用这些腐朽的意识形态来毒害人民，以维护其反动统治的。在中国春秋时代，奴隶主思想的代表孔老二，就是宣扬什么"劳心者治人，劳力者治于人"。剥削阶级就是用"学而优则仕"的反动谬论作为诱饵，收买一批知识分子为"人上人"，当官做老爷，为剥削阶级的反动统治效劳。在资本主义社会，资产阶级变换手法，搞什

么学位制，给一些知识分子挂上"硕士"、"博士"之类的头衔，使他们充当资产阶级统治的工具。

林彪一伙为了毒害人的灵魂，腐蚀干部和知识青年，竟然乞灵于地主资产阶级的思想武库，足见其黔驴技穷，虚弱到何等地步！

党的干部下放劳动和知识青年上山下乡的政策之所以正确，正是因为它建立在无产阶级世界观的基础上，正确地反映了客观事物的发展规律，代表了无产阶级和广大群众的根本利益。

毛主席教导我们："**人类的生产活动是最基本的实践活动，是决定其他一切活动的东西。**""**人的正确思想，只能从社会实践中来，只能从社会的生产斗争、阶级斗争和科学实验这三项实践中来。**""**人民，只有人民，才是创造世界历史的动力。**"无产阶级在培养革命事业接班人的时候，特别强调要投身于群众的革命实践，做一个普通的劳动者，这是由无产阶级世界观所决定的。群众是实践的主体，也是认识世界和改造世界的主体。广大干部和青年参加集体生产劳动，密切与群众的联系，就可以通过革命实践，锤炼出劳动人民的思想感情，逐步树立起无产阶级世界观，不断提高执行毛主席革命路线的自觉性。

同时，马克思主义告诉我们，共产主义革命，不仅要和传统的私有制实行最彻底的决裂，而且还要同传统的观念实行最彻底的决裂。脑力劳动与体力劳动的分离，是阶级社会形成的不合理的社会现象。我们要消灭阶级，实现共产主义理想，一个重要的任务，就是要逐步消灭脑力劳动和体力劳动的差别。千里之行始于足下，要消灭脑力劳动和体力劳动的差别，首先要把自己当做群众的一员，做一个普通的劳动者，要和一切轻视群众、轻视实践、轻视劳动的旧观念实行彻底的决裂。

历史规律不可抗拒。凡是不顾社会发展的历史要求，违抗人民意志而胡作非为的人，不管他一时多么不可一世，到头来，只能是搬起石头打自已的脚，被滚滚向前的历史巨轮辗得粉碎。林彪一伙也逃不脱这个历史规律，最后落得个身败名裂、粉身碎骨的可耻下场。

通过同林陈反党集团这场惊心动魄的你死我活的阶级斗争，使我们对伟大领袖毛主席的无产阶级感情，更加深厚了；对毛主席亲自制定的党在整个社会主义历史阶段的基本路线和政策，理解得更加深刻了；对坚持在无产阶级专政条件下继续革命的自觉性，更加提高了。我们一定要遵照毛主席的教导：**"认真看书学习，弄通马克思主义"**，继续深入进行思想和政治路线方面的教育，不断提高识别真假马克思主义的能力，提高执行毛主席革命路线的自觉性，坚定地沿着毛主席指引的光辉的"五·七"道路，继续革命，永远前进，**团结起来，争取更大的胜利！**

·绝密·

革命大批判

第 九 期　　　　　　一九七二年五月二十五日

一、彻底批判反革命政变纲领《"571工程"纪要》

....刘　政

二、"真正的社会主义"还是真正的 资 本 主 义

天津棉纺四厂工人学习《共产党宣言》

批判《"571工程"纪要》发言摘要

天津市革命委员会政治部编印

毛 主 席 語 录

要搞马克思主义，不要搞修正主义；要团结，不要分裂；要光明正大，不要搞阴谋诡计。

一切反动势力在他们行将灭亡的时候，总是要进行垂死挣扎的。他们必然要采取军事冒险和政治欺骗的种种手段，来挽救自己的灭亡。

社会主义制度终究要代替资本主义制度，这是一个不以人们自己的意志为转移的客观规律。不管反动派怎样企图阻止历史车轮的前进，革命或迟或早总会发生，并且将必然取得胜利。

彻底批判反革命政变纲领
《"571工程"纪要》

刘　政

林彪一伙炮制的《"571工程"纪要》，是国际共产主义运动史上最反动、最毒辣、最骇人听闻的一个反革命政变纲领。这个反革命文件，集地、富、反、坏、右和帝、修、反多年来反华、反共、反人民的反动观点之大成，恶毒攻击伟大领袖毛主席，恶毒攻击中央负责同志，恶毒攻击我们的党，恶毒攻击我们人民解放军，恶毒攻击我国的工人、农民、革命干部、红卫兵、知识青年和其他革命人民。它的要害是反对"九大"路线，妄图改变党在整个社会主义历史阶段的基本路线和政策，推翻无产阶级专政的社会主义制度，复辟资本主义。

一、林彪一伙恶毒攻击谩骂我们伟大领袖毛主席，
是为了抢班夺权，建立"林家王朝"

伟大导师列宁指出："**培养一批有经验、有极高威信的党的领袖，这是一件长期的艰苦的事情。但不这样做，无产阶级专政、无产阶级的'意志统一'，就会成为一句空话。**"①

中国共产党和中国人民在半个世纪的伟大革命斗争中，产生了自己的伟大领袖毛主席。毛主席是伟大的马克思列宁主义者，是我们党、军队和国家的缔造者和领导者，是我们各族人民衷心爱戴的

伟大领袖。党的历次路线斗争，从正反两方面教育了我们党，使我们党深刻认识到，毛主席的领导，是全党、全军、全国人民最大的幸福。有了毛主席的领导，我们党就从胜利走向胜利。

资产阶级为了反对社会主义，颠覆无产阶级专政，总是把攻击矛头指向无产阶级的领袖。林彪这个口口声声喊着"高举"、"紧跟"，大讲"谁反对毛主席，谁反对毛泽东思想，就全党共诛之，全国共讨之"的家伙，实际上是一个极端仇视毛主席的叛徒、卖国贼。林彪一伙在他们的反革命政变纲领中，集中了最恶毒、最反动的语言，疯狂攻击我们的伟大领袖毛主席，恶毒攻击战无不胜的毛泽东思想，这是他们反对毛主席的反革命面目的集中暴露。

第一，这个反革命政变纲领恶毒攻击无产阶级的领袖是"独裁者"。

伟大导师列宁指出："**这个专政必须采取严酷无情和迅速坚决的暴力手段来镇压剥削者、资本家、地主及其走狗的反抗。谁不了解这一点，谁就不是革命者，谁就没有资格当无产阶级的领袖或顾问。**"②又说："**无可争辩的历史经验证明：在革命运动史上，个人独裁成为革命阶级专政的表现者、代表者和执行者，是屡见不鲜的事。**"③这就明白告诉我们，对一切反动阶级及其走狗实行无情的镇压，对他们实行革命的独裁，正是革命的需要，是阶级斗争的必然规律。无产阶级的革命领袖是无产阶级和革命人民的代表，是无产阶级和广大革命人民意志的集中体现者，他领导党和人民对无产阶级的敌人实行专政，这是我们革命事业胜利的根本保证。林彪一伙恶毒攻击无产阶级领袖"独裁"，正是他们背叛无产阶级革命和无产阶级专政的铁证。

在无产阶级革命史上，马列主义的敌人为了反对无产阶级革命，颠覆无产阶级专政，总是用"独裁"、"暴君"之类的胡言乱语，诽谤无产阶级的领袖。第一国际时代的阴谋家巴枯宁，在马克思挫败了他篡夺第一国际领导权的阴谋之后，曾咬牙切齿地谩骂马克思"从头顶到脚根是一个权威主义者"，是一个"独裁者"；第二国际时代的叛徒考茨基，也无耻诽谤列宁是"独裁者"；第三国际时代的叛徒托洛茨基同样使用这类的胡言乱语咒骂斯大林是"专制君王"；当代国际共产主义运动的无耻叛徒赫鲁晓夫，操着同样的腔调疯狂攻击斯大林是"伊凡雷帝式的暴君"，"俄国历史上最大的独裁者"。林彪一伙对伟大领袖毛主席的攻击，同国际共产主义运动史上的野心家、叛徒对马克思、恩格斯、列宁、斯大林的攻击，如此一致，决不是偶然的巧合，而是因为他们背叛无产阶级革命和无产阶级专政的反革命本性是一样的，他们反共、反人民、反革命的思想体系是一样的。

伟大导师列宁曾深刻指出："**在我们党内，对于'领袖专政'的攻击是一直都有的**"，④他们这样干的目的，就是要"**把一些胡说八道、满口谬论的新领袖拉出来……。**"⑤林彪一伙之所以恶毒攻击伟大领袖毛主席，也就是为了树立他们自己的反革命头子。他们狂热地吹捧林彪是什么"天才领袖"、"一贯正确的英明的领导者"，吹捧林立果是什么"天才，全才，超天才"、"第三代接班人"等等。林彪不仅迫不及待地抢班夺权，而且连蒋介石想了几十年还没搞成的事情，他也要搞，急于夺权传子，妄图在中国建立一个法西斯专政的"林家王朝"。可见，他们才是真正要做骑在人民头上的"太上皇"，他们才是地地道道的法西斯独裁者。

第二，这个反革命政变纲领，恶毒攻击毛泽东思想，诬蔑毛主席关于无产阶级专政下继续革命的理论是"托洛茨基的不断革命论"。

不断革命的思想，是由无产阶级的革命导师马克思创立的。一八五〇年，马克思在著名的《中央委员会告共产主义者同盟书》一文中，第一次提出了**"不间断革命"**的思想。同年十一月，他在《一八四八年至一八五〇年的法兰西阶级斗争》一文中，再次提出**"不间断革命"**的思想。列宁在俄国的革命实践中，继承和发展了马克思主义不断革命的思想，一九〇五年，列宁在《社会民主党对农民运动的态度》一文中指出："**我们将立刻由民主革命开始向社会主义革命过渡**"，"**我们主张不断革命。我们决不半途而废。**"我们伟大领袖毛主席，把马克思列宁主义不断革命的原理同中国革命的具体实践相结合，发展了马克思列宁主义关于不断革命的学说，坚持不断革命论和革命发展阶段论的辩证统一，正确地解决了革命发展的各个不同阶段，以及革命从这一阶段到另一阶段的转变问题。在新民主主义革命时期，毛主席尖锐批判了混淆革命阶段的"一次革命论"，和割裂两个革命阶段联系的"二次革命论"，排除了"左"右干扰，领导我国新民主主义革命取得了胜利。在我国无产阶级专政建立以后，毛主席从正反两方面总结了国际共产主义运动中无产阶级专政的历史经验，系统地提出了无产阶级专政下继续革命的理论，发展了马克思列宁主义关于社会主义革命和无产阶级专政的学说，并为我党制定了在整个社会主义历史阶段的基本路线。通过无产阶级文化大革命，又从理论和实践上进一步丰富了关于无产阶级专政下继续革命的学说。

托洛茨基的"不断革命论"，是在极"左"词句掩盖下，对马克思列宁主义的不断革命理论的歪曲和背叛。用托洛茨基自己的话说，"这个奇妙的名称"表达了这样三个意思：一是这个革命一开始，"就不仅要最深刻地侵犯封建所有制，而且要最深刻地侵犯资产阶级所有制"，就是说把民主主义革命和社会主义革命混为一谈；二是"在这种情形下"，必然会和"广大农民群众发生敌对冲突"，因而农民不能进入社会主义；三是"工人政府所处地位的矛盾只有在国际范围内即在无产阶级世界革命的舞台上，才能解决"，这就是说社会主义革命不能首先在一国取得胜利。由此可以看出，托洛茨基"不断革命论"是混淆民主革命阶段和社会主义革命阶段的区别的"一次革命论"，是不相信农民是革命的力量，不相信无产阶级能够领导农民群众和不相信社会主义革命能够首先在一个国家取得胜利的取消革命论。斯大林曾尖锐指出：**"列宁和'不断论者'不同的地方就在于'不断论者'曲解了马克思的不断革命思想，把它变成了毫无生气的书本上的玄谈"，⑥"是变相的孟什维主义"。⑦**

叛徒、卖国贼林彪用这种反动的"不断革命论"诋毁毛主席的继续革命理论，完全是徒劳的。毛主席关于无产阶级专政下继续革命的理论与托洛茨基的"不断革命论"是根本对立的，水火不相容的。从我们党的历史可以看出，毛主席领导全党全国人民进行革命的历史，就是对托洛茨基"不断革命论"的最有力的批判。铁的事实证明，继承托洛茨基衣钵，狂热鼓吹托洛茨基"不断革命论"的正是林彪、陈伯达及其一伙。正是他们，在民主革命时期，先追随王明搞"左"倾机会主义，后追随刘少奇搞"和平民主新阶段"；正是他们，在社会主义革命时期，搞什么"巩固新民主主义秩序"，反对社会主义革命；又以极"左"的面目，否定价值法则，否定货币作用，主张现阶段人民公社实行全民所有制，大刮"一平二调"的共产风；正是他们，混淆社会主义和共产主义的界限，形"左"实右地要在宪法上写上"为过渡到共产主义而奋斗"的口号。林彪一伙是货真价实的托洛茨基派。

林彪一伙恶毒攻击无产阶级专政下继续革命的伟大理论，就是妄图从根本上改变党在整个社会主义历史阶段的基本路线。把这个《"571工程"纪要》反革命政变纲领同林彪在九届二中全会上的讲话一对照，就看得非常清楚。林彪在九届二中全会上的讲话中胡说我们国家"是毫无修正主义的这种气味，毫没有被这种世界修正主义的潮流所同流合污。"这完全是"阶级斗争熄灭论"，是公然与毛主席关于社会主义社会阶级、阶级矛盾和阶级斗争的学说相对抗。毛主席教导我们："**社会主义社会是一个相当长的历史阶段。在社会主义这个历史阶段中，还存在着阶级、阶级矛盾和阶级斗争，存在着社会主义同资本主义两条道路的斗争，存在着资本主义复辟的危险性。要认识这种斗争的长期性和复杂性。要提高警惕。要进行社会主义教育。要正确理解和处理阶级矛盾和阶级斗争问题，正确区别和处理敌我矛盾和人民内部矛盾。不然的话，我们这样的社会主义国家，就会走向反面，就会变质，就会出现复辟。我们从现在起，必须年年讲，月月讲，天天讲，使我们对这个问题，有比较清醒的认识，有一条马克思列宁主义的路线。**"毛主席为我们党制定的这一条马克思列宁主义的路线，是巩固无产阶级专政，防止资本主义复辟的路线，是坚持无产阶级专政下继续革命的路线，是我们党的生命线。林彪疯狂反对无产阶级专政下继续革命的伟大理论，就是妄图从根本上改变党的基本路线和政策，复辟资本主义，为他们一伙上台制造反革命舆论。

第三，这个反革命政变纲领，恶毒攻击党内斗争是"制造矛盾，制造分裂"，"今天利用这个打击那个，明天利用那个打击这个。"肆意诬蔑我党在毛主席领导下半个世纪的革命历史。

马克思列宁主义从来就认为，党内两条路线的斗争是由社会阶级斗争的客观规律决定的，是不以人的意志为转移的。毛主席指出：**"党内不同思想的对立和斗争是经常发生的，这是社会的阶级矛盾和新旧事物的矛盾在党内的反映。党内如果没有矛盾和解决矛盾的思想斗争，党的生命也就停止了。"**⑧**"只要世界上还存在着帝国主义和资产阶级，我国的反革命分子和资产阶级右派分子的活动，不但总是带着阶级斗争的性质，并且总是同国际上的反动派互相呼应的。"**⑨国内国际的阶级敌人，通过各种复杂的渠道，千方百计地在我们党内寻找他们的代理人。半个世纪以来，我党历史上各次机会主义路线的头子，从陈独秀、王明、刘少奇到林彪、陈伯达，都是国内外阶级敌人在我们党内的代理人。毛主席在谈到我们党有人搞分裂时指出，今后**"还可能搞十次、二十次、三十次"**，进一步阐明了党内两条路线斗争的必然性。我们党就是从阶级斗争和两条路线斗争中成长壮大起来的，没有这种斗争，就没有我们党的今天，就没有中国革命的胜利。林彪一伙胡说党内斗争是"制造矛盾"，完全是恶意歪曲。

林彪一伙胡说什么不能"共事始终"，这反映了一小撮机会主义路线头子的反革命哀鸣。林彪及各次机会主义路线的头子，既然都是地主资产阶级在我们党内的代理人，他们同我们之间就不会有共同语言。他们要搞修正主义，我们要搞马克思主义；他们要分裂，我们要团结；他们要搞阴谋诡计，我们要光明正大。总之，他们走的是资本主义道路，我们走的是社会主义道路，是两股道上跑的车，走的不是一条道，怎么能"共事始终"呢？列宁指出："**工人事业所需要的是马克思主义者的统一，而不是马克思主义者同反对和歪曲马克思主义的人的统一。**"⑩毛主席指出："**所谓讲团结是什么呢？当然是马克思列宁主义基础之上的团结，不是无原则的团结。**"⑪"**对路线问题，原则问题，我是抓住不放的。重大原则问题，我是不让步的。**"林彪一伙搞修正主义，搞反革命政变，抢班夺权，疯狂破坏党的"九大"团结胜利路线，充当分裂党、分裂军队的罪魁祸首，我们同他们当然不能"共事始终"。

林彪一伙攻击党内斗争是"整人哲学"，这完全是颠倒黑白。毛主席为我们党制定了一整套党内斗争的方针和政策，发展了马克思列宁主义关于党的建设的理论。毛主席对待犯错误的人，包括犯有路线错误的人，总是本着"**惩前毖后，治病救人**"的方针，本着"**团结——批评和自我批评——团结**"的原则，总是"**一批二看**"，"**一看二帮**"，既要弄清思想，又要团结同志。在毛主席关于党内斗争的方针和政策指引下，除了少数机会主义路线头子坚持不改以外，大多数犯有路线错误的同志都能回到毛主席的正确路线上来，并为党的事业做出了有益的贡献。即使对林彪及其死党黄、吴、叶、李、邱等，开始也仍然本着党内斗争的一贯方针和原则，采取甩石头，挖墙角，掺沙子三项办法对他们进行了严肃斗争和耐心的教育挽救，希望他们能够回到正确路线上来。但是，他们不接受毛主席的教育和挽救，在反革命道路上越走越远，终于自绝于党，自绝于人民，叛国投敌，自我爆炸，成了死有余辜的叛徒、卖国贼。事实上，奉行"整人哲学"的不是别人，恰恰是林彪一伙，他们对于革命同志进行残酷斗争，无情打击，置于死地而后快。林彪一伙炮制的《"571工程"纪要》，充分说明了他们是一帮法西斯匪徒。无产阶级对他们这帮匪徒就是要"整"，不彻底地肃清他们，无产阶级的天下就会改变颜色。

林彪一伙所以如此恶毒攻击伟大领袖毛主席，攻击毛主席关于无产阶级专政下继续革命的理论，颠倒我党在毛主席领导下半个世纪以来革命斗争的历史，为"左"右倾机会主义路线翻案，其罪恶目的，就是妄图推翻毛主席对党的领导，建立林家父子的反革命小朝廷。这只能是他们的痴心妄想！

二、林彪一伙恶毒攻击无产阶级专政的社会主义制度，是妄图改变党在社会主义历史阶段的基本路线和政策，复辟资本主义

林彪一伙在反革命政变纲领《"571工程"纪要》中，捏造事实，颠倒黑白，恶毒攻击和诬蔑无产阶级专政的社会主义制度和党的路线和政策，妄图推翻无产阶级专政的社会主义制度，在中国复辟资本主义。

第一，这个反革命政变纲领诬蔑我们"政局不稳"，"危机四伏"，"众叛亲离"。在他们一小撮反革命分子看来，无产阶级的天快要塌下来了，神州快要陆沉了，似乎靠林彪的所谓"名望"和"权力"，登高一呼，就会四方响应，取而代之。这些反革命阴谋家完全错误地估计了形势，把无产阶级的绝对优势，看成了绝对劣势。

毛主席亲自主持的九届二中全会，粉碎了林陈反党集团在庐山

搞的反革命政变，在全党开展批陈整风运动，全党、全军、全国人民更加紧密地团结在以毛主席为首的党中央周围。革命形势空前大好。林彪一伙诬蔑我们"政局不稳"，"众叛亲离"，其实，事实恰恰相反。真正"不稳"的，不是我们，正是他们一小撮反革命分子。他们的日子越来越不好过。革命形势发展越好，他们越感到自己末日来临。无产阶级的江山越巩固，他们越感到自己的地位不稳。他们所说的"众叛亲离"，正好是他们一伙在庐山会议之后可悲境地的自我写照。林彪反党到底，跟着他投敌的，只有他的妻子、儿子和几个死党，而在紧要关头连他的女儿也不跟他们走，并且起来揭发他们叛国投敌的罪行。这才是真正的众叛亲离。对于无产阶级来说，革命形势确实是大好。清除他们这帮隐藏很深的法西斯匪徒，全党、全军、全国人民就会更加紧密地团结在伟大领袖毛主席和党中央周围，争取更大的胜利。

第二，这个反革命政变纲领，攻击我国"十多年来，国民经济停滞不前"。这是林彪射向我国无产阶级专政的社会主义制度的一支毒箭。毛主席教导我们：**"革命就是解放生产力，革命就是促进生产力的发展"**。⑫我国社会主义制度的建立，为社会生产力的发展开辟了广阔的前途。广大人民群众经过"一化三改"、整风反右、社会主义教育运动和无产阶级文化大革命，解放了思想，激发了革命干劲，促进了社会生产力的发展。以工农业生产的情况来说：粮，一九四九年二千二百六十四亿斤，一九七一年增到四千九百二十亿斤，翻了一番。钢，一九四九年仅十几万吨，一九七一年增到二千一百万吨，提高了一百三十多倍。过去，一个被帝、修、反诬蔑为"贫油"的国家，现在不但发现了储藏丰富的大油田，而且自开自采，实现了石油自给，并已开始出口。一个在解放前连钉子也要进口的国家，现在不但能大量生产汽车、飞机和多种精密机器，造出了万吨水压机，而且完全依靠我们工人阶级自己的力量，在帝国主义、修正主义扬言不能架桥的地方，建起了宏伟的南京长江大桥。我们自力更生，造出了原子弹、氢弹，成功地发射了人造地球卫星。我们国家物价稳定，市场繁荣，成为世界上既无内债又无外债的国家。林彪一伙把国内外一片大好形势诬蔑为"漆黑一团"，其险恶用心就是说，我国社会主义革命"搞糟了"，社会主义制度在中国"不适用"，不但没有促进国民经济的发展，反而使"国民经济停滞不前"。这是为剥削压迫劳动人民的旧制度招魂，是为他发动反革命政变，妄图颠覆无产阶级专政，改变社会主义制度，复辟资本主义制造反革命舆论。

第三，这个反革命政变纲领诬蔑我们的国家是"'国富'民穷"。这是妄图把我们的社会主义制度和人民的利益对立起来，恶毒挑拨人民群众对国家、对社会主义制度的不满。

在毛主席的英明领导下，在毛主席无产阶级革命路线指引下，我国无产阶级和劳动人民，推翻了压在中国人民头上的三座大山，建立了社会主义制度，实现了生产资料的公有制，消灭了地主资产阶级的剥削和压迫，铲除了劳动人民贫穷的根源。在我们国家凡有劳动能力的人都有工作。无产阶级和劳动人民从政治上和经济上都真正得到了翻身解放。随着社会主义建设的不断发展，人民的生活水平不断提高，旧社会无产阶级和劳动人民那种受压迫、受剥削，食不果腹，衣不蔽体的悲惨生活已经一去不复返了。所有这些，都充分体现了社会主义制度的无比优越性。林彪的所谓"民穷"，完全是无中生有，造谣诽谤。

　　林彪一伙在恶毒诬蔑我国是"'国富'民穷"的同时，还大肆叫嚷要搞什么"民富国强"。林彪一伙究竟要谁"富"，要谁"强"呢？用马克思主义阶级观点加以分析，就可以看得非常清楚了。在社会主义制度下，无产阶级和劳动人民翻了身，是由穷变富了。相反，地主资产阶级被剥夺了生产资料，失去了剥削的物质手段，则由富变"穷"了。林彪一伙所谓的"民"，实际上就是被我们无产阶级和劳动人民专了政的地、富、反、坏、右，他们说的"穷"，是指被我们剥夺了生产资料的地主资产阶级"穷"了。他们要搞的"民富"，就是要从无产阶级和劳动人民手中夺回被剥夺的生产资料，复辟剥削制度，恢复他们已经失去的"天堂"。他们所要建的"国"，就是保护这种剥削制度的地主资产阶级专政。由此可见，林彪的"民富国强"论完全是地主资产阶级的反动口号。它就是妄图使无产阶级和劳动人民再吃二遍苦，再受二茬罪，回到暗无天日的旧社会去。就是妄图从根本上改变我国的经济基础，改变社会主义制度，颠覆无产阶级专政，使我国沦为帝国主义和社会帝国主义的殖民地。

　　第四，这个反革命政变纲领，诬蔑我们的国家是所谓"社会法西斯主义"。这是林彪对我国无产阶级专政的恶毒攻击，也是他对马克思主义国家学说的可耻背叛。

　　毛主席教导我们：无产阶级专政的第一个作用，**"就是压迫国家内部的反动阶级、反动派和反抗社会主义革命的剥削者，压迫那些对于社会主义建设的破坏者，就是为了解决国内敌我之间的矛盾。"** ⑬没有无产阶级和劳动人民联合起来对地主资产阶级实行专政，就没有巩固的社会主义制度。活生生的阶级斗争现实告诉我们，对敌人的仁慈，就是对人民的残忍；不对敌人实行坚决镇压，就是对人民的犯罪。阶级敌人对于革命人民从来都是极端残忍的。过去他们骑在劳动人民头上作威作福,镇压人民,鱼肉人民;今天,他们被打倒了,但仍然不甘心失败,总是伺机进行疯狂反扑。例如,我市北郊区双街公社小街大队一个坚持反动立场的反革命分子张廷海,对揭发他罪恶的贫农刘占成及其女儿刘淑英极端仇恨,蓄意进行阶级报复。于一九六九年三月四日夜,张廷海乘刘淑英一人在家熟睡之机,闯门进屋,用砖头将刘淑英活活砸死,并纵火烧房,妄图焚尸灭迹。又例如,我市河西区戴帽坏分子石有堂和刑满释放分子刘福隆,纠集几个四类分子和刑满释放分子,于一九六八年八月,建立了反革命组织"中华民族联合国劳工党",先后召开两次"中央全会",并推举了"主席"、"副主席"、"总理"和军事、外交、财政等头目,制定了反革命"党章"、"党纲"、"党旗"、"国旗"、"国徽"以及"国家财政支纳手续",规定了联系代号、秘密联系方法,还收缴"党费"。他们猖狂地进行反革命活动,妄图推翻我国无产阶级专政,建立所谓"中华民族联合国"。这类触目惊心的阶级斗争事实举不胜举。象这样的阶级敌人,难道我们不应该对他们坚决地施行暴力镇压吗?!林彪一伙歪曲和诬蔑马克思主义关于阶级斗争和无产阶级专政的学说,鼓吹"阶级斗争熄灭论"和地主资产阶级"人性论",反对无产阶级和劳动人民对阶级敌人实行专政,只能说明他们是无产阶级专政的可耻叛徒。铁的事实证明,林彪一伙才是社会法西斯主义的头子。在国内,他们要联合地、富、反、坏、右,实行地主资产阶级的法西斯专政;在国际,他们要投降苏修社会帝国主义,联苏联美反华反共反革命。林彪及其死党黄、吴、叶、李、邱对革命干部和群众,进行残酷迫害,私立专案,私设监狱,草菅人命。他们这一套,才是地地道道的法西斯主义,他们妄图建立的地主买办资产阶级的法西斯专政，才是地地道道的"绞肉机"。

第五，这个反革命政变纲领大肆攻击我们的社会主义祖国是所谓"社会封建主义"。林彪对我们社会主义的这种诬蔑和谩骂，是林彪妄图建立林家封建法西斯王朝的自供状。

我们看一个国家是不是社会主义的，在政治上，主要看它是不是以马克思列宁主义武装起来的党来领导，是不是执行马克思列宁主义的路线，是不是实行无产阶级专政；在经济上，主要看生产资料是不是公有制，是不是坚持走社会主义道路。在伟大领袖毛主席为首的中国共产党的领导下，我国人民经过长期奋斗，推翻了蒋介石的反动统治，建立了无产阶级专政的社会主义国家。社会主义所有制，即国家所有制和劳动群众集体所有制，代替了地主资产阶级的私有制，消灭了地主资产阶级的剥削，实现了"各尽所能，按劳分配"的社会主义分配原则，无产阶级和劳动人民由旧社会的奴隶变成国家的主人。在毛主席的马克思列宁主义路线和政策的指引下，在国内，我国社会主义革命不断深入，社会主义生产关系不断发展，不断完善，促进了社会生产力的空前提高，我们伟大的社会主义祖国朝气蓬勃，蒸蒸日上。在国际上，我们坚决反对帝国主义和社会帝国主义的侵略和战争政策；坚持无产阶级国际主义，积极支持世界各国人民的革命斗争。林彪一伙的恶毒攻击，正暴露了他们对社会主义的极端仇视，暴露了他们对我们欣欣向荣的社会主义祖国无可奈何的阴暗心理。事实上，真正要搞社会封建主义，妄图建立法西斯王朝的正是林彪一伙。他顽固地坚持称天才，朝思暮想当国家主席，为建立林家王朝费尽心机；他拉拢死党，培植亲信，煽阴风，点鬼火，搞政变，迫不及待地抢班夺权；他极力树立他那个反革命儿子林立果为"第三代接班人"，妄图搞"父传子"、"家天下"；他和叶群妄图建立封建主义的专制统治，竭力模仿慈禧太后和封建帝王的生活，选妃子、招驸马。总之，林彪日夜梦想的就是做一个"万世一系"的封建法西斯"皇帝"，以便骑在人民头上作威作福。

第六，这个反革命政变纲领，还恶毒攻击党的无产阶级革命路线和各项政策。他们别有用心地诬蔑机关干部上"五·七"干校是"变相失业"，青年知识分子上山下乡是"变相劳改"，红卫兵初期"充当炮灰"，后期又成了"替罪羔羊"等等。这些反革命谬论，充分暴露了林彪一伙对毛主席发动和领导的无产阶级文化大革命，对在上层建筑领域中的深刻革命的仇视和恐惧，也是他对广大革命干部、革命知识分子、革命青少年的极大侮辱。林彪装出一副"关心"和"爱护"干部和青少年的伪善面孔，实际上是要用软刀子杀人，是要把我们的干部和青少年引上脱离阶级斗争，脱离人民群众，脱离毛主席革命路线的修正主义的绝路。只有我们伟大领袖毛主席才最关怀、最爱护我们的干部和青少年，给他们指出了一条革命化的唯一正确的道路。毛主席把革命干部看成人民的宝贵财富，把革命青少年比喻为早晨八、九点钟的太阳，并把革命的希望寄托在他们身上。毛主席根据马克思主义的基本原理，根据苏联复辟资本主义的历史教训和我国社会主义革命的实践经验，制定了干部参加集体生产劳动和知识青年上山下乡接受贫下中农再教育等一系列思想革命化的措施。这是反修防修，保证我们国家永不变色的百年大计，千年大计，万年大计，是对革命干部、知识青年、红卫兵最大关怀和爱护。我们只有照毛主席的教导去做，才能实现思想革命化，才能有益于党，有益于人民。许多革命干部深切感到，走进了"五·七"干校，振奋了革命精神。广大知识青年上山下乡，在贫下中农的教育下，一代共产主义新人正在迅速成长。而林彪一伙如此丧心病狂地反对干部参加集体生产劳动，反对知识青年上山下乡，除了暴露他们做官当老爷，仇视劳动，仇视革命干部和青少年的丑恶嘴脸之外，他们的险恶用心还在于，要蛊惑人心，煽动干部和青年对党不满，以便引诱这些人为他们的反革命政变充当"炮灰"。事实证明，林彪最仇视我们党的干部，对坚决执行毛主席革命路线的干部造谣中伤，打击陷害。林彪也最仇视革命的青少年，千方百计地想把他们引上邪路。林彪、陈伯达一伙散布极"左"思潮，拼凑"五·一六"反革命阴谋集团，组织特务训练队。灌输各色各样的修正主义观点，来腐蚀和毒害青少年。林彪一伙对我们的干部和青少年犯下了不可饶恕的滔天罪行，他们是我们的革命干部和青少年不共戴天的死敌。

毛主席教导我们：**"思想上政治上的路线正确与否是决定一切的。"** 党的领导主要是路线和政策的领导。林彪一伙攻击党的路线和政策，实际上就是攻击党对整个革命事业，对社会主义革命和社会主义建设的领导。这是毫不奇怪的。我们党的路线和政策集中地代表了无产阶级和劳动人民的根本利益，是团结人民、打击敌人的强大武器，是巩固无产阶级专政的社会主义制度的基本保证，是阶级敌人妄图复辟资本主义不可逾越的障碍。林彪一伙这样恶毒攻击党的路线和政策，是他们反革命本性决定了的。他们妄图改变党在整个社会主义历史阶段的基本路线和政策，搞反革命政变，复辟资本主义，这当然只能是他们的一场黄粱美梦。

三、林彪一伙恶毒攻击伟大的中国人民解放军，是妄图把我军变成为他们发动反革命政变服务的工具

林彪一伙在反革命政变纲领《"571工程"纪要》中，以极其卑鄙的手段，挑拨离间，用最恶毒的语言诬蔑和攻击我们人民解放军，妄图分裂我们军队，使我们军队脱离党的绝对领导，成为他们一小撮野心家、阴谋家颠覆无产阶级专政的工具。

第一，这个反革命政变纲领胡说"军队受压"，"中上层干部不服、不满"，革命对象"首当其冲的是军队"。这完全是无耻的捏造和恶意挑拨。马克思说："**无产阶级专政的首要条件就是无产阶级的军队。**"⑭毛主席指出："**从马克思主义关于国家学说的观点看来，军队是国家政权的主要成份。**"⑮并且强调指出："**谁想夺取国家政权，并想保持它，谁就应有强大的军队。**"⑯毛主席历来十分重视人民军队的建设，早在红军初创时期，毛主席就在古田会议决议中为我军规定了明确的建军路线和建军方向。在长期的革命斗争中，毛主席亲自领导和指挥我们军队，从胜利走向胜利。在社会主义革命和社会主义建设时期，毛主席彻底粉碎了彭德怀、罗瑞卿、林彪一类资产阶级野心家、阴谋家对我军的干扰和破坏，保证了我军沿着正确路线前进。最近，毛主席又领导全党、全军开展思想和政治路线方面的教育，号召"**全国学人民解放军，解放军学全国人民**"。毛主席说："**我就不相信我们军队会造反，我就不相信你黄永胜能够指挥解放军造反！**"这是毛主席对我们军队的极大信任，极大鼓舞。毛主席同我们军队心连心，最了解我们的思想感情。我国人民在长期的革命斗争中深深认识到，中国人民解放军是无产阶级专政

的柱石，是自己的军队，没有一个人民的军队，便没有人民的一切。我们人民军队一直受到毛主席、党中央的信任，在人民中间享有崇高威望，根本谈不到所谓"受压"的问题。林彪所以叫嚷"军队受压"，说穿了，就是为他们一伙资产阶级野心家、阴谋家因为阴谋不能得逞而感到"受压"。长期以来，林彪一伙为了颠覆无产阶级专政，复辟资本主义，早就蓄谋控制军队，妄图以军治党，以军治政，以军治民。因此，他们极端仇视党对军队的绝对领导，特别是在党的九届二中全会上，毛主席高瞻远瞩，洞察一切，揭露粉碎了他们一伙的反革命政变阴谋。九届二中全会以后，毛主席领导全党进行批陈整风，对林彪及其死党黄、吴、叶、李、邱进行了针锋相对的斗争。毛主席决定召开华北会议，彻底揭发、批判了陈伯达、李雪峰、郑维山的反革命罪行，改组了北京军区，挖了林陈反党集团的墙角，使他们在首都和华北地区发动反革命政变的阴谋受到了沉重打击。使他们处于极端孤立的地位，日子越来越不好过。他们发出的"受压"叫嚣，完全是绝望的哀鸣。对于林彪及其死党黄、吴、叶、李、邱之流，无产阶级和革命人民就是要揭露他们，压他们，革他们的命。哪里有只准他们搞反革命政变，而不准无产阶级进行反政变的斗争；只许他们搞复辟，不许无产阶级反复辟的道理？

第二，林彪一伙还恶毒诬蔑"部队中下干部实际生活水平下降"。这完全是一派胡言，恶意煽动。历史事实告诉我们，在伟大领袖毛主席和党中央的英明领导下，随着我国国民经济的发展，随着人民生活水平的不断提高，我军干部、战士的生活水平也相应地提高了。与战争年代的艰苦生活相比，现在是高的多了。我们人民军队的生活水平，绝不能脱离开国家工农业生产的发展水平，也不能脱离开人民群众的实际生活水平。林彪一伙叫嚷"部队中下干部实际生活水平下降"，包藏着极其恶毒的祸心。这就是蛊惑军心，妄图挑拨军队和党、军队和国家的关系，妄图以这种糖衣炮弹腐蚀我军广大干部、战士，使其只考虑个人生活、个人利益，而不关心革命，不关心路线，不关心国家大事，就是妄图使广大青年干部丢掉我军艰苦奋斗的光荣传统，把人民的军队变为压在人民头上的压迫军、老爷兵，改变我军的性质，成为他们发动反革命政变的工具。但这只能是林彪一伙的痴心妄想，是永远办不到的。

第三，这个反革命政变纲领恶毒攻击党对军队的领导是"分而治之"，这又是弥天大谎。我军是由伟大领袖毛主席亲自缔造和指挥的，是在党的绝对领导下的统一的、不可分割的整体。我军干部、战士都是为了一个共同的革命目标，从五湖四海走到一起来的。在战争年代，我军遵照毛主席的政治路线和军事路线，实行毛主席的战略战术，严格执行三大纪律八项注意，同全国人民一起战胜了国内外强大的敌人。在无产阶级文化大革命中，我军坚决执行毛主席的革命路线，落实毛主席的各项无产阶级政策，进一步增强了陆、海、空三军和各部队之间的战斗团结。在揭发批判林陈反党集团的斗争中，我们看清了林彪一伙妄图分裂我军的阴谋，更加自觉地贯彻"九大"团结、胜利的路线，更加紧密地团结在以毛主席为首的党中央周围。拉一派打一派，妄图破坏我军团结、制造分裂的正是野心家、阴谋家、叛徒、卖国贼林彪。他在军内极力推行反革命修正主义军事路线，搞宗派，拉山头，结党营私，分裂我们军队。在无产阶级文化大革命中，他们挑动军队斗军队，提出"带枪的刘邓路线"，破坏我军同人民群众的团结。他们以自己为中心划线，顺我者昌，逆我者亡。林彪还大搞资产阶级政治，取消军事和技术训练，严重地破坏了我军的战斗力。他们妄图使军队为他们的反革命政变服务，划分所谓的"基本力量"和"借用力量"，林彪一伙是分裂我军的最大的罪魁祸首。但是，我们伟大的人民解放军是忠于党，忠于人民的。我军干部、战士具有高度的阶级斗争和两条路线斗争觉悟，对毛主席，对党，对人民有着深厚的无产阶级感情。任何分裂我军、使我军为他们反革命阴谋服务的企图都是白日作梦，是绝对不能得逞的。

伟大领袖毛主席教导说：**"'搬起石头打自己的脚'，这是中国人形容某些蠢人的行为的一句俗话。"**⑰林彪一伙就是这样一些反革命蠢人。**"他们用以想事的方法是主观主义的和形而上学的方法，因此他们的估计总是错误的。他们的阶级本能引导他们老是在想：他们自己怎样了不起，而革命势力总是不行的。他们总是高估了自己的力量，低估了我们的力量。"**⑱这是他们的反动世界观所决定的。

《"571工程"纪要》这个反革命政变纲领，完全是建立在唯心主义和形而上学的思想基础上的，是建立在反动的唯心史观基础上的。它的集中表现就是林彪一伙鼓吹的"天才"这个反革命理论纲领。他们在这个反革命政变纲领中，大讲什么林彪的"名望"、"权力"。他们把自己打扮成"代天行道"的天子，"为民请命"的"英雄"，恩赐给人民以"丰衣足食"、"安居乐业"的"救世主"。在九届二中全会以后，林彪一伙攻击毛主席的**《我的一点意见》**这一马克思列宁主义的光辉文献，抗拒对唯心论的先验论的批判，顽固地坚持人的才能是先天就有的，否定人民的社会实践，大肆叫嚷："天才论不等于先验论"，诬蔑不承认他们所说的天才，

"是唯心主义的不可知论与唯物主义的可知论的 混 合"，说什么"极左派把天才加以唯心主义的虚无主义的解释，然后大加批判，这是诡辩论"，鼓吹"应是英雄和奴隶共同创造历史"的 反 动 观点，如此等等。他们利令智昏，狂妄之极，继续吹捧林彪、林立果是"天才"。但是，他们的世界观是反动的，他们的思想和行动是违背客观规律的。因此不管他们怎样用尽心思，采取什么卑鄙手段，也逃脱不了彻底破产的命运。《"571工程"纪要》这个反革命政变纲领，同它的炮制者一样，被人民押上了历史的审判台，作为一个难得的反面教材而遗臭万年。

注：①列　宁：《给德国共产党员的一封信》，《列宁全集》第三十二卷第五〇 五 页
②列　宁：《向匈牙利工人致敬》，《列宁全集》第二十九卷第三五一页
③列　宁：《苏维埃政权的当前任务》，《列宁全集》第二十七卷第二四 五 页
④列　宁：《共产主义运动中的"左派"幼稚病》，《列宁全集》第三十 一 卷
　　第二十六页
⑤列　宁：《共产主义运动中的"左派"幼稚病》，《列宁全集》第三十 一 卷
　　第二十四页
⑥斯大林：《论列宁主义的几个问题》，《斯大林全集》第八卷第十九页
⑦斯大林：《十月革命和俄国共产党的策略》，《斯大林全集》第六卷第三 一 九页
⑧毛泽东：《矛盾论》
⑨毛泽东：《一九五七年夏季的形势》
⑩列　宁：《统一》，《列宁全集》第二十卷第二二六页
⑪毛泽东：摘引自中发〔1971〕77号文件
⑫毛泽东：摘引自《坚守生产岗位严防敌人破坏》，一九六七年八月 三 日《解放军报》社论
⑬毛泽东：《关于正确处理人民内部矛盾的问题》
⑭马克思：《纪念国际成立七周年》，《马克思恩格斯全集》第十七卷第 四 六八页
⑮毛泽东：《战争和战略问题》
⑯毛泽东：　　　同　上
⑰毛泽东：《在苏联最高苏维埃庆祝伟大的十月社会主义革命四十周年会 议 上的讲话》
⑱毛泽东：《关于胡风反革命集团的第三批材料》按语

"真正的社会主义" 还是真正的资本主义

——天津棉纺四厂工人学习《共产党宣言》批判《"571工程"纪要》发言摘要

最近，天津棉纺四厂党委召开了部分工人参加的学习《共产党宣言》，批判《"571工程"纪要》反革命政变纲领的批判会。参加会议的同志，怀着强烈的无产阶级义愤，结合自己学习《共产党宣言》的体会，着重批判了林彪一伙在反革命政变纲领《"571工程"纪要》中提出的所谓"真正的社会主义"的反动本质，和他们妄图颠覆无产阶级专政，复辟资本主义的滔天罪行。下面是批判会的发言摘要。

林彪的"真正的社会主义"
是真正的社会法西斯主义

董杏菊（一纺场前纺丙班老工人）：

叛徒、卖国贼林彪一伙在他们炮制的《"571工程"纪要》反革命政变纲领中，叫嚷他们要建立"真正的社会主义"。这完全是骗人的鬼话。是真社会主义，还是假社会主义，不是看他打的什么旗号，挂的什么招牌，而是看他代表那个阶级的利益，执行什么样的路线，那个阶级专那个阶级的政。因此，只要我们用阶级和阶级斗争的观点，用《共产党宣言》的基本原理，分析一下他们的口号的阶级实质，就不难看出，林彪一伙所谓的"真正的社会主义"，不过是封、资、修的大杂烩，牌号是"社会主义"，实质是社会法西斯主义。

要不要搞阶级斗争，要不要搞无产阶级专政，这是区别真假社会主义的试金石。《共产党宣言》最重要的思想就是坚持无产阶级革命和无产阶级专政。马克思和恩格斯在《宣言》中指出：**"工人革命的第一步就是使无产阶级上升为統治阶级，争得民主。""无产阶级用暴力推翻资产阶级而建立自己的統治"**。这是马克思、恩格斯最早提出的关于无产阶级专政的理论，也是科学社会主义的主要标志。列宁在《国家与革命》这部光辉著作中指出：**"只有承认阶级斗争、同时也承认无产阶级专政的人，才是马克思主义者。"**革命导师的这些教导告诉我们，那些口头上高喊"社会主义"，而实际上反对无产阶级专政的人，只能是假马克思主义者，假社会主义者。林彪一伙恶毒攻击我国无产阶级专政是"社会法西斯主义"，是"互相残杀，互相倾轧的绞肉机"，这就证明，林彪一伙是无产阶级专政的死敌。而他们要建立的所谓"真正的社会主义"，就是要把那些被无产阶级专了政的阶级敌人，一律"给予政治上的解放"。可见，林彪一伙是地、富、反、坏、右的代理人，他们上台，就是已被打倒的地主、资产阶级重新上台，他们要建立的所谓"真正的社会主义"，只能是地主资产阶级专政的社会法西斯主义。

姜玉珍（一布场整理老工人）：

为了把社会主义革命进行到底，把我国建设成强大的社会主义国家，对那些敌视社会主义革命，破坏社会主义建设的反革命分子，就是要实行无产阶级专政，决不能施仁政。正如毛主席指出的，无产阶级专政**"对于胜利了的人民，这是如同布帛菽粟一样地不可以须臾离开的东西。这是一个很好的东西，是一个护身的法**

宝，是一个传家的法宝，直到国外的帝国主义和国內的阶级被彻底地干淨地消灭之日，这个法宝是万万不可以弃置不用的。"解放以后，我们进行了"镇反"、"肃反"、"三反五反"等政治运动，镇压了一小撮反革命分子，打退了资产阶级的猖狂进攻，保护了人民，巩固和加强了无产阶级专政，有力地保证了社会主义革命和社会主义建设的胜利发展。就拿我们车间来说，地主分子李效润，长期隐瞒地主身份，经常散布反动言论，挑拨离间，破坏团结，破坏生产，还盗窃国家三百多尺棉布。在清队时，我们把她揪了出来，给她戴上了地主分子的帽子，交给群众监督改造。对于这些阶级敌人，我们不专他们的政，他们就要专我们的政，他们就要搞破坏。林彪一伙恶毒攻击我们无产阶级专政，就是替这些阶级敌人鸣冤叫屈，就是要把已被我们打倒的地、富、反、坏、右都"解放"出来，联合起来，推翻无产阶级专政，实行资产阶级专政，让这些阶级敌人重新骑在我们头上，叫劳动人民吃二遍苦，受二茬罪。这那里是什么搞"社会主义"？林彪一伙说他们要搞"真正的社会主义"，完全是骗人的。

葛秀云（三布场丙班老工人）：

无产阶级专政是通过无产阶级政党共产党的领导实现的。没有无产阶级政党的领导，就不可能有无产阶级专政。毛主席教导我们："**总结我们的经验，集中到一点，就是工人阶级（经过共产党）领导的以工农联盟为基础的人民民主专政。**"我们无产阶级专政的社会主义制度，所以能够不断巩固和发展，最根本的原因，就是有以毛主席为首的共产党的领导，执行了毛主席的无产阶级革命路线。因此，阶级敌人为了颠覆无产阶级专政，进行资本主义复辟，总是疯狂地反对党的领导，反对无产阶级的领袖和无产阶级革命路线。

林彪一伙极端仇视我们伟大领袖毛主席，恶毒攻击党的基本路线和政策，他们的罪恶目的，就是要推翻以毛主席为首的党中央的领导，改变党的路线和政策，改变无产阶级专政的社会主义制度。他们既然反对党的领导，反对无产阶级专政，所以他们要建立的根本不是什么社会主义，而是地主资产阶级专政的林家法西斯王朝。

毛主席是我们党、国家和军队的缔造者和领导者，是全国各族人民的大救星，毛主席的革命路线是我们无产阶级专政的生命线、胜利线。保卫毛主席就是保卫无产阶级专政，保卫社会主义制度。林彪一伙越是反对毛主席，我们就越是热爱毛主席，永远沿着毛主席的革命路线胜利前进。

王文兰（一纺场细纱甲班老工人）：

学习了《共产党宣言》，我们看清了林彪一伙鼓吹的"真正的社会主义"，不过是早已被马克思、恩格斯批得臭不可闻的破烂货。他们搞的这一套，和《共产党宣言》中批判的那些假社会主义真是一模一样，简直是一个模子倒出来的。

在《共产党宣言》里，马克思、恩格斯撕下了各种假社会主义的画皮，揭穿了它们的反动本质，指出：封建的社会主义，是封建贵族为了拉拢人民，**"把无产阶级的乞食袋当作旗帜来挥舞。但是，每当人民跟着他们走的时候，都发现他们的臀部带有旧的封建纹章，于是就哈哈大笑，一哄而散。"**资产阶级的社会主义，是**"资产阶级中的一部分人想要消除社会的弊病，以便保障资产阶级社会的生存。"**德国的"真正的社会主义"是一种反动的小资产阶级的社会主义，这种"真正的社会主义"，其目的是"**保存德国的现存制度**"，也就是要维护当时德国的封建贵族统治，它是当时德意志各邦专制政府"**用来镇压德国工人起义的毒辣的皮鞭和枪弹的甜蜜的补充**"。而林彪一伙把这些假社会主义的破烂，从历史垃圾堆里重新拣出来，和苏修的所谓"社会主义"凑合在一起，搞了个大拼盘，也插上"真正的社会主义"的标签，实际上他们要搞的正是复辟地主买办资产阶级的法西斯专政。所有这些假社会主义，有一个共同的特点，就是打着"社会主义"旗号反对社会主义，反对无产阶级革命和无产阶级专政，都想把历史车轮拉向后转，因此，它们的共同命运，就是被无产阶级和劳动人民抛进历史垃圾堆。

林彪一伙的假社会主义，和历史上一切假社会主义一样，他们拼命反对的只是无产阶级专政，而他们要搞的却是地主买办资产阶级专政。在无产阶级文化大革命中，他们声嘶力竭地叫嚷要革"原来革过命的命"，把矛头指向革命的领导干部。他们向中央要"开枪权"，企图武装镇压革命群众。九届二中全会以后，他们为了进行反革命武装政变，建立了法西斯特务组织和秘密据点，组织了反革命武装，规定了反革命纪律，要他们的死党发扬"江田岛精神"，"不成功便成仁"，并妄图谋害我们伟大领袖毛主席和党中央负责同志。这些事实充分说明林彪一伙要建立的所谓"真正的社会主义"，其实就是真正的社会法西斯主义。

林彪的"真正的社会主义"
是地地道道的资本主义

赵玉琴（一纺场细纱丙班青年工人）

马克思、恩格斯在《共产党宣言》中指出：**"共产党人可以用一句话把自己的理论概括起来：消灭私有制。"** 又说：**"无产阶级将利用自己的政治统治，一步一步地夺取资产阶级的全部资本，把一切生产工具集中在国家即组织成为统治阶级的无产阶级手里，并且尽可能快地增加生产力的总量。"** 因此，在经济上坚持无产阶级的公有制，还是维护和复辟资产阶级的私有制，这是区别真假社会主义的另一个根本标志。

林彪一伙在他们的反革命政变纲领中，恶毒攻击我们国家是"'国富'民穷"，胡说"十多年来，国民经济停滞不前"，就是说从一九五六年农业集体化和资本主义工商业社会主义改造以后，经济就不发展了。所有这些攻击，说穿了就是反对社会主义制度。他们还提出一个"民富国强"的反革命经济纲领，妄图把社会主义公有制变为资本主义私有制，叫地主、资本家重新富起来。这就说明，林彪一伙的"真正的社会主义"，完全是冒牌的，是假社会主义，真资本主义。

李桂兰（一布场丙班老工人）：

林彪一伙叫喊"民穷"是替谁喊穷，他们要搞"民富"是要让那些人富，我们工人心里最清楚。

解放后，我们无产阶级和劳动人民，在政治上翻了身，成了国家的主人，在经济上也翻了身，过上了幸福生活，这是有目共睹的事实。就拿我自己来说，解放前是个被人看不起的"穷丫头"，那时到工厂当童工，连上厕所的自由都没有，挨打受骂更没法说了。解放后，我们工人成了工厂的主人。在党的培养教育下，我参加了党，并且被选为厂党委的委员，直接参加管理企业的大事。在经济上也是一样，在那万恶的旧社会，我父亲活活累死，姐姐被迫卖给人家，母亲给资本家当老妈子，哥哥蹬三轮，我在纱厂当学徒工，一家人都当牛做马的去干活，结果还是吃糠咽菜，有上顿没下顿，连自己都养活不了。全家仅有一条破棉被，后来为了赔资本家的三轮车链子还卖掉了。那时劳动人民不是过日子，简直是天天过鬼门关！解放后，劳动人民的生活一天比一天好，确实是由穷变富了，吃的好，穿的好，住的好，有了病国家给治，孩子上学国家管，这和解放前相比真是天上地下。我们劳动人民为什么会有今天？这都是毛主席、共产党领导我们闹革命，消灭了剥削制度，建立了社会主义制度的结果。两种制度不同，劳动人民的情况也就不同。正像《共产党宣言》里讲的："**在资产阶级社会里，活的劳动只是增殖已经积累起来的劳动的一种手段。在共产主义社会里，已经积累起来的劳动只是扩大、丰富和提高工人的生活的一种手段。**"

但是，现在确实也有少数人由富变"穷"了，这就是那些过去开工厂，养土地，靠压迫剥削劳动人民过活的地主、资产阶级。他们的工厂、土地没有了，不能再剥削人了，不能再过那种花天酒地的寄生生活了，他们感到今不如昔了。林彪一伙叫喊"民穷"，就是替这些寄生虫叫苦喊穷，他们要搞"民富"，就是要让这些吸血鬼从新富起来。所以，林彪一伙要搞的"真正的社会主义"，就是地主、资本家的天堂，劳动人民的地狱。

姜玉珍：

林彪一伙鼓吹的"民富国强"，历来是地主资产阶级的反动口号，蒋介石不是还叫嚷要建立什么"富强与康乐的国家"吗！可是他们都不敢讲"国"和"民"的阶级内容，只是用"富"和"强"来

65

欺骗人民，掩盖他们压迫剥削无产阶级和劳动人民的反动本质。

林彪一伙也是这样，他们打着"民富国强"的破旗，正是要富地主、资本家这些"民"，强地主买办资产阶级法西斯统治的林家王朝那个"国"，而要做到这一点，就要恢复资产阶级私有制。正象《共产党宣言》指出的：**"资产阶级生存和统治的根本条件，是财富在私人手里的积累，是资本的形成和增殖"**。所以，林彪一伙"民富国强"口号的实质，就是叫地主资本家反攻倒算，把土地、工厂从无产阶级和劳动人民手里夺回去，叫地主资本家重新压迫和剥削我们劳动人民。这就完全暴露了林彪一伙的"真正的社会主义"，实际是地地道道的资本主义。

伟大领袖毛主席教导我们：**"只有社会主义能够救中国"**。这是千真万确的真理，我们解放二十多年来的实践，完全证明了这一伟大真理。谁反对社会主义，谁就必然被历史的车轮碾得粉身碎骨。林彪一伙的下场正是这样。

林彪的"真正的社会主义"
是 不 折 不 扣 的 卖 国 主 义

郭淑娟（三布场丙班筒子组青年工人）：

在处理国际关系上联合谁，反对谁，这也是区别真假社会主义的一个重要标志。

《共产党宣言》指出：**"在各国无产者的斗争中，共产党人强调和坚持整个无产阶级的不分民族的共同利益"**；**"共产党人到处都支持一切反对现存的社会制度和政治制度的革命运动。"** 这就是社会主义国家必须遵守的无产阶级国际主义路线。

我国是无产阶级专政的社会主义国家，在毛主席无产阶级革命外交路线指引下，我们把支援世界人民革命斗争，联合全世界无产阶级和一切被压迫民族，打倒美帝、苏修和各国反动派作为自己的神圣职责。我们坚持**"只有解放全人类才能最后解放无产阶级自己"**这一马克思主义原则，同世界无产阶级和革命人民同呼吸，共命运，为彻底埋葬帝、修、反，解放全人类而共同奋斗。正因为我们执行了这条马克思列宁主义的革命路线，在支援世界被压迫人民和被压迫民族的解放斗争中，作出了贡献，所以受到全世界无产阶级和革命人民的支持和赞扬。

林彪一伙彻底背叛了无产阶级国际主义路线，他们和帝、修、反一个鼻孔出气，推行一套联苏、联美、反华、反共、反革命的路线，妄图变中国为苏修殖民地。这就使我们清楚地看到，他们打的是"社会主义"招牌，行的是不折不扣的卖国主义。

葛秀云：

林彪一伙以苏修社会帝国主义走狗的架势，疯狂攻击我党的马克思列宁主义外交路线，胡说我们对苏修社会帝国主义的正义斗争是"整苏联"，为他们投靠苏修、叛党卖国制造反革命舆论，真是丧心病狂，无耻透顶。

苏联是伟大导师列宁缔造的第一个社会主义国家。但是在叛徒赫鲁晓夫、勃列日涅夫之流篡夺了苏联领导权以后，在国内全面地复辟了资本主义，实行资产阶级法西斯专政，残酷压迫和剥削无产阶级、劳动人民和少数民族，使苏联人民重新生活在水深火热之中。在国外，同美帝既勾结又争夺，到处侵略扩张，进行颠覆破坏活动，干涉别国内政，侵犯别国主权，镇压别国人民的革命斗争，妄图称霸世界，成为世界革命人民的凶恶敌人。他们对我党我国坚持马列主义，坚持民族独立，恨得要死，怕得要命，象疯狗一样，对我国进行侵略威胁，颠覆破坏，简直想把我国一口吞下去。我们党和我国人民在毛主席领导下，坚持马克思列宁主义路线，坚持革命，维护民族独立，同苏修社会帝国主义进行了针锋相对的斗争，这是完全符合我国人民和全世界革命人民利益的革命行动，正义行动。林彪一伙丧心病狂地把我们的反修斗争诬蔑为"整苏联"，这只能暴露他们苏修走狗、汉奸、卖国贼的丑恶嘴脸。他们所要搞的"社会主义"，实际是苏修社会帝国主义的殖民地。

李桂兰：

林彪一伙叫嚷他们要"借苏力量箝制国内外各种力量"，在苏修的"核保护伞"下建设"真正的社会主义"。这是什么意思呢？说穿了，就是他们要投靠苏修，把新沙皇引进来，在苏修刺刀、大炮的"保护"下，推翻我们无产阶级专政的社会主义制度，建立林家封建买办法西斯王朝，把中国变成苏修的殖民地，让我们劳动人民当亡国奴。所以林彪一伙的"真正的社会主义"是不折不扣的卖国主义。

我们老工人都尝过帝国主义统治的滋味，林彪一伙要卖国求荣，引狼入室，我们决不答应，受压迫，受剥削，当亡国奴的日子决不允许重演。林彪投降苏修，充当汉奸卖国贼，只能落个彻底完蛋的可耻下场。

《共产党宣言》号召我们**全世界无产者，联合起来！**我们一定和世界革命人民站在一起，同美帝、苏修和各国反动派斗争到底，彻底埋葬资本主义旧世界，让鲜红的太阳照遍全球。

林彪的"真正的社会主义"
是货真价实的修正主义

吴凤田（二纺场清花保全工人）：

伟大领袖毛主席教导我们：**"要搞马克思主义，不要搞修正主义；要团结，不要分裂；要光明正大，不要搞阴谋诡计。"**毛主席这三句话把什么是真马克思主义，什么是假马克思主义，什么是真社会主义，什么是假社会主义，什么是无产阶级革命路线，什么是反革命修正主义路线分得清清楚楚。这是我们揭露、批判林陈反党集团的锐利武器，它击中了林陈反党集团的要害，揭了他们的老底。搞修正主义，搞分裂，搞阴谋诡计，就是林彪一伙假社会主义的铁证，也是各种各样假马克思主义、假社会主义的共同特征。

马列主义是指导我们思想的理论基础，我们无产阶级搞革命，就是靠马列主义、毛泽东思想，就是要努力学习和掌握马列主义、毛泽东思想，武装我们的头脑，指导我们的行动，只有这样，才能正确执行毛主席的革命路线，坚持社会主义道路，否则必然会走到邪路上去。

林彪一伙极端仇视无产阶级革命理论。他们一方面诬蔑马列主义是"洋教条"，大搞"实用主义"、"形式主义"，破坏我们工农兵学习马列主义、毛泽东思想；一方面大肆散布唯心论的先验论、地主资产阶级"人性论"、"阶级斗争熄灭论"、反动的"唯生产力论"等谬论，妄图用修正主义黑货代替无产阶级革命理论，为其反革命阴谋服务。从林彪一伙疯狂地反对马列主义、毛泽东思想的罪行中，我们就可以看清，他们搞的绝不是社会主义，而是货真价实的修正主义。

邢凤荣（修机车间工人）：

马克思主义关于阶级斗争的学说，关于无产阶级革命和无产阶级专政的理论，是贯穿《共产党宣言》全书的一条红线。毛主席总结了国际共产主义运动的经验，特别是根据苏联的教训和我国社会主义革命的实践，提出了无产阶级专政下继续革命的伟大理论，并在这个理论指导下制定了我党在整个社会主义历史阶段的基本路线和政策，从理论上和实践上正确解决了如何巩固无产阶级专政，防止资本主义复辟，将社会主义革命进行到底这个当代国际共产主义运动中最重大的课题。这是毛主席继承和发展了《共产党宣言》的伟大思想，为丰富马列主义理论宝库做出了伟大贡献。正因为如此，一切假马克思主义、假社会主义骗子，为了达到他们复辟资本主义的目的，在理论上总是疯狂反对无产阶级专政下继续革命的伟大理论。

林彪一伙就是这样。他们一方面恶毒攻击毛主席无产阶级专政下继续革命的理论是"托洛茨基的不断革命论"，一方面叫嚷我们的国家"是毫无修正主义的这种气味"，根本否认继续革命的必要性。他们这样做的目的，就是妄图掩盖他们反革命修正主义面目，用修正主义路线和政策代替马列主义路线和政策，为他们复辟资本主义鸣锣开道。

董杏菊：

理论问题说到底是个世界观问题。**"要搞马克思主义，不要搞修正主义"**，就必须学习马列主义、毛泽东思想，树立辩证唯物论和历史唯物论的无产阶级世界观，反对唯心论、形而上学和唯心史观的资产阶级世界观。

是坚持辩证唯物论和历史唯物论，还是搞唯心论、形而上学和唯心史观，是区别真假马克思主义、真假社会主义的分界线。林彪一伙大肆鼓吹唯心论的天才观，并把这种反动观点作为他们反党的理论纲领。他们极力宣扬"英雄创造历史"的反动历史观，把他们自己打扮成"救世主"，疯狂反对**"群众是真正的英雄"**的马克思主义唯物史观。这就暴露了林彪一伙假马克思主义，假社会主义的反动面目。

我们工人从亲身体会中认识到，毛主席的哲学思想是改造客观世界和主观世界的最有力武器。就拿我来说，过去认为无产阶级掌了权，好好生产，搞建设就行了。可是被打倒的阶级敌人，人还在，心不死，时刻搞破坏，想复辟。事实教育了我，联系阶级斗争、路线斗争实际，学习**"一分为二"**的哲学观点，就感到不能有天下太平思想，要继续革命，才能保证红色江山永不变色。我深深体会到：在三大革命斗争实践中，不学习革命理论，就不懂得怎样革命。林彪一伙反对学习马列主义理论，鼓吹唯心论的先验论，就是为了欺骗我们无产阶级，为他们推行修正主义路线服务的。

王文兰：

《共产党宣言》写得非常清楚：**"共产党人的理论原理，决不是以这个或那个世界改革家所发明或发现的思想、原则为根据的。"** **"这些原理不过是现存的阶级斗争、我们眼前的历史运动的真实关系的一般表现。"** 我们说科学社会主义的理论所以是千真万确的真理，就是因为它坚持了唯物论的反映论，不是那个"天才"主观想象出来的，而是正确地反映了人类历史发展的客观规律，并经过无产阶级斗争实践证明了的。

　　林彪一伙背叛马克思主义，违抗历史发展规律，在政治上反对无产阶级专政，在经济上反对社会主义公有制，在国际关系上反对无产阶级国际主义，在理论上反对马列主义、毛泽东思想，妄图搞假社会主义，真资本主义，他们的反革命阴谋是注定要破产的。

　　我们一定要遵照毛主席的伟大教导，**认真看书学习，弄通马克思主义**，继续深入开展革命大批判，把林彪一伙的假社会主义批深、批透、批倒、批臭，将社会主义革命进行到底。

本刊发至基层党支部

·绝密·

革命大批判

第 十 期　　　　　　　　　　一九七二年六月二日

天津市革命委员会政治部编印

毛 主 席 語 录

我并不是不要说天才，天才就是比较聪明一点，天才不是靠一个人靠几个人，天才是靠一个党，党是无产阶级先锋队。天才是靠群众路线，集体智慧。

思想上政治上的路线正确与否是决定一切的。党的路线正确就有一切，没有人可以有人，没有枪可以有枪，没有政权可以有政权。路线不正确，有了也可以丢掉。

路线是个纲，纲举目张。

我们现在思想战线上的一个重要任务，就是要开展对于修正主义的批判。

彻底批判林彪一伙的唯心主义"天才观"

南 开 大 学

历史的经验告诉我们：每一条机会主义的政治路线，都有一条与它相适应的反动哲学路线，而战斗的马克思主义在粉碎形形色色的机会主义路线的斗争中，也必须同时摧毁这些机会主义政治路线的理论基础，批判与这些政治路线相适应的反动哲学路线。我们和林彪一伙在天才问题上的斗争，正是两条政治路线的生死斗争在哲学上的反映。因此，批判唯心主义的"天才观"，是我们彻底粉碎林彪一伙反革命政变阴谋的一个重要方面。

林彪一伙长期以来鼓吹唯心主义的"天才观"，作为他们进行反革命夺权的舆论准备。在党的九届二中全会上，他们又抛出"称天才"的材料，采取突然袭击，煽风点火，制造谣言，欺骗同志的卑鄙手段，有纲领、有计划、有组织地向党发动了猖狂进攻。他们把坚持设国家主席作为反党的政治纲领，而把坚持关于"天才"的观点作为反党的理论纲领。林彪一伙正是在设国家主席和"天才"问题上集中暴露了他们抢班夺权的狂妄野心。

伟大领袖毛主席高瞻远瞩，洞察一切，针对林彪一伙妄图分裂我党我军、篡夺党和国家权力、复辟资本主义的罪恶阴谋，严厉地批判了他们的唯心主义"天才观"，写了**《我的一点意见》**这一伟大的马克思列宁主义的光辉文献，全面地深刻地揭露了林彪一伙"天才论"在理论上、政治上的反动性和欺骗性，沉重地打击了他们的反革命复辟活动。但是，如同历史上的一切反动阶级不会轻易放弃他们的思想阵地一样，林彪一伙也是不会轻易放弃他们反革命复辟的理论武器的。九届二中全会以后，他们在策划新的反革命政变阴谋的同时，继续鼓吹唯心主义的"天才观"，疯狂攻击毛主席的**《我的一点意见》**，对抗对他们唯心主义先验论的批判，叫嚷什么"天才论不等于先验论"，污蔑我们对天才"进行了唯心主义的虚无主义的解释"等等。林彪一伙这种绝望的挣扎，不但丝毫不能挽救他们彻底覆灭的命运，而且进一步从反面教育了人民，使人们更加认识了政治思想领域阶级斗争的尖锐性和复杂性，更加激起了广大群众的革命义愤。我们必须深入持久地开展革命大批判，从政治上理论上彻底批判唯心主义"天才观"，肃清它在各个方面的流毒。

一、驳"天赋聪明"论

天才问题，首先提出的是人们的知识和才能从哪里来的问题，这是认识论的基本问题，是哲学史上唯物主义和唯心主义两条认识路线长期斗争的焦点。

林彪一伙在认识论上对抗唯物论的反映论，坚持唯心论的先验论，根本否认人的认识是对客观事物的反映，否认认识对社会实践的依赖关系。他们把人们在知识和才能上的差别说成是先天固有的，宣扬世界上有一种"无师自通"、"天生就会"、"天生就懂"的所谓"天才"、"全才"，大肆鼓吹"天赋聪明"的谬论。林彪无耻地自我吹嘘说他是"父母生下的好脑袋"，似乎只有他才是"上帝的选民"，是得天独厚的"圣人"，是天生的"人上人"。这是一种和宗教迷信一样虚妄的唯心主义反动世界观，是剥削阶级的根深蒂固的阶级偏见。

马克思主义认为，那种"天生就会"的所谓"天才"是根本不存在的。我们并不是不要说天才，天才就是比较聪明一点。但是，人们的聪明才智是从哪里来的呢？是从天上掉下来的吗？是头脑里固有的吗？不是。马克思主义的认识论是实践论，是彻底的唯物主义反映论。它认为人的认识活动就是对客观事物的反映活动，而人们只有在实践中才能接触客观事物的现象，也只有在实践中才能暴露和理解客观事物的本质，所以**"人的认识一点也不能离开实践"**。知识只有在实践中获得，才能只有在实践中增长，任何天才都是在实践中产生的。**"天才不是靠一个人靠几个人，天才是靠一个党，党是无产阶级先锋队。天才是靠群众路线，集体智慧。"**

辩证唯物主义并不否认人们生理上的先天差别，但这种差别决不能说明人们在知识和才能上的差别。人脑先天禀赋的能思维的特性只是进行思维活动的物质基础，只是一种思维的可能性，把这种可能性变为现实的思维，把能思维的特性发展和锻炼成一种现实的思维能力，都只能是后天的事情，只能是一个实践和学习的过程。人脑只是思想的器官而不是思想的源泉，人们如果不从对客观世界的反映过程中获得思维的源泉，就根本不可能进行思维，就谈不上什么思维能力，谈不上什么聪明和才智。所以，人们聪明才智上的差别完全是后天形成的，任何把聪明才智上的差别归结为先天差别的说法，都是唯心主义的。

马克思在批判蒲鲁东的唯心主义谬论时深刻指出：**"搬运夫和哲学家之间的原始差别要比家犬和猎犬之间的差别小得多，他们之间的鸿沟是分工掘成的。"** 这就清楚地告诉我们，人们之间的原始差别是极小的，根本不像林彪自我吹嘘的那样，他的脑筋与普通工人农民的脑筋有什么"天壤之别"。人们在聪明才智上的差别，完全是由于后天的分工不同，即实践地位不同、实践的深度和广度不同等等造成的。在剥削阶级统治的社会里，"劳心者治人，劳力者治于人"，脑力劳动和体力劳动之间的社会分工，深刻地反映着社会上两大阶级之间的对抗。广大劳动人民被迫从事繁重的奴隶劳动，完全被剥夺了受教育的权利，被剥夺了从事文化科学活动的机会，他们的聪明才智遭到了压抑和摧残。正如列宁说的：**"资本主义压抑了、扼杀了、蹂躏了工人和劳动农民中的大批天才。这些天才在穷困和屈辱的压迫之下毁灭了。"** 而在无产阶级专政的社会主义社会里，广大劳动人民随着政治上经济上的翻身，在文化教育上也翻了身。在共产党的领导下，在马克思列宁主义的正确路线指引下，在三大革命运动的实践中，大批有智慧有才能的优秀人物涌现出来，许多普通的工人、农民、战士，创造出资产阶级庸人们所不可思议的奇迹，这是对"天赋聪明"论最有力的批判。

毛主席深刻指出：**"卑贱者最聪明！高贵者最愚蠢。"** 林彪一伙自以为"高贵"的家伙，实际上是最愚蠢的，因为他们脱离实践，脱离人民，倒行逆施；而被他们视为"卑贱"的千百万劳动群众则是最聪明的，因为只有他们才是 **"天下实践着的人"**，一切真知都是属于他们的。毛主席的这个伟大的论断，把颠倒了几千年的历史重新颠倒了过来，深刻地教育了我们，使我们认识到人们的聪明才智来源于实践，只要我们勇于实践，又有一条马克思列宁主义的路线作指导，那末，我们就一定能够在实践中增长才干，就一定会越来越变得聪明起来。所谓"天赋聪明"，所谓"天生就会"的"天才"、

"全才"，都只能是一些自欺欺人的鬼话！

"天赋聪明"论，历来是剥削阶级愚弄人民、统治人民的思想工具。剥削阶级制造这种反动理论，就是为了论证他们"剥削有理"、"压迫有理"，就是为了从精神上奴役人民群众，不准群众起来革命。钻进共产党内的剥削阶级代表人物，他们狂热地鼓吹这种反动理论，也完全是为他们推行反革命修正主义路线制造理论根据。

在教育领域里，反革命修正主义路线的所谓"天才教育"，就是以林彪之流鼓吹的反动"天才观"为理论基础的。这种所谓"天才教育"，竭力鼓吹什么"特殊的天才"、"独特的天分"，主张学校教育应当"因材施教"，把重点放在少数所谓"天才"、"尖子"上，要从这些人中培养"一批又一批灿烂的明星"。他们把剥削阶级及其孝子贤孙吹捧成"天生聪明"的"天才"，而把劳动人民及其子女污蔑为"天生愚昧"，这就是要地主资产阶级在文化教育领域里对无产阶级和劳动人民实行专政。以南开大学来说，文化大革命以前工农子女被这种所谓"天才教育"横加迫害的事实，是触目惊心的。如物理系一九六○年招收学生397名，四年内留级的就有102名，被勒令退学的25名，其中绝大多数是工农子女；数学系一九六○年入学的学生，在两年内被勒令退学的17人，其中16人是工农子女。他们被留级、退学的理由就是所谓"脑袋笨"。在对工农子女进行残酷迫害的同时，却把那些剥削阶级家庭出身、思想落后的学生，集合起来开办什么"神童班"，对他们关怀备至，鼓励他们个人奋斗、成名成家。在这种"天才教育"下，有些所谓"天才学生"不知天高地厚，狂妄至极，资产阶级个人野心急剧膨胀。

有的把达尔文、拿破仑当作自己的奋斗目标；有的想当外交部长，当总理，甚至想当"世界主席"。这些人从思想上感情上立场上与我们伟大的时代格格不入，有的因感到"怀才不遇"而对党和社会主义不满，堕落成了人民的罪人。可见，这种"天才教育"就是地主资产阶级的教育，就是要为地主资产阶级培养复辟资本主义的"人材"。

马克思主义把实践的观点作为认识论的基本观点，对人们的聪明才智问题作了彻底唯物主义的科学说明，因而把人民群众从几千年剥削阶级的精神奴役下解放出来，使他们认识了自己的历史使命，相信自己的能力和智慧，极大地鼓舞了亿万群众为争取自身解放而斗争的胜利信心。毛主席一贯教导我们，要尊重实践，尊重群众，这就是尊重唯物论，尊重辩证法，这是我党全部路线、政策和策略的基本立足点。我们只有坚持马克思主义唯物论的反映论，坚决反对唯心论的先验论，才能自觉地执行和捍卫毛主席的革命路线。

二、驳"天才史观"

两种认识论的斗争与两种历史观的斗争是密切联系着的。林彪一伙在认识论上坚持唯心论的先验论，把人们的知识和才能上的差别说成先天固有的，鼓吹"天赋聪明"论，这就必然夸大个人意志的作用，否定人民群众创造历史的决定作用，鼓吹"英雄创造历史"的唯心史观。他们把自己称作"天才"，而对人民群众却肆意污蔑丑化。他们把积极投入抗日战争的革命群众，辱骂为只知道"恭喜发财"、"招财进宝"、"妻子儿女"、"油盐酱醋柴"的"群氓"。他们把人划分为所谓"高级的人"和"低级的人"，把自己捧到天上，而把劳动人民踩在地下；把一小撮历史的渣滓美化为历史的主人，而把真正的历史的主人却污蔑为历史的"渣滓"，从根本上颠倒了几千年的人类历史。

林彪一伙反动的"天才史观"，完全承袭了历史上剥削阶级的衣钵，是最黑暗、最腐朽的剥削阶级的传统世界观。在外国，从柏拉图的等级学说到尼采的"超人哲学"、希特勒的法西斯主义；在中国，从孔子的"惟上智与下愚不移"、孟子的"劳心者治人，劳力者治于人"到蒋介石提倡盲从的所谓"知难行易"，无不是鼓吹少数所谓"天才人物"主宰历史的"天才史观"。所有这些荒谬的理论，都是为了把剥削阶级的代表人物描绘成天生的统治者，以论证剥削阶级统治的合理性、永恒性。林彪一伙和历史上的剥削阶级一样，他们狂热地鼓吹"天才史观"，也无非象马克思所揭露的，是想要**"人们必须向天生的贵人和贤人屈膝"**。

马克思主义在认识论上坚决摒弃一切关于"天赋聪明"之类的谎言，根本否认有什么天生的"天才"，因而在历史观上也就坚决反对少数所谓"天才人物"主宰历史的唯心主义谬论，而确认人民群众是历史的创造者。实践是一切聪明才智的唯一源泉，而实践总是社会的实践，决不是脱离社会的孤立的个人活动。实践的社会性决定了认识的社会性。所谓社会的实践，就是群众的实践，阶级的实践。不用说那些剥削阶级的反动代表人物，他们是遗臭万年的历史渣滓，根本算不上什么"天才"。就是那些在历史上起过进步作用的天才人物，他们的聪明才智也只是在一定的历史时代，代表了当时的进步阶级，总结了当时群众斗争的经验，集中了群众的智慧，而决不是靠他一个人或几个人。鲁迅说得很生动："天才并不是自生自长在深林荒野里的怪物，是由可以使天才生长的民众产生、长育出来的，所以没有这种民众，就没有天才。"这是完全符合历史唯物论的。象陈胜、吴广、洪秀全这样的天才人物都不是天上掉下来的，而只是因为当时封建社会的阶级矛盾激化，农民起义的时机成熟，才在农民的革命战争中，在千百万起义的农民中涌现出来的。没有农民的革命战争，没有千百万革命起义的农民，就不会出现象陈胜、吴广、洪秀全这样的天才人物。所以，不是什么英雄造时势，而是群众造时势，群众造英雄。

无产阶级的革命领袖更是如此。他们在历史上起着极其伟大的作用，但是，这也决不因为他们个人是什么"先哲"，而是因为他们代表了最革命最先进的阶级。这个阶级就是无产阶级。无产阶级在自己的政党领导下，团结最广大的人民，进行着人类历史上空前广阔、空前深刻的伟大阶级斗争。无产阶级领袖就是在这种伟大的群众斗争中考验和锻炼出来的，是真正的群众的领袖。正如毛主席说的：**"革命的政治家们，懂得革命的政治科学或政治艺术的政治专门家们，他们只是千千万万的群众政治家的领袖"**。他们最能彻底地实行群众路线，因而最能集中全党的智慧，集中广大群众的智慧，制定出正确的理论、路线、方针和政策，按照历史发展的客观规律，带领千百万群众推动历史前进。这是无产阶级革命领袖与一切腐朽的剥削阶级代表人物的根本区别。无产阶级的领袖就是党的代表，无产阶级的代表，群众的代表。这个马克思主义关于领袖、政党、阶级、群众相互关系问题的思想，是我们正确认识无产阶级领袖作用的基本观点。

叛徒、卖国贼林彪片面地强调革命领袖的所谓"个人天分方面”，就是故意把无产阶级的领袖与无产阶级政党对立起来，与无产阶级广大群众对立起来。他还胡诌什么“全世界几百年、中国几千年才出现一个”，更是别有用心的。这种说法，不仅不符合历史事实，而且在理论上也十分荒谬。这和孟子说的“五百年必有王者兴”一样，完全是一种超历史、超阶级的反动的历史唯心论。这种谬论，抽去了无产阶级领袖的阶级本质，把无产阶级的革命领袖说成是由于某种神秘的原因凭空出现的，而不是随着社会的发展到了无产阶级登上历史舞台的时代，在无产阶级的革命斗争实践中自然形成的。林彪一伙用唯心主义“天才观”的谬论，来抹煞革命领袖领导人民进行的长期艰苦卓绝的伟大斗争实践，歪曲革命领袖与人民群众的血肉联系。他这样做，就是妄图使人民群众对革命领袖的坚定信念离开科学的唯物主义认识论的基础，而建立在林彪一伙宣扬的神秘主义的信仰之上，以便一旦时机成熟，他们就随时可以动摇人们对革命领袖的信念，随时可以作赫鲁晓夫那样的秘密报告，以便取而代之，居心何其险恶！

林彪这个叛徒、卖国贼，表面上装得似乎比谁都更“紧跟”、更“拥护”伟大领袖，而在阴暗的角落里，他却使尽一切鬼蜮伎俩，对伟大领袖切齿咒骂，进行最卑鄙的人身攻击，甚至阴谋采取法西斯特务手段对伟大领袖毛主席下毒手。古今中外没有比这个口蜜腹剑、笑里藏刀的伪君子更坏了。他用自己极其卑鄙无耻的行径，戳穿了他的“天才论”的全部秘密。原来，他称别人天才完全是假，而称自己“天才”是真。他不仅把自己吹嘘成“最最最”的“天才”，而且把他那个二十多岁的反革命儿子也吹嘘成什么“超天才”。显然，他的“天才论”，就是为他登基作皇帝，为他世袭传子，为他在中国建立林家父子的家天下制造反革命舆论。

毫无疑义，我们在对待个人和群众的关系问题上，也象在对待其他问题上一样，必须坚持辩证的观点。马克思主义的哲学是辩证唯物论，它是唯物的，又是辩证的。它强调人们的认识、思想、才能、智慧等等对社会实践的依赖关系，却并不否认这些精神的东西的反作用；同样，它强调人民群众创造历史，却并不否认杰出人物在历史上的作用。马克思说过：**"每一个社会时代都需要有自己的伟大人物，如果沒有这样的人物，它就要创造出这样的人物来。"** 无产阶级社会主义革命的时代更需要有自己的伟大人物。我们之所以需要有自己的伟大领袖和导师，是因为我们的党，我们的阶级，我们的革命队伍需要有统一的意志、统一的行动，只有这样，才能保证我们斗争的胜利。所以，我们批判林彪一伙的反动"天才史观"，并不否认无产阶级领袖的伟大作用。相反，我们批判唯心主义的"天才史观"，正是为了划清两种历史观的界限，正确认识群众和领袖的关系，使我们对无产阶级革命领袖的认识建立在辩证唯物论和历史唯物论的世界观基础之上，因而更加热爱、更加坚信我们的伟大领袖。无产阶级领袖是党、阶级和群众的代表，我们肯定无产阶级领袖的伟大作用和肯定人民群众的伟大作用是一致的，是符合辩证唯物论和历史唯物论的，这和林彪一伙鼓吹的"英雄和奴隶共同创造历史"的折衷主义诡辩论是根本不同的。

三、唯心论必然破产

林彪至死坚持他的反动的"天才史观"，认为象他这样的所谓"天才人物"的主观意志可以决定存在，改变历史，扭转社会前进的车轮。他把自己吹嘘成天生的"天才"，妄图让无产阶级把党和国家的最高权力拱手交给他这个"天才的救世主"。正是这种野心勃勃的反动世界观使他不能不走上叛党叛国的罪恶道路，成了遗臭万年的千古罪人。

林彪的"天才观"就是典型的唯我论、唯意志论。他认为他个人的意志是决定一切的，是唯一的实在。正象列宁引证狄德罗痛斥唯心主义者时所说的那样，"……以为它是世界上仅有的钢琴，宇宙的全部和谐都发生在它身上。"林彪就是这样一架"发疯的钢琴"，就是这种唯我论者、唯意志论者。

这使我们想起了一个近代思想史上臭名昭著的人物，这就是法西斯主义的思想先驱、唯意志论哲学最完备的代表尼采。尼采曾经提出了他的以"权力意志"为中心的"超人哲学"。他叫嚷："我的学说是有上等人，也有下等人。上等人是非人和超人。"超人的追求权力的意志是世界的本原，是决定一切的东西。这种"权力意志"，就是"征服的意愿，颠覆的意愿，自立为王的意愿"。他狂妄地宣称："历史也只不过是超人手中柔软的泥巴"，超人的主观意志可以改变历史的客观规律。这是一种极端露骨、极端反动的英雄史观。无怪乎这种反动哲学后来成了希特勒法西斯主义的理论基础，并且为一切反革命的阴谋家野心家所信奉。

林彪的"天才史观"实际上也就是尼采的"超人哲学"。他说的"高级的人"就是尼采说的"上等人"，他说的"天才"就是尼采说的"超人"，他说的"天才人物"的主观意志就是尼采鼓吹的"权力意志"。他不是叫嚷"有了政权就有了一切"吗？这就是说，只要他篡了权就可以为所欲为。这完全是一种"权力意志"的叫器，是他反革命意志的自我扩张，是他反革命权势欲的恶性膨胀。

尼采认为，对"超人"来说，认识只是实现权力意志的工具，他有一句名言："一切都是假的，什么都可以做"。林彪也完全是这样，对他来说，认识也只是他篡夺最高权力的工具。他也有一句名言："说真话就完蛋"。他没有什么真理不真理，只要能篡夺最高权力，就可以不择手段，白的可以说成黑的，黑的可以说成白的，什么样的谣言都可以造得出来，什么样卑鄙勾当都可以干得出来。他比我党历史上任何一个机会主义头子，比中国历史上任何一个最残暴、最阴险的剥削阶级代表人物都更善于玩弄阴谋诡计。他不仅肆意歪曲和篡改马列主义，用谣言和诡辩代替铁一般的客观事实，而且竟敢在众目睽睽之下，大肆网罗死党，进行法西斯特务活动，阴谋另立中央，甚至冒天下之大不韪，公然妄图谋害伟大领袖毛主席。他总是错误地估计形势，过高地估计他自己的力量，过低地估计党和人民的力量，把革命人民的绝对优势看成绝对劣势，因而总是把他反革命的痴心妄想当作客观现实的可能性。这种唯心论的反动世界观决定了他不能不到处碰壁，走投无路。从九届二中全会到他的仓惶出逃，只一年多一点时间，他玩弄了多少花招与党和人民顽抗！他的阴谋虽然一个比一个更毒辣，但却一个比一个失败得更惨重。直到他的全部阴谋破产，最后公开叛国投敌，成了死有余辜的叛徒、卖国贼。他用自己的全部罪恶活动，构成了一个**"捣乱，失败，再捣乱，再失败，直至灭亡"**的完整逻辑。叛党叛国，自取灭亡，是他反动的"天才史观"发展的必然结果。

我们全党和全国人民在毛主席英明领导下取得的伟大胜利，和林彪反党集团的彻底失败，再一次地表明：人民群众是历史的真正主人。祖国的前途，人类的命运，是由千百万人民群众决定的。那些以历史的主宰自居的"英雄""好汉"们，不管他们怎么喧赫一时，看起来象个"庞然大物"，但是，"沉渣又究竟不过是沉渣"，他们最后的命运，总是照旧要沉下去的。这原因不是别的，而是因为历史的发展是不以人们的主观意志为转移的，是按照马列主义、毛泽东思想所揭示的客观规律前进的，而客观规律是不可抗拒的。任何妄图否定历史规律的家伙，都必然会被历史的规律所否定，这本身就是一条历史的规律。

路线正确与否是决定一切的

——彻底批判林彪鼓吹的"有了政权就有了一切"的反动谬论

天津市第二商业局革命委员会

伟大领袖毛主席教导我们:**"思想上政治上的路线正确与否是决定一切的。党的路线正确就有一切,没有人可以有人,没有枪可以有枪,没有政权可以有政权。路线不正确,有了也可以丢掉。"**毛主席的这一科学论断,深刻地阐明了路线的极端重要性,是对国际共产主义运动的历史经验和我党五十年来十次路线斗争经验的高度概括,是加强我们党和国家建设的伟大指针,是批判林彪反党集团的锐利武器。

叛徒、卖国贼林彪别有用心地离开路线讲政权,一再鼓吹"有了政权,就有了一切"的反动谬论,妄图使我们离开毛主席的革命路线,以便他们推行反革命修正主义路线,篡夺党和国家的最高权力,复辟资本主义。对于林彪一伙这一反革命阴谋,必须彻底揭露,深刻批判。

(一)

林彪极力鼓吹"有了政权,就有了一切","要念念不忘政权",就是否定路线的重要性,就是否定毛主席的革命路线。

路线决定一切是毛主席的一贯思想。早在一九二六年毛主席就指出:**"革命党是群众的响导,在革命中未有革命党领错了路而革**

命不失败的”。一九三七年毛主席又指出：**“一个政党要引导革命到胜利，必须依靠自己政治路线的正确和组织上的巩固”。**解放以来，毛主席曾经多次强调路线的重要意义，指出党的路线是照耀我们各项工作的灯塔，离开了它，就要迷失方向，犯右的和“左”的错误。

我国民主革命，是在毛主席的革命路线指引下，战胜了陈独秀、王明、刘少奇等机会主义路线的干扰和破坏，从小到大，从弱到强，转危为安，转败为胜，取得了武装夺取政权的伟大胜利。如果不战胜形形色色的机会主义路线，就不可能战胜国内外阶级敌人，取得全国政权。取得全国政权以后，我们党和全国人民又在毛主席的革命路线指引下，粉碎了高岗、饶漱石、彭德怀、刘少奇等反党集团和修正主义路线的破坏，取得了社会主义革命和社会主义建设的伟大胜利，不断巩固和加强了无产阶级专政。特别是毛主席根据国内外无产阶级专政的历史经验，根据无产阶级专政下阶级、阶级矛盾和阶级斗争的现实，创立了无产阶级专政下继续革命的伟大理论，并在这一理论指导下，制定了党在整个社会主义历史阶段的基本路线和政策，这是对马列主义的伟大发展，是指引我们党胜利前进，巩固无产阶级专政，把社会主义革命进行到底的灯塔。正是在毛主席继续革命理论和基本路线指引下，我们进行了史无前例的无产阶级文化大革命，粉碎了刘少奇、林彪一类政治骗子复辟资本主义的反革命阴谋，进一步巩固了无产阶级专政，防止了资本主义复辟，把社会主义革命和社会主义建设推向前进。实践证明，毛主席的革命路线是唯一正确的马克思列宁主义路线，是我们党的生命线。没有毛主席的革命路线，我们无产阶级既不能取得政权，也不能巩固政权；有了毛主席的革命路线，我们就能够从一个胜利走向另一个胜利。

林彪一伙，张口是权，闭口是权，就是不讲毛主席的革命路线。如果按照林彪鼓吹的"有了政权，就有了一切"，那么，在我们无产阶级已经取得政权的情况下，岂不就可以说是"政权到手，革命到头"了吗？不就是阶级斗争"熄灭了"，路线斗争"消失了"，继续革命"用不着了"，无产阶级可以高枕无忧睡大觉了?！这正是林彪一伙的大骗局，如果我们上了林彪的当，不抓阶级斗争，不抓两条路线斗争，不批判修正主义，不把叛徒、卖国贼林彪一伙及时揭露出来，让他们的阴谋得逞，他们就会用地主资产阶级法西斯专政代替元产阶级专政，用资本主义代替社会主义，我们党和全国人民牺牲奋斗几十年取得的伟大成果，就会毁于一旦，我们伟大的社会主义祖国就会被重新抛进半封建、半殖民地的黑暗深渊。

毛主席的马克思列宁主义路线所以是决定一切的，因为它代表了真理，是毛主席在领导我国革命的伟大实践中，把马克思列宁主义的普遍真理同我国革命的具体实践相结合的过程中制定出来的，是按照辩证唯物主义和历史唯物主义的世界观，应用马克思列宁主义的立场、观点、方法，对我国的阶级状况进行了周密的调查研究，定出了每个历史阶段革命的目标和道路，它集中代表了无产阶级和广大人民群众的利益和要求，代表了历史前进的方向，为广大人民群众所拥护，因此是战无不胜的，坚决执行毛主席的革命路线，没有人可以有人，没有枪可以有枪，没有政权可以有政权。而一切机会主义路线，**"都是以主观和客观相分裂，以认识和实践相脱**

离为特征的"。从陈独秀、王明、刘少奇到林彪一伙，都是用唯心论和形而上学的世界观观察和处理问题。他们代表的是地主资产阶级的利益，他们的修正主义路线违反了历史发展的规律，背叛了无产阶级和劳动人民的根本利益，得不到人民的拥护，因此，必然要遭到失败，要受到历史的惩罚。而这些机会主义路线的头子，尽管一时窃取了很大的权力，很高的地位，最后还是一个一个地垮台了。这是历史的必然。

必须指出，我们讲路线决定一切，决不是否定政权的重要性。革命的根本问题是政权问题。正如毛主席所说：**"世界上一切革命斗争都是为着夺取政权，巩固政权"**。革命是一个阶级推翻一个阶级的生死搏斗。无产阶级要消灭剥削制度，解放劳动人民，实现社会主义和共产主义，必然要遇到资产阶级的暴力镇压。无产阶级如果不夺取政权，不打碎资产阶级的国家机器，就不可能取得革命的胜利，不可能实现自己的革命目标。同样，在无产阶级取得政权以后，也只有不断巩固和加强无产阶级专政，才能镇压资产阶级和一切剥削阶级的反抗，把社会主义革命进行到底，进行社会主义建设。因此，无产阶级专政对于无产阶级和劳动人民来说，**"这是如同布帛菽粟一样地不可以须臾离开的东西"**。问题在于，无产阶级怎样才能取得政权和巩固政权，这就决定于是否有一条马克思列宁主义的路线。路线正确，就能够夺取政权、巩固政权，如果路线不正确，让陈独秀、王明、刘少奇、林彪等的机会主义、修正主义路线得势，不仅不可能夺得政权，即使夺取了政权也不可能巩固，也会重新演变为地主资产阶级专政。因此，无产阶级讲政权绝对不能离开路线，否则就要上林彪一类骗子的当，就要走入歧途。

（二）

　　林彪一面叫嚷"有了政权，就有了一切"，一面又鼓吹"领导班子就是政权"，也就是说领导班子决定一切。这是又一个用心险恶的反动谬论。

　　毛主席教导我们：**"我们的权力是谁给的？是工人阶级给的，是贫下中农给的，是占人口百分之九十以上的广大劳动群众给的。我们代表了无产阶级，代表了人民群众，打倒了人民的敌人，人民就拥护我们。共产党基本的一条，就是直接依靠广大革命人民群众"**。毛主席的教导，是对林彪反动谬论的最有力的批判。

　　政权是一个阶级对另一个阶级实行统治的工具，任何政权都是阶级的政权，不是资产阶级政权就是无产阶级政权。区别在于资产阶级政权是少数人对多数人的统治，而无产阶级政权则是绝大多数人对少数人的统治，正如列宁指出的：**"依靠人民群众。这就是新政权同过去一切旧政权的旧机关的基本区别。"** **"新政权是绝大多数人的专政"**。我们无产阶级专政正是这样的绝大多数人的专政，而绝不是少数人的专政。当然，无产级阶专政是经过党来实现的，是经过毛主席为首的党中央以及各级党组织来实现的。如果领导班子是指党组织，党的领导核心，那么它只是阶级的一部分，是群众中的先进分子，他们是来自群众，依靠群众，代表群众，为群众服务，与群众有密切联系的领导力量和骨干力量，而绝不是离开阶级、离开群众的少数特权人物。领导班子的作用就在于，按照毛主席的革命路线和政策团结和带领广大群众，进行三大革命斗争，实现无产阶级专政的历史使命。林彪把阶级的政权，歪曲成"领导班子"的政权，把无产阶级专政，歪曲成"领导班子"专政，**故意抽**掉无产阶级政权的阶级基础和群众基础，其目的就是妄图煽动领导同群众的对立，破坏党的干部同广大群众的血肉联系，并为他们改变政权性质，复辟地主资产阶级专政制造舆论。实际上，林彪一伙口口声声叫嚷的"权"，正是要建立少数人所拥有的特权，是地主资产阶级统治、压迫无产阶级和劳动人民的权。他们一心想篡夺和把持权力，以便骑在人民头上，作威作福，为所欲为，他们完全打错了算盘。

"生气勃勃的创造性的社会主义是由人民群众自己创立的"。林彪极力鼓吹"领导班子就是政权"，这是他反动的唯心史观的大暴露。林彪一伙把真正创造历史的人民群众看作"群氓"，而把他们自己打扮成"天才"。在他们看来，历史的发展，国家的兴盛，完全靠他们这伙"天才"、"全才"，他们不但能"指挥着历史的前进"，而且能"指挥着未来的历史"，而广大人民群众，只不过是他们任意摆布的奴隶。这同历代封建统治阶级所鼓吹的"劳心者治人，劳力者治于人"完全是一路货色。

毛主席教导我们："**工、农、商、学、兵、政、党这七个方面，党是领导一切的**"。无产阶级专政是一个整体，是统一在毛主席为首的党中央领导下的无产阶级国家。无产阶级专政的每一个组织，都是在党的一元化领导下，按照毛主席的革命路线，发挥自己的作用，实现自己的职能，决不是像林彪所说的一个领导班子就是一个政权。林彪散布的"领导班子就是政权"的谬论，戳穿了就是宣扬反动的"多中心论"，就是为了破坏党的一元化领导，为其大搞独立王国，篡党夺权制造理论根据。我们必须彻底戳穿林彪破坏党的一元化领导，妄图篡党夺权的反革命阴谋，紧紧地团结在以毛主席为首的党中央周围，在党的一元化领导下，进一步巩固和加强无产阶级专政。

（三）

林彪还疯狂地叫喊"政权就是镇压之权"。这是明目张胆地歪曲篡改马克思主义的国家学说，是杀气腾腾的法西斯叫嚣。

政权的职能是什么？毛主席在《论人民民主专政》和《关于正确处理人民内部矛盾的问题》等光辉著作中，早就作了明确的论述，指出，无产阶级专政国家的基本职能就是镇压敌人，保护人民。毛主席说：**"对人民内部的民主方面和对反动派的专政方面，互相结合起来，就是人民民主专政"**。又说："**专政的制度不适用于人民内部。人民自己不能向自己专政，不能由一部分人民去压迫另一部分人民"**。民主与专政，两者是辩证的统一，是相辅相成，缺一不可的。林彪只讲专政的一面，不讲民主的一面，这是对无产阶级专政学说的肆意歪曲和恶毒篡改。

林彪疯狂鼓吹"镇压之权"，其罪恶目的就是妄图篡改我国无产阶级专政的性质，变无产阶级专政为地主资产阶级法西斯专政。他们表面上不讲"镇压之权"究竟要镇压谁，实际上他们要镇压的决不是已被打倒但还时刻妄图复辟的地主资产阶级，而是要镇压无产阶级和劳动人民，镇压广大共产党员和革命干部。林彪一伙在文化大革命中的表演，以及他们炮制的反革命政变纲领，都充分地证明了这一点。在文化大革命中，林彪大搞"打击一大片，保护一小撮"，大搞"罢官"运动，叫嚷要"狠狠地斗一斗，烧一烧"，要烧的"无产阶级也睡不着觉"。叫嚷"要批判走社会主义道路的当权派"。他们拼命煽动武斗，并向中央要开枪权，妄图肆无忌惮地武装镇压群众。林彪还恶毒地提出"带枪的刘邓路线"的反动口号，大搞"抓军内一小撮"，把矛头指向伟大的人民解放军。他们用种种卑鄙手段，拉山头，搞宗派，安插亲信，结党营私，以人划线，对于坚持革命路线的干部和群众，进行无情打击，残酷迫害，私设监狱，草菅人命，真是罪恶滔天。在党的九届二中全会上，林彪一伙悍然发动反革命政变，向党猖狂进攻，谁要反对他们提出的"设国家主席"和"称天才"的反革命纲领，就要把谁"千刀万剐"。九届二中全会以后，为了发动反革命武装政变，他们建立特务组织和反动武装，阴谋谋害伟大领袖毛主席和其他中央领导同志。在反革命政变纲领《"571工程"纪要》中，林彪一伙更是凶相毕露，杀气腾腾地要对革命人民实行"严厉镇压"。林彪的所谓"镇压之权"究竟要镇压谁，不是清清楚楚了吗？事实证明，林彪鼓吹的所谓"镇压之权"，就是要对无产阶级和革命人民实行野蛮的法西斯专政。林彪一伙是不折不扣的法西斯匪徒。

（四）

林彪鼓吹的"有了政权，就有了一切"的谬论，并不是什么新鲜货色，而是地主资产阶级"权力至上论"的翻版。从历代封建统治阶级到现代资产阶级，从封建帝王到法西斯头子希特勒、蒋介石，都把"权力至上"作为自己的信条，都把"权"作为维护他们反动统治、残酷镇压劳动人民的法宝。林彪继承地主、资产阶级的衣钵，重新打起"权力至上"的破旗，极力鼓吹"有了政权，就有了一切"，一方面说明他们是一切反动剥削阶级的孝子贤孙，同时也暴露了他们处心积虑地要向无产阶级夺权。林彪这个见不得太阳的野心家、阴谋家，不是曾躲在阴暗角落里专门研究"夺权"的策略吗？在他那个臭名昭著的关于"政变"的黑讲话里，一口气讲了几十个"夺权"的例子，真是集古今中外地主资产阶级各种卑鄙手段之大成。他是这样讲的，也是这样做的。他们的目的，就是建立林家父子的法西斯封建王朝，妄图世世代代骑在中国人民头上，进行血腥的反动统治。但是历史的车轮不可阻挡，革命的洪流滚滚向前，林彪的反革命痴心妄想绝不能得逞，到头来，只能落得粉身碎骨，身败名裂的可耻下场！

列宁指出：**"旧社会灭亡的时候，它的死尸是不能装进棺材、埋入坟墓的。它在我们中间腐烂发臭并且毒害我们。"** 林彪这个叛徒、卖国贼是完蛋了，但是他所散布的毒素，在我们头脑中是有影响的。林彪鼓吹的"有了政权，就有了一切"的谬论，也是这样。比如，我们对路线的重要性往往认识不足，对一些言论，一些事情，不注意从路线上进行分析。有些同志还存在着路线是路线，工作是工作的现象，缺乏执行毛主席革命路线的自觉性。有的同志甚至存在着"路线斗争不可知论"，不是自觉地提高路线斗争觉悟，而是一心希望遇上"好领导"，以免跟着犯错误。也有的同志口里讲路线，心里想着权，不注意在路线上分是非，而是强调"个人说了算"。所有这些都是认真执行毛主席革命路线和政策的思想障碍。我们一定要遵照毛主席**"路线是个纲，纲举目张"**的伟大教导，继续抓紧路线教育，深入开展批修整风，坚持认真看书学习，深入开展革命大批判，彻底肃清林彪的流毒，在毛主席革命路线指引下，争取新的更大的胜利。

深入开展革命大批判的几点体会

天津市物资回收公司熔炼厂

我厂是一个利用废弃物资提炼金、银、镍、硫酸铝等产品的综合利用工厂，全厂现有职工三百多人。党的九届二中全会以后，在进行思想政治路线教育和批修整风运动中，我厂积极开展了革命大批判。林彪一伙的反革命罪行被揭露以后，特别是中央把林彪一伙炮制的反革命政变纲领《"571工程"纪要》交给全党批判以来，我厂革命大批判进一步深入发展，形成了高潮。在这个期间，我们召开了全厂批判大会四次，中小型批判会三十多次，写出大批判文章一百四十多篇，刊出黑板报和大批判专栏二十七期。由于革命大批判的深入发展，我厂职工的精神面貌和生产面貌发生了显著的变化。第一季度超额完成了国家计划，四月份重点产品电解镍的产量，相当于第一季度产量总和的一点四倍，并初步解决了产品质量不稳定的问题，其它产品的产量和质量也有较大提高。

在开展革命大批判的工作中，我们有以下几点初步体会：

一、党组织高度重视和切实加强领导，是搞好革命大批判的首要条件

我厂党支部和革委会的领导成员，对开展革命大批判的认识，有一个从不大自觉到比较自觉的过程。起初，大家对开展革命大批判的意义认识不足，有的同志甚至怕开展革命大批判耽误时间，影

响生产。后来通过硫酸铝车间，狠抓革命大批判，由后进变先进的启示，认识到革命大批判不仅不会影响生产，而且会促进生产，因此抓大批判就积极了。但是，这还不是从阶级斗争和路线斗争的高度来认识革命大批判的重大意义，所以还是抓得时紧时松，大批判的发展时好时差。后来，通过学习党的基本路线和毛主席有关批修整风的指示，特别是学习了毛主席**"路线是个纲，纲举目张"**；**"要搞马克思主义，不搞修正主义；要团结，不要分裂；要光明正大，不要搞阴谋诡计"**的教导，通过回忆总结我厂革命大批判的发展过程，认识到，阶级斗争和路线斗争的长期存在，决定了革命大批判必须长期坚持。革命大批判是无产阶级专政条件下进行阶级斗争和路线斗争的有力武器，是进行思想和政治路线教育的重要方法，是推动各项工作前进的动力。认识提高后，我们更加自觉地加强了对革命大批判的领导，把思想政治路线教育和革命大批判真正摆在一切工作的首位。每次布置、检查、总结工作，首先布置、检查、总结思想政治路线教育和革命大批判，从时间上、制度上给予保证，并及时分析形势，掌握动向，努力把革命大批判抓紧、抓好。

为了加强对革命大批判的具体领导，党支部遵照毛主席**"领导一定要走在运动的前面"**的教导，要求领导干部带头学、带头讲（辅导）、带头批。在批判林彪一伙的《"571工程"纪要》反革命政变纲领时，党支部和革委会的领导成员，首先在全厂批判大会上带头发言。革委会委员、老工人王振芬同志，文化低，困难大，但她坚持自己写批判文章，并反复修改，一直搞到深夜。党支部书记因到市里开会，不能参加厂里批判大会，就把批判稿留下来，委托别人代他发言。领导干部带头批判，对职工群众影响很大。大家说："领导带头批判，给我们做了样子，交了方法，我们也要紧紧跟上。"大会以后，两三天时间里，全厂就写出了三十多篇批判文章，接着又召开了各车间负责干部带头发言的批判大会，以及老工人、青年工人、女工、下放干部等不同类型的小型批判会。在革命大批判中，职工群众发扬了高度的革命热情，对林彪一伙的反革命罪行，表现了强烈的无产阶级义愤。许多老工人克服文化低的困难，积极投入大批判，团员和青年成了革命大批判的突击力量，各车间各班组的革命大批判热烈开展起来，并逐步走向深入。

群众性革命大批判的深入开展，反过来又促进领导干部加强学习和对革命大批判的领导。群众在学习和批判中提出的问题，要进行解答和辅导，要发现和培养先进典型，及时推广先进经验，这样，领导带群众，群众促领导，革命大批判和思想政治路线教育运动，在全厂出现了生动活泼的局面。

二、搞好革命大批判必须认真看书学习，掌握思想武器

我们深深体会到：开展革命大批判必须和认真看书学习紧密结合起来。学习得越好，批判得越深；同时，结合大批判看书学习，效果更大。

在批修整风中，我厂广大职工对林彪一伙的反革命罪行无比愤慨，但是有些同志感到有话说不出，有劲使不上，对林彪一伙的反动谬论，不能从本质上戳穿，从理论上批透。针对这种情况，党支部进行了分析研究，认识到：**"我们的斗争需要马克思主义"**。马

列主义、毛泽东思想是我们识破敌人、战胜敌人的强大思想武器，要批判修正主义，战胜阶级敌人，必须认真看书学习，掌握思想武器。特别是林彪一伙炮制的反革命政变纲领《"571工程"纪要》，充满着极其阴险、极其恶毒的反革命谬论，要把它批深批透、批倒批臭，光有朴素的阶级感情还不行，还必须认真看书学习，运用马列主义的立场、观点和方法，才能看清它的反动本质，从理论和实践的结合上讲清道理，批深批透，肃清流毒。根据这个认识，我们除领导群众认真学习中央有关文件外，还组织群众选学了《共产党宣言》、《国家与革命》、《论人民民主专政》、《关于正确处理人民内部矛盾的问题》等马、列和毛主席著作的有关章节，编印了马、列和毛主席的有关语录，帮助群众掌握武器，用马列主义的唯物史观批判了林彪一伙的唯心史观；用马列主义的阶级斗争观点批判了林彪一伙抹煞阶级斗争和路线斗争，歪曲党内斗争历史，恶毒攻击伟大领袖毛主席的反革命谬论；学习运用毛主席**"要团结，不要分裂"**的教导，批判了林彪一伙阴谋分裂党、另立中央的反革命罪行；用毛主席路线决定一切的观点，批判了林彪一伙"有了政权就有了一切"的谬论。从而提高了干部群众的路线斗争觉悟，增强了识别真假马克思主义的能力，在革命大批判中能够抓住问题的本质，打中林彪一伙的要害。老工人李文海的批判发言说："不管林彪一伙怎样阴险狡猾，我们只要用马列主义、毛泽东思想的照妖镜，就能看清他们的反革命本质。他们那些恶毒的诬蔑、诽谤，都是为了改变党的路线和政策，妄图夺取政权，把社会主义新中国变成半封建半殖民地的旧中国，变成苏修社会帝国主义的殖民地。我们坚决跟他们斗到底。"

广大职工群众在革命大批判中，尝到了读书的甜头，体会到读书的重要性，把批判和学习联系得更紧，读书的自觉性逐步提高。大家都积极参加学习，不少人利用公休日和业余时间读书，报纸来了抢着看批判文章。老工人学哲学小组的几个老师傅，为了学理论，学文化，专门配了老花镜，一有时间就抓紧学习。一些青年工人除了认真读书，坚持写学习笔记外，还帮助老工人学文化，写批判文章。大批判促进了看书学习，看书学习推动了大批判的深入发展。

三、革命大批判要结合实际，结合肃流毒，才能深入持久

革命大批判是从政治上、思想上、理论上对林彪一伙进行的严重的阶级斗争，同时，对人民群众来说，也是一次深刻的自我教育运动。通过这一时期的思想政治路线教育和革命大批判的实践，我们体会到，在开展革命大批判的基础上结合阶级斗争、路线斗争的实际和人们头脑中的思想实际，采取民主的方法，说服教育的方法，批评和自我批评的方法，自觉肃清林彪一伙散布的流毒和影响，是思想和政治路线教育的重要内容。革命大批判只有联系实际，结合肃流毒，才能越批越深，切实分清什么是毛主席的马克思列宁主义路线和政策，什么是林彪一伙反革命修正主义路线和政策；什么是唯物论的反映论，什么是唯心论的先验论；什么是社会主义道路，什么是资本主义道路；什么是有利于巩固和加强党的领导，什么是摆脱或削弱党的领导。

结合实际肃流毒，我们认为应当注意掌握以下几点：第一，紧紧抓住路线上的大是大非，不要把什么问题都说成是路线问题；第

二，通过深入的调查研究，实事求是地找出林彪流毒的主要表现，不要把什么问题都说成是林彪的流毒；第三，严格区分两类不同性质的矛盾，必须把矛头指向林彪一伙，坚决防止点名批判群众，搞人人过关。

根据上述原则，我厂职工在学习、批判的基础上，有领导地进行了肃流毒，把大批判、肃流毒同斗、批、改结合起来，加深了大批判，也推动了斗、批、改。例如：通过批判林彪一伙"英雄创造历史"的唯心史观，树立了**"群众是眞正的英雄"**的唯物史观，厂领导班子在大批判中检查了骄傲自满、固步自封的情绪，狠肃了"领导高明"论和"群众落后"论的影响，提高了在工作中贯彻执行群众路线的自觉性。通过批判林彪一伙散布的"政治可以冲击其它"和"精神万能"的谬论，认清了政治和经济、业务、技术的辩证统一关系，在坚持政治挂帅的原则下，加强了对生产、技术工作的领导，推动了新产品试制和技术革新、技术革命运动。通过批判林彪一伙散布的"砸烂一切"、"否定一切"的无政府主义反动思想，划清了合理的规章制度和"管、卡、压"的界限，建立健全了岗位责任制、质量检验制和技术操作规程等规章制度，加强了企业管理。今年三月，电解镍车间由于有人没按操作规程办事，造成了镍板爆裂的责任事故。车间立即召开了全体生产人员的事故分析会，大家严肃地批判了无政府主义和"制度无用"论，提高了觉悟，加强了纪律性，增强了制度观念，因而四月份电解镍的产量和质量都有了很大提高。

四、要及时克服畏难情绪和厌倦情绪，不断提高大批判的水平，使革命大批判常批常新

我厂老工人多，文化、理论水平比较低。在大批判中，有些同志觉得自己不会写，不会说，存在着畏难情绪。在大批判进行了一段时间以后，有些同志又产生了厌倦情绪，认为该批的都批了，没有什么新词了。这些情绪障碍着革命大批判深入持久地开展，必须及时加以解决。

解决这些思想问题，我们主要是从提高群众的阶级觉悟入手。通过座谈、学习、谈心，使大家认识到，我们同林彪反党集团的斗争，是一场你死我活的阶级斗争，是保卫毛主席、保卫党中央、捍卫毛主席的革命路线、保卫无产阶级专政和社会主义制度的斗争，在这样一场严重的阶级斗争中，我们工人阶级怎么能怕困难呢？为了调动群众的阶级感情，我们还引导群众开展了新旧社会、新旧生活和两条路线的对比；回忆个人成长史、家庭翻身史、本厂变化史、祖国发展史，来激发广大群众对毛主席、共产党和社会主义制度的热爱，加深对林彪反党集团的仇恨。同时，通过分析讨论，使群众认识到，林彪一伙推行的反革命修正主义路线和他们散布的反革命谬论，并没有批深批透，有些界限并没有彻底划清，流毒并没有肃清，大批判的任务还很重，我们怎么能够厌战，怎么能够收兵呢？经过深入的思想发动后，大家克服了畏难情绪和厌倦情绪，勇敢上阵，在批判会上争着发言。

为了克服厌倦情绪，还必须不断提高批判水平。从愤怒声讨逐渐引向摆事实，讲道理；从主要批罪行，逐渐引向从思想上、理论

上、路线上着重批谬论。要提高批判水平，除了引导群众看书学习和联系实际肃流毒以外，还要注意培养骨干。我们通过举办学习班，召开座谈会等方式，帮助骨干提高认识，掌握武器，使他们在革命大批判的战场上不仅能带领群众冲锋陷阵，而且由于他们发言质量较高，道理讲得较透，起到启发引路的作用，实现了一般批判和重点批判相结合，把群众性的革命大批判引向深入持久。

总之，在这段时间里，我厂在开展思想政治路线教育和革命大批判方面取得了一定的成绩，摸索到一些经验，但还做得很不够。我们决心提高思想，总结经验，在毛主席的革命路线指引下，继续努力，争取更大的胜利。

·13182

·绝密·

革命大批判

第十一期   一九七二年六月二十七日

天津市革命委员会政治部编印

毛 主 席 語 录

要搞马克思主义，不要搞修正主义；要团结，不要分裂；要光明正大，不要搞阴谋诡计。

党内党外都要团结大多数，事情才干得好。

不讲团结不好，不讲团结得不到全党的同意，群众也不高兴。

所谓讲团结是什么呢？当然是马克思列宁主义基础之上的团结，不是无原则的团结。

为了保证我们的党和国家不改变颜色，我们不仅需要正确的路线和政策，而且需要培养和造就千百万无产阶级革命事业的接班人。

要团结，不要分裂，是加强党的建设的一个基本原则

——批判林彪一伙破坏党的团结的滔天罪行

南开区革命委员会

"要搞马克思主义，不要搞修正主义；要团结，不要分裂；要光明正大，不要搞阴谋诡计。" 这是我们伟大领袖毛主席总结了我党五十年来党内两条路线斗争的历史经验而提出的三条基本原则。这三条基本原则，是我们进行思想和政治路线方面教育的重要内容，是我们批判林彪反党集团的有力武器，也是我党建设的根本原则。

"要团结，不要分裂"，是伟大领袖毛主席的一贯思想，毛主席历来把党的团结作为革命和建设事业取得胜利的一个基本条件。是坚持团结，还是搞分裂，历来是识别真假马克思主义的一个重要标志。一切马克思主义者都把党的团结视为党的生命，把维护党的团结作为自己行动的准则。而一切机会主义头子，为了推行其反革命修正主义路线，总是千方百计地破坏党的团结。林彪一伙为了破坏党的团结，分裂革命队伍，使用了制造谣言，颠倒黑白的卑鄙手段，恶毒攻击以毛主席为首的党中央，破坏党内团结的原则基础，诬蔑和歪曲党内斗争的正确方针，妄图改变党的马克思列宁主义路线和政策，实现其篡夺党和国家的权力，复辟资本主义的狂妄野心。当前，在进行思想和政治路线教育中，我们要认真学习毛主席提出的三条基本原则，彻底批判林彪一伙分裂党的滔天罪行，进一步加强党的团结，维护党的统一，把反对林彪反党集团的斗争进行到底。

一、以毛主席为首的党中央是党的团结的中心

历史经验告诉我们，无产阶级要夺取革命的胜利，必须有自己的伟大领袖和以伟大领袖为首的无产阶级政党的坚强领导。无产阶级如果没有威信极高的领袖和以这样的领袖为首的无产阶级政党的领导，无产阶级专政，无产阶级的意志统一，无产阶级的团结战斗，就会成为一句空话。

伟大领袖毛主席指出：**"中国共产党是全中国人民的领导核心。沒有这样一个核心，社会主义事业就不能胜利。"**中国共产党是我们伟大领袖毛主席亲自缔造和培育起来的，是按照马克思列宁主义的革命理论和革命风格建立起来的伟大的、光荣的、正确的党，是久经考验的全中国人民的领导核心。

半个世纪以来，正是以毛主席为领袖的中国共产党领导全中国人民前仆后继，英勇奋斗，完成了新民主主义革命，又取得了社会主义革命和社会主义建设的伟大胜利，把一个贫穷落后的旧中国，建设成一个初步繁荣昌盛的社会主义新中国。

在长期的革命斗争中，全党、全军和全国各族人民形成了一个坚强的信念：伟大领袖毛主席是我们党的正确思想的代表，是我们党的正确路线的代表，是无产阶级和劳动人民根本利益的代表，有了毛主席和以毛主席为首的党中央的正确领导，执行毛主席的革命路线，我们党就发展，就壮大，革命就胜利，就前进；离开了毛主席和以毛主席为首的党中央的正确领导，违背了毛主席的革命路线，我们党就受挫折，革命就遭到失败。全党、全军、全国人民紧紧地团结在以毛主席为首的党中央周围，坚决执行毛主席的革命路线，这

是我们革命事业必定胜利的根本保证。

党内两条路线斗争的历史经验告诉我们，混进党里的资产阶级野心家、阴谋家，为了篡权复辟，总是把矛头指向无产阶级领袖和以无产阶级领袖为首的党中央，进行分裂党的活动。林彪这个资产阶级野心家、阴谋家，搞分裂党的活动，比历史上任何一个机会主义头子的手段更加阴险毒辣。他表面上装作拥护毛主席和党中央的样子，口头上高喊"要以毛主席为中心来团结"，"不要有两个司令部"，"不要背着党另搞一套"，等等。而在背后，他却躲在阴暗的角落里，大肆网罗死党，结成以林彪为头子的资产阶级司令部，阴谋策划反革命武装政变，妄图推翻以毛主席为首的党中央，建立林家父子的法西斯王朝。但是，历史的发展并不以林彪的意志为转移。林彪这个分裂党的罪魁祸首，到头来，只落得个粉身碎骨、遗臭万年的可耻下场。而我们党通过粉碎林彪反党集团的斗争，全党同志更加紧密地团结在以毛主席为首的党中央的周围。

伟大领袖毛主席指出："**我们这个党已经有五十年的历史了，大的路线斗争有十次。这十次路线斗争中，有人要分裂我们这个党，都沒有分裂成。这个问题，值得研究，这么个大国，这样多人不分裂，只好讲人心党心，党员之心不赞成分裂。**""**要团结，不要分裂**"，这是人心党心，党员之心所向，人心党心，党员之心向着伟大领袖毛主席，向着以毛主席为首的党中央，向着毛主席的无产阶级革命路线。我们党清除了林彪一伙资产阶级阴谋家、野心家，更加团结，更加纯洁，更加朝气蓬勃。

党的团结是党的生命。我们讲团结，就是以毛主席为首的党中央为中心的团结。维护以毛主席为首的党中央为中心的团结，这是党的最高组织原则。要维护这个团结，就必须增强党的观念，自觉遵守党的民主集中制，反对分散主义、本位主义、山头主义、宗派主义，在政治上要光明磊落，同一切破坏党的团结的行为作坚决斗争，只有这样，才能使我们党在马列主义、毛泽东思想的原则基础上，**"统一认识，统一政策，统一计划，统一指挥，统一行动。"**

二、马列主义、毛泽东思想和毛主席的革命路线是党的团结的基础

伟大导师列宁指出：**"沒有革命理论，就不会有坚强的社会主义政党，因为革命理论能使一切社会主义者团结起来。"** 毛主席教导我们：**"所谓讲团结是什么呢？当然是马克思列宁主义基础之上的团结，不是无原则的团结。"** 革命导师的教导告诉我们：是不是坚持马克思列宁主义的理论和路线，是维护党的团结还是破坏党的团结的分水岭。

马克思主义、列宁主义、毛泽东思想，是无产阶级极其丰富、极其深刻的革命的科学理论，是无产阶级政党的纲领、路线、方针、政策的理论基础。毛主席的革命路线是马克思列宁主义的普遍真理和中国革命的具体实践相结合的产物，它深刻地反映了社会发展的客观规律，反映了无产阶级和劳动人民的根本利益。只有以马克思列宁主义、毛泽东思想和毛主席的革命路线为基础的团结，才能有为实现共产主义崇高理想而奋斗的共同意志，从而实现全党在思想上、政治上、组织上的团结一致。背叛马克思列宁主义、毛泽东思想和毛主席的革命路线，就不可能有真正的党的团结。机会主义路线头子，同无产阶级政党闹分裂，同无产阶级和广大人民群众闹分裂，

都是首先背叛马克思列宁主义、毛泽东思想和毛主席的革命路线。

叛徒、卖国贼林彪为了掩盖他破坏革命团结、分裂党的险恶居心，大肆叫嚷什么"不同心也要协力"的反动谬论。这完全是欺人之谈。我们要搞马克思主义，林彪一伙要搞修正主义；我们要执行毛主席的革命路线，林彪一伙要执行反革命修正主义路线；我们要巩固无产阶级专政，林彪一伙要颠覆无产阶级专政；我们要走社会主义道路，林彪一伙要复辟资本主义，我们和林彪一伙怎么能够"协力"呢？伟大导师列宁指出：**"工人事业所需要的是马克思主义者的统一，而不是马克思主义者同反对和歪曲马克思主义的人的统一。"**只有同心才能协力。不同心根本谈不上协力。毛主席教导我们，要**"同心同德地和敌人作斗争。"**我们讲同心，是建立在马克思列宁主义、毛泽东思想和毛主席革命路线基础上的同心。没有共同的思想基础，就不会同心，就不能团结起来，共同对敌。

在阶级社会中，"心"是有阶级性的。无产阶级的红心，就是要搞马克思主义，要团结，要光明正大，要坚持无产阶级专政，要走社会主义道路，要为实现共产主义而奋斗。叛徒、卖国贼林彪要搞修正主义，在国内，他要联合地、富、反、坏、右，实行地主买办资产阶级法西斯专政。在国际，他要投降苏修社会帝国主义，联苏、联美、反华、反共、反革命。他的"心"就是篡党夺权的野心，是复辟资本主义的黑心，是卖国求荣的贼心。由此可见，林彪鼓吹"不同心也要协力"的反动谬论，是抽掉我们革命团结的原则基础，抹杀党内两条路线斗争的阶级实质，妄想让我们跟着他走，搞资本主义复辟，这是痴心妄想，白日做梦。

我们同林彪反党集团的斗争再一次说明，坚持在毛主席正确路线基础上搞团结，反对在修正主义路线下搞分裂，这是我们党不断巩固、兴旺、发展，革命事业不断前进和取得胜利的基本条件。我们这样大的党，这样大的国家，这样多的人民，紧紧地团结在以毛主席为首的党中央周围，粉碎了国内外阶级敌人一次又一次的破坏，取得了一个又一个的胜利。这充分说明了马克思主义、列宁主义、毛泽东思想深入人心，说明了在毛主席革命路线基础上的团结的强大威力。每个共产党员要为增强党的团结而斗争。

三、坚持"惩前毖后，治病救人"方针是加强党的团结的重要条件

三十年前，在延安整风运动中，伟大领袖毛主席总结我们党内斗争的历史经验，提出了一条著名的马克思主义的方针：**"惩前毖后，治病救人"**。这个方针，是毛主席革命路线的体现，是在严格区分两类不同性质的矛盾的前提下，对一切犯错误的同志采取的唯一正确的方针。它既区别于右倾机会主义否认矛盾，不分是非的"党内和平论"，又区别于"左"倾机会主义的"残酷斗争，无情打击"论，对于加强我们党的建设具有极其重要的意义。坚持这个方针，就能够有力地批判和揭露混进党内的极少数坏人，使那些阴谋家、野心家、叛徒、特务、里通外国的内奸陷于彻底的孤立，使我们党的队伍更加纯洁，更加团结，更加坚强；坚持这个方针，就能达到既弄清思想又团结同志这样两个目的，它一方面对错误思想进行严肃的批判、斗争，另一方面又充分地给犯错误的同志留有自己觉悟的机会，教育和团结犯错误的好人，把他们从错误路线上挽救过来；坚持这个方针，就能够活跃党的民主生活，调动广大党员

和干部的积极性、创造性，形成一个又有集中又有民主，又有纪律又有自由，又有统一意志，又有个人心情舒畅、生动活泼的政治局面。

"惩前毖后，治病救人"，是伟大领袖毛主席的一贯思想。早在一九二九年，毛主席就强调对犯错误的同志，要着重从思想上、政治上进行批评教育，严厉地批判了那种把党内斗争当成个人攻击工具的错误倾向。一九三八年，毛主席又指出，党内的思想斗争必须符合具体对象情况，不能乱扣帽子。一九四二年，延安整风期间，毛主席严厉批判了王明一伙对党内同志采取"残酷斗争，无情打击"的反动方针，阐明了**"惩前毖后，治病救人"**的正确方针。一九四五年党的"七大"，在毛主席**"团结——批评和自我批评——团结"**的正确方针指引下，通过批评与自我批评，使"七大"开成了一个团结的大会，胜利的大会。无产阶级文化大革命中，毛主席又反复强调了这个方针，多次提出，要团结大多数，要多做教育工作，要允许犯错误，也要允许改正错误，批判了刘少奇、林彪一伙"打击一大片，保护一小撮"的资产阶级反动路线，教育和挽救了犯错误的同志，促进了全党、全军和全国各族人民的革命团结，保证了无产阶级文化大革命的胜利。毛主席制定的党内斗争的方针，体现了高度的原则性，是处理党内矛盾的唯一正确的方针。这一方针，得到了广大党员和干部的衷心拥护，使我们的党越来越兴旺，越来越朝气蓬勃。

是不是坚持**"惩前毖后，治病救人"**的方针，归根到底，是执行什么路线的问题。一切机会主义路线的头子，他们要搞修正主义，必然要实行"残酷斗争，无情打击"的反动方针。因为他们手里没有真理，只能靠法西斯手段来推行他们的修正主义路线。叛徒、卖国贼林彪正是这样。他们一伙为了颠覆无产阶级专政，复辟资本主义，对于反对过他们的人都一律加以排斥、打击、陷害。在无产阶级文化大革命中，他们大喊大叫要把所有的干部都"狠狠地斗一斗，烧一烧"。在九届二中全会上，他们对坚决执行毛主席革命路线的中央负责同志要"斗倒斗臭"、"千刀万剐"。九届二中全会以后，林彪指使他的死党，建立反革命据点，训练特务，阴谋陷害我们伟大领袖毛主席和中央负责同志。这充分暴露了林彪一伙法西斯的豺狼本性。

党内两条路线斗争的生动事实，充分说明，要坚持党内斗争的正确方针，必须认真学习毛主席关于党内矛盾的理论，提高路线斗争觉悟，坚持阶级分析的方法，坚持辩证唯物论的认识论，坚持斗争哲学。对混进党内的资产阶级代表人物，要彻底揭露，坚决斗争。对于犯错误的同志，要采取**"惩前毖后，治病救人"**的方针，着重从思想上、政治上进行批评教育，以积极的态度做好革命的转化工作，在毛主席革命路线的原则基础上，团结一切可以团结的人，夺取更大的胜利。

伟大领袖毛主席指出：**"学马克思主义就讲团结，没有讲分裂吶！我们唱了五十年国际歌了，我们党有人搞了十次分裂。我看还可能搞十次、二十次、三十次，……"**毛主席这一教导深刻地揭示了党内斗争的规律，我们要充分认识整个社会主义阶段阶级斗争和党内两条路线斗争的长期性、复杂性，努力掌握党内斗争的规律，**"认真看书学习，弄通马克思主义"**，提高识别真假马克思主义的能力，增强执行毛主席革命路线的自觉性，紧密地团结在以毛主席为首的党中央周围，坚决地捍卫、执行毛主席的无产阶级革命路线，坚持无产阶级专政下的继续革命，把党内两条路线斗争进行到底，为实现共产主义伟大理想而奋斗！

坚决执行毛主席的无产阶级干部路线

——彻底批判林彪选拔、使用干部的"黑三条"

天津市公用局政工组

伟大领袖毛主席教导我们："**政治路线确定之后，干部就是决定的因素。**"执行一条什么样的干部路线，用什么样的标准来识别、选拔和使用干部，这是关系到党的政治路线能不能正确贯彻执行，无产阶级专政能不能巩固，我们的党和国家会不会改变颜色的大问题。正是在这个重大问题上，毛主席的无产阶级革命路线同一切"左"右倾机会主义路线存在着根本分歧。

毛主席根据马列主义的普遍原理，总结了我党几十年革命斗争和国际共产主义运动正反两个方面的经验，特别是总结了苏联赫鲁晓夫叛徒集团篡党篡政的历史教训，提出了关于培养和造就无产阶级革命事业接班人的五项条件。这是保证我们党不变修、国不变色的根本措施，也是我们识别真假马列主义的锐利武器。叛徒、卖国贼林彪，出于地主、资产阶级的反动本性和反革命政治上的需要，采取鱼目混珠、以假乱真的卑鄙手法，炮制了一个所谓选拔、使用干部的"三条标准"，对抗毛主席关于培养接班人的五项条件，推行他的反革命修正主义干部路线，拉山头、搞宗派，拼凑和网罗死党，为他抢班夺权，进行组织准备。我们必须彻底批判林彪的"黑三条"，肃清它的流毒和影响，进一步落实毛主席的干部政策，为巩固无产阶级专政而奋斗。

一、林彪的"黑三条"是地地道道的反革命修正主义货色

毛主席在关于培养无产阶级革命事业接班人的五项条件中明确规定：**"要搞马列主义"**；**"要为大多数人民谋利益"**；**"要能夠团结大多数人"**；**"有事要跟同志们商量"**；**"自己有了错误，要作自我批评"**。这五条，指明了作为无产阶级革命事业接班人必须坚持的政治方向、根本目的、工作方法和工作作风，它是无产阶级党性的集中体现，是同党章规定的"五个必须做到"，以及毛主席提出的**"要搞马克思主义，不要搞修正主义；要团结，不要分裂；要光明正大，不要搞阴谋诡计"**三条基本原则完全一致的。林彪的"黑三条"，打着什么"高举"、"突出"和"干劲"的骗人幌子，从根本上歪曲、篡改和阉割了毛主席"五条"的革命灵魂，否定了毛主席"五条"的鲜明的无产阶级党性。"黑三条"的实质，就是不搞马列主义，搞修正主义。因此，毛主席的"五条"和林彪的"黑三条"是根本对立的两条干部路线。林彪为了掩人耳目，在抛出他的"黑三条"的讲话中，竟然标榜什么他的"这三条同毛主席的五条原则是完全一致的"，这真是弥天大谎。只要我们认真加以对照，就可以洞烛其奸，林彪的"黑三条"，是彻头彻尾反马列主义、反毛泽东思想的，是地地道道的修正主义黑货。

第一，林彪的"黑三条"，闭口不提马列主义。

毛主席在关于接班人的五项条件中指出：**"他们必须是真正的马克思列宁主义者，而不是象赫鲁晓夫那样的挂着马克思列宁主义招牌的修正主义者"**。是搞马列主义，还是搞修正主义，这是毛主席

的革命路线同历次机会主义路线斗争的根本问题。马克思主义、列宁主义、毛泽东思想，是我们党的指导思想的理论基础。五十多年来，在毛主席的英明领导下，在马列主义、毛泽东思想和毛主席革命路线的指引下，我们党战胜了"左"右倾机会主义，夺取了一个又一个的伟大胜利。如果不是毛主席的马克思列宁主义路线战胜各次机会主义的修正主义路线，我们的党、我们的国家和我国人民就没有今天。苏联是列宁缔造的第一个社会主义国家，但是由于赫鲁晓夫叛徒集团篡夺了苏联党和国家的领导，使苏联很快改变了颜色，全面复辟了资本主义。这是一个极为深刻的历史教训。正因为我们党坚持搞马列主义，所以我们这个党是有希望的党，有前途的党。因此，**"要搞马克思主义，不要搞修正主义"**，这是关系到党和国家前途和命运的头等大事。林彪在他的"黑三条"中，对马列主义只字不提，只是空喊什么"高举"，这是有着险恶用心的：一方面，他把毛泽东思想同马列主义割裂开来，对立起来，妄图达到全盘否定之目的；另一方面，他打出所谓"高举"的旗号，欺骗群众，捞取政治资本，以便招兵买马，大肆进行反党篡权的阴谋活动。林彪的"高举"只不过是挂上毛泽东思想的招牌，实际上是要搞修正主义。这就赤裸裸地暴露了他是个假马列主义的政治骗子。

第二，林彪的"黑三条"，闭口不提为什么人的问题。

毛主席早就指出：**"为什么人的问题，是一个根本的问题，原则的问题。"**为中国和世界的大多数人谋利益，而不是为剥削阶级少数人谋利益，这是马列主义者同一切修正主义分子的根本区别，也是我们党的性质和根本任务所决定的。林彪的"黑三条"对这样一个根本性的问题闭口不谈，只是空喊"突出"什么"政治"，这就清楚地暴露了他背叛无产阶级革命和无产阶级专政的反动嘴脸。按照林彪的"黑三条"选拔的干部，决不会是无产阶级的接班人，而只能是地主资产阶级的代言人，是为帝修反服务的奴才。林彪本人就是混进我们党内的地主资产阶级代表人物，就是帝修反的忠实走狗。

第三，林彪的"黑三条"，闭口不讲团结。

毛主席历来把党的团结作为革命和建设事业取得胜利的根本保证。党的历史反复证明，全党只要在马列主义、毛泽东思想基础上团结一致，我们就无往而不胜，党的事业就一定兴旺发达。因此，我们向来是珍惜党的团结的。混进党内的资产阶级野心家、阴谋家、叛徒、卖国贼，最怕党的团结，并且要尽阴谋诡计，千方百计地破坏党的团结。他们在政治上搞机会主义，在组织上就必然要搞山头主义、宗派主义、分裂主义。历次机会主义路线的头子都是如此。去年八月中旬至九月十二日，毛主席在巡视期间同沿途各地负责同志谈话时指出：**"我们这个党已经有五十年的历史了，大的路线斗争有十次。这十次路线斗争中，有人要分裂我们这个党，都沒有分裂成。"**十次大的路线斗争历史告诉我们，一切机会主义路线的头子，都是破坏党的团结和妄图分裂我们党的罪魁祸首。林彪肆意篡改毛主席提出的"五条"，在他的"黑三条"中不仅不讲团结，而且还以什么"高举不高举"、"突出不突出"、"有没有干劲"作标准，大搞什么"罢官"、"升官"、"保官"运动，借以结党营私，排除异已，妄图分裂和搞垮我们党，建立起他的法西斯党。这就充分暴露了林彪是我们党的历史上最大的分裂主义者。

第四，林彪的"黑三条"，闭口不讲党的三大作风。

　　"理论和实践相结合的作风，和人民群众紧密地联系在一起的作风以及自我批评的作风"，是伟大领袖毛主席一贯倡导的党的三大作风。毛主席提出的关于无产阶级革命事业接班人的五项条件，在这些方面都作了明确的规定。而林彪的"黑三条"却对党的三大作风问题一字未提，而且在他抛出"黑三条"的讲话中，还把违反"五条"的思想作风，看作"小节"，这样，一方面为包庇他那些腐化堕落的死党、亲信制造借口，另一方面，为资产阶级思想作风在党内泛滥大开绿灯。无产阶级文化大革命中，林彪曾经打着"注意大节"的幌子，来反对无产阶级的革命大节。他们所谓"注意大节"，就是要注意为他们那个反对毛主席正确路线的资产阶级司令部服务。他们说不必重视的"小节"，则是区别马列主义和修正主义，无产阶级和资产阶级，真革命和假革命的原则问题。林彪把政治思想与生活作风问题截然分开，这是别有用心的。对同一个人来说，试问：难道能说他生活上是资产阶级的，政治上是无产阶级的吗？同样，难道能够说他作风上是修正主义的，思想上是马列主义的吗？

　　列宁在揭露假马克思主义政治骗子的时候曾经指出："**科学的发展在提供越来越多的材料，证明马克思是正确的。因此要同他进行斗争就不得不加以伪装，不要公开去反对马克思主义的基础，而要在表面上承认它，用诡辩来阉割它的内容，使马克思主义变为对资产阶级没有害处的神圣的'偶象'。**"林彪炮制"黑三条"正是这么干的。他抛开马列主义，抛开毛主席"五条"的具体内容，空喊什么"高举"；他抽掉无产阶级内容，站在地主资产阶级反动立场上，高喊什么"突出"；他在拼命反对毛主席革命路线的同时，大叫大嚷什么"干劲"。揭穿了，他的所谓"高举"是假，反对马列主义，反对毛泽东思想是真；他突出的决不是无产阶级的政治，而是地主资产阶级的政治，修正主义的政治；他所鼓吹的"干劲"，就是进行反革命的干劲。所有这些，就是林彪"黑三条"所谓"高举"、"突出"和"干劲"的真实含义。

二、林彪的"黑三条"，是他网罗死党、拼凑反革命班底的黑纲领

有什么样的政治路线，就必然推行什么样的干部路线。毛主席为我们党制定的是马列主义"任人唯贤"的干部路线。早在一九三七年，毛主席就向全党提出了关于**"要自觉地造就成万数的干部"**和**"几百个最好的群众领袖"**，要求**"这些干部和领袖懂得马克思列宁主义，有政治远见，有工作能力，富于牺牲精神，能独立解决问题，在困难中不动摇，忠心耿耿地为民族、为阶级、为党而工作"**，以**"达到打倒敌人之目的"**。以后，毛主席又在《中国共产党在民族战争中的地位》这篇光辉著作中，告诫全党**"必须善于识别干部"**，**"必须善于使用干部"**，**"必须善于爱护干部"**，并且强调指出：**"共产党的干部政策，应是以能否坚决地执行党的路线，服从党的纪律，和群众有密切的联系，有独立的工作能力，积极肯干，不谋私利为标准，这就是'任人唯贤'的路线。"**而叛徒、卖国贼林彪，为了进行反革命政变，复辟资本主义，在干部问题上推行的是修正主义"任人唯亲"的干部路线。他不仅全盘继承了历次机会主义路线的头子所推行的那一套，而且更加阴险，更加毒辣，更加反动。在文化大革命中，他极力推行"残酷斗争，无情打击"的资

产阶级反动路线，声嘶力竭地叫嚷文化大革命就是要"罢一批人的官"。在他的一片"罢官"声中，伟大领袖毛主席关于**"要团结干部大多数"**、**"干部问题，要从教育着手"**等一系列教导被篡改了。那些坚定地站在毛主席革命路线一边，同林彪一伙坚持斗争的革命干部，被林彪一伙以所谓"不高举"、"不突出"、"无干劲"为借口打了下去。至于对那些有这样那样缺点错误的干部，又不跟他们走的，他们更是抓住不放，极力夸大，无限上纲，进行撤职、罢官，以便从组织上为他复辟资本主义扫清道路。既然有"罢"，就必然有"保"，有"升"。林彪为了要搞反革命政变，搞资本主义复辟，就千方百计地把他的死党拉上来组成反革命司令部。因此，在他抛出"黑三条"的讲话中，大叫大嚷，对干部"要来个全面考察、全面排队、全面调整"。"要罢一批人的官，升一批人的官，保一批人的官"。他的所谓"全面考察"，不过是为了发现那些人能够跟他们跑；他的所谓"全面排队"，不过是以对他们的态度，划线排队；他的所谓"全面调整"，不过是为了排除异己，安插亲信；他的所谓"保一批"，就是要大保他的黑干将。正是由于林彪极力推行他的反革命修正主义干部路线和政策，一小撮阶级敌人被他们保护起来，同时，又有不少真正的革命干部遭到他的排斥、打击和迫害。他的那些死党、亲信却一个一个地被他安插到党政军的重要岗位，就连林彪的儿子林立果，也在什么"天才"、"帅才"、"全局之才"的吹捧声中，被大大破格提拔起来。在林彪的眼里，谁能"高举"反马克思主义、反毛泽东思想的黑旗，能"突出"资产阶级的政治，能为他们反革命政变拚命干，谁就是他们所谓的"好干部"。文化大革命开始不久，他的死党邱会作、吴法宪、李作鹏等受到群

121

众的揭发批判，林彪得知后，连忙亲自出马加以包庇，为他们开脱罪责，给他们撑腰打气，大肆污蔑群众是"坏人斗好人"。这就是林彪一伙的"任人唯亲"和"顺我者昌，逆我者亡"的反革命组织路线和干部路线。

围绕着干部问题的两条路线斗争，历来就是非常尖锐激烈的。毛主席的无产阶级干部路线，是团结全党，引导我们从胜利走向胜利的路线。林彪的反革命修正主义干部路线，是打击、陷害革命干部，分裂党的组织，瓦解革命队伍，网罗牛鬼蛇神，招降纳叛，结党营私，篡党篡权，复辟资本主义的路线。林彪的"黑三条"，就是他拼凑反革命黑班底，阴谋进行篡党夺权的组织上的黑纲领！

三、彻底肃清林彪"黑三条"的流毒和影响，进一步落实党的干部政策

林彪"黑三条"的流毒很广，影响很深。为了贯彻和落实毛主席的无产阶级干部路线和政策，就必须彻底肃清林彪"黑三条"的流毒和影响。

正确对待犯错误的干部，是落实毛主席无产阶级干部政策的一个重要环节，也是关系着能否团结大多数干部为党的事业而共同奋斗的一个大问题。允许不允许干部犯错误，允许不允许干部改正错误，这是能否正确对待犯错误干部的一个前提。毛主席教导我们："**干部问题，要从教育着手**"，"**要扩大教育面，缩小打击面**"，要实行"**惩前毖后，治病救人**"和"**团结——批评——团结**"的方针，"**要允许干部犯错误，允许干部改正错误。**""**对待犯错误，有所觉悟，愿意进步的同志，不但要看，而且要帮。**"毛主席还指出：

犯了错误的干部，包括犯了严重错误的干部，只要不是坚持不改、屡教不改的，都要团结教育他们。""只要不是反党反社会主义分子而又坚持不改和累教不改的，就要允许他们改过，鼓励他们将功赎罪。"毛主席的这一系列指示，是我们对待犯错误干部的唯一正确的方针。这个方针是与机会主义"残酷斗争，无情打击"根本对立的。在这个方针指引下，我们党教育和团结了犯错误的干部，挽救了一切可以挽救的人。就是对林彪一伙，在他们没有投敌叛国之前，毛主席坚持马列主义的高度原则性，抓住路线和原则问题不放，严肃地揭露和批判了他们；同时又给他们交待问题，进行检讨的机会，耐心地等待他们改悔，进行了仁至义尽的教育和挽救。而林彪却大耍反革命两面派手段，顽固到底，死不改悔，以至叛党叛国，自取灭亡，这完全是他们罪有应得。

林彪的"黑三条"，严重地干扰了毛主席的干部路线，影响了党的干部政策的落实，给党的事业造成了很大的危害。在落实党的干部政策中，那种宁"左"勿右的情绪，以感情代替政策，以组织处理代替思想教育的情绪，都是林彪修正主义干部路线流毒没有肃清的表现。

毛主席教导我们："路线是个纲，纲举目张。"政策是路线的具体体现。落实党的干部政策是执行毛主席革命路线的大问题。所以，对此决不能看作只是解放几个或安排使用几个人的问题，而是个路线问题。毛主席历来强调"要能够团结大多数人"，"党内党外都要团结大多数，事情才干得好"。因此，我们一定要坚持毛主席的五项条件，彻底批判林彪的"黑三条"，进一步落实党的干部政策，在毛主席革命路线指引下，团结起来，争取更大的胜利！

怎样发挥业余大批判组的作用

天津市第一轻工业局机械修造公司

开展批修整风运动以来，我们遵照伟大领袖毛主席关于**"我们现在思想战线上的一个重要任务，就是要开展对于修正主义的批判"**的伟大教导，加强了对革命大批判的领导，健全和充实了公司业余大批判组，由各厂推荐，组织了一支由十人组成的公司业余批判班子。党委把革命大批判工作列入重要议事日程，由一名副书记和一名常委具体领导这一工作。半年来，我们公司业余大批判组在党委领导下，紧密配合批修整风运动，在领导、群众和业余批判班子相结合的基础上，写出了近五十篇批判文章，其中有三篇为局党委召开的全局批判大会选用，有一篇选登在市委政治部编印的《革命大批判》刊物上。另外，为配合公司下属各厂职工学习中央文件，编写了一些学习辅导材料，有针对性地出了一些批判参考题目，对全公司群众性革命大批判运动起了一定的促进作用，取得了一定成绩。经验证明：革命大批判是无产阶级专政下进行阶级斗争、路线斗争的有力武器；是推动各项工作前进的强大动力。只有抓紧革命大批判，才能分清什么是毛主席的革命路线和政策，什么是刘少奇、林彪的修正主义路线和政策；才能提高执行毛主席革命路线的自觉性；才能使我们明确斗、批、改的方向，弄清应当破什么，立什么，改什么，坚持什么。实践教育了我们，使我们深刻地认识到，党委抓不抓革命大批判，抓得紧不紧，这不是一般工作方法、工作作风问题，而是执行不执行毛主席革命路线的大问题。而建设一个批判班子，是抓好革命大批判的一个重要环节。在如何发挥公司业余大批判组作用问题上，我们坚持了三条原则：第一，业余大批判组不仅是一个写作班子，而且应成为党委组织领导革命大批判的参谋助手；第二，业余大批判组不只是要写出文章，还要培养锻炼一支写作队伍；第三，业余大批判组不能关门作文章，必须在火热的阶级斗争、路线斗争实践中，在党委的统一领导下，实现领导、群众和大批判队伍三结合的原则。

在具体做法上，我们实行了以下四个结合：

一、集中和分散相结合

公司业余大批判组成员绝大多数来自生产第一线，不是专业写作班子，因此，要发挥业余批判组的作用，既要体现以工为主，又要批判资产阶级；既要体现以业余为主，又要在时间上给以一定的保证；既要集中统一领导，又要让他们不脱离基层，不脱离群众。为此，我们采取了集中和分散相结合的方式。

在组织领导上，实行上下结合，做到业余批判组成员基本固定，由公司和基层双重领导，平时学习、工作、生产仍在基层，基本不脱产，在本单位革命大批判工作中发挥骨干作用；而围绕着一个阶段大批判任务的学习和活动，则由公司统一组织，统一布置，统一领导。

在活动方式上，实行集中和分散活动相结合。每当一个阶段的政治运动和中心任务在面上铺开之前，做到业余批判组成员先行一步，集中一段时间，组织他们学习文件，认清意义，并与党委试点单位相配合，对当前的批判任务列出重点，选定批判题目，编写宣讲材料，组织批判文章，为面上的学习批判做好准备，起到党委在学习批判工作上的助手作用。当运动在面上铺开之后，业余批判组绝大部分成员便跟着下去，回到原单位，和群众一起学习批判，吸取政治营养，发现、总结群众的批判经验，并在基层革命大批判工作中发挥骨干作用，当好本单位领导的助手。我们公司业余大批判组，自开展对林彪反党集团的批判以来，紧密配合中央文件的学习，共集中活动了四次，每次时间一至二周，绝大多数成员主要活动时间在基层。整个看来，公司业余批判组基本做到统一领导，坚持经常，以分散活动为主，集中与分散相结合。这样做好处很多，通过集中活动，从政治上、思想上、理论上武装了他们，回到基层对推动本单位的群众性大批判都起了一定作用。

二、使用和培养相结合

公司业余大批判组成员来自基层，大多数是青年工人，他们的优点是热情高，干劲足，敢想敢说，有一定的文化水平和批判能力。但弱点是马列的书、毛主席著作看得不多，理论水平不高，文字表达能力较差，缺乏写作经验，看问题不深，缺乏科学性和准确性。因此对业余大批判组成员除了使用，还必须注意从多方面进行培养、教育。在党委领导思想上不能把他们只当作"笔杆"使用，光使用不培养，不能让他们"两耳不闻窗外事，一心只管写文章"。我们从半年多的实践中体会到：对业余大批判班子的使用，要做到任务明确，对大批判班子的培养要做到及时、有效。

我们给业余批判班子规定如下战斗任务：

①紧密配合党的中心任务和政治运动，力求在理论和实践的结

合上写出一些重点批判文章，指导群众性革命大批判的开展。

②紧密配合中央文件的学习，编写宣讲辅导材料，介绍一些学习资料。

③根据各个时期政治运动的要求，结合公司阶级斗争、路线斗争的形势，定期提出革命大批判题目，为基层群众性大批判指出主攻方向，选准批判靶子。

④总结基层一些好的大批判经验，协助基层业余批判组修改一些好的批判文章，并加以推荐、介绍。

我们对业余批判组成员的培养、教育采取以下措施：

①每次中央发下的文件在尚未对群众传达前，业余批判组成员随同领导骨干先学一步，或参加领导干部学习班，使他们及时掌握精神。这样既对工作有利，又能调动他们的政治积极性。

②每周规定半天为批判学习日，学习有关文件和报刊上刊登的好的批判文章，或阅读一些学习资料，研究一些疑难问题。

③有计划地组织业余批判组人员参加一些上级机关和有关部门组织的报告会、学习会、批判会。

④每次集中活动以后召开座谈会，由党委负责同志参加，共同总结工作，肯定成绩，明确方向，并听取他们的意见、要求。

由于我们采取使用和培养、教育相结合，取得了良好效果，业余批判组成员的思想水平、理论水平不断有所提高，并增强了他们认真看书学习的自觉性。

三、重点和全面相结合

面对一个批判任务，我们既注意了掌握重点，又做到重点和全面相结合，照顾到需要批判的各个方面。以批判《"571工程"纪要》反革命政变纲领为例，由于这个反革命政变纲领毒汁四溅，在逐条逐段批判的基础上，为了更好地抓住要害问题深入批，我们把黑纲领中流毒甚广的或容易迷惑人的反动观点，列出重点题目批判。同时在力量使用上，也将力量投入重点批判上，以求突破重点，以点带面，普遍开花。

在业余批判组的具体工作安排上，也体现照顾全面与突出重点相结合。抓了三个方面的工作：

①每一个阶段集中力量写好一、二篇公司范围内质量较好的批判文章，以便指导推动面上的批判。学习中央77号文件，4号文件，以及深入批判《"571工程"纪要》反革命政变纲领时，业余批判组分别写了批判林彪一伙攻击无产阶级专政的社会主义制度，歪曲我党五十年斗争历史，鼓吹英雄和奴隶共同创造历史等几篇文章。在贯彻计划会议精神时，协同第二机械修配厂写了批判短线平衡的错误理论。

②写好批判辅导材料及为群众性批判出好批判思考题。《"571工程"纪要》在未同群众见面之前，按九个部分写了逐条逐段批判提纲，并提出了四十三个逐条逐段批判的题目。学习中央12号文件之前，按五部分写了学习12号文件的学习辅导材料。为了进一步深入学习12号文件，配合公司领导班子整风肃流毒，我们又提出了六个方面学习、批判、肃流毒的重点。为了做到学批结合，破立结合，我

们还选了十个题目，由批判组写稿，谈学习12号文件体会。

③总结基层学、批的先进经验。在批判《"571工程"纪要》时，我们总结了第一机械修配厂铣刨组进行逐条逐段批判的经验，在全公司推广。目前，我们又着重帮助这个小组总结怎样做到学批结合，肃清流毒的经验。

四、个人和集体相结合

业余批判组写稿，是个人单干，还是依靠领导，依靠群众，这是个路线问题。我们采取了领导、群众、批判班子三结合的方法，批判文章一般都经过四上四下的反复讨论，认真修改。

第一步：来自群众，选好靶子。业余批判组成员根据群众的学习情况，集体研究，选好批判靶子，确定批判文章题目，分头准备，列出批判提纲。批判的靶子立得准，才能批得好。如批判《"571工程"纪要》，我们拟定的四十三个批判题，直接来自群众，开始是第二机械修配厂根据班组讨论列出了二十二个批判题，经过业余批判组整理，补充为三十一个题，经党委审查还不全面，补充为四十三个题印发全公司，受到群众的欢迎。

第二步：依靠集体，写出初稿。个人拟出批判提纲后，集中学习讨论，修改提纲，个人分头找资料，写出批判初稿。

第三步：集思广益，反复修改。个人写出初稿后，首先在本单位审查，然后在批判组内集体讨论。

第四步：领导参加，最后定稿。在群众、批判组初审，个人反复修改基础上，最后有公司领导参加讨论，共同审查，集体定稿。群众中推荐的批判文章也同时审查选用。如批判《"571工程"纪要》时，第二机械修配厂推荐两篇批判文章，质量较好，经领导审改，都在公司组织的批判会上用了，有一篇参加了局系统的批判会。又如，轴承厂自批修整风以来学习批判搞得较好，我们对他们送来的一篇批判文章反复进行了研究修改，参加了公司范围组织的大批判会，反映很好。

这种个人和集体结合，领导、群众、批判班子三结合的写稿方法，是不断提高批判质量，使大批判经常化的重要保证。

以上，是我们发挥公司业余大批判组作用的一些做法和体会，由于我们水平低，经验少，革命大批判工作还存在不少问题，特别是批判质量不高；学批结合得不好；批判的科学性和准确性还不够；群众性批判还不够普遍。所有这些，有待进一步努力，提高革命大批判的水平，充分发挥革命大批判的威力，使之真正成为推动革命和生产的强大动力。

发至基层党支部

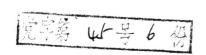

·13182

革命大批判

第十二期   一九七二年七月十五日

天津市革命委员会政治部编印

131

毛 主 席 語 录

要搞马克思主义，不要搞修正主义；要团结，不要分裂；要光明正大，不要搞阴谋诡计。

认真看书学习，弄通马克思主义。

政治工作是一切经济工作的生命线。在社会经济制度发生根本变革的时期，尤其是这样。

红与专、政治与业务的关系，是两个对立物的统一。一定要批判不问政治的倾向。一方面要反对空头政治家，另一方面要反对迷失方向的实际家。

发扬理论联系实际的革命学风

——彻底批判林彪的"三十字方针"

天津市"五·七"干校写作组

是理论联系实际，还是理论脱离实际，这是马克思主义同修正主义两条路线斗争在学风上的反映。两种学风斗争的实质，是搞马克思主义，还是搞修正主义。

伟大领袖毛主席历来倡导理论联系实际的革命学风，指出，理论联系实际是我们党的一贯的思想原则，谆谆教导我们学习马列主义要**"有的放矢"**，要应用马列主义的立场、观点和方法，**"来具体地研究中国的现状和中国的历史，具体地分析中国革命问题和解决中国革命问题"**。毛主席说："**对于马克思主义的理论，要能够精通它、应用它，精通的目的全在于应用。**"叛徒、卖国贼林彪极力对抗毛主席的伟大教导，歪曲、篡改毛主席倡导的理论联系实际的革命学风，他抛出"要带着问题学，活学活用，学用结合，急用先学，立竿见影，在'用'字上狠下功夫"的所谓学习"方针"（以下简称"三十字方针"），以实用主义、形式主义反对毛主席的马克思主义方针。它的实质，就是否定马克思主义基本原理，破坏广大干部、群众学习马列主义、毛泽东思想，为他搞修正主义服务。林彪的"三十字方针"流毒很广，贻害很深，为了贯彻毛主席**"认真看书学习，弄遍马克思主义"**的指示，为了坚持和发扬理论联系实际的革命学风，必须对林彪鼓吹的反动学习"方针"进行彻底批判。

林彪的所谓"活"就是否定马列主义、毛泽东思想

林彪在"三十字方针"中，打起"活学活用"的幌子，妄图把自己打扮成拥护理论联系实际革命学风的样子，其实这完全是骗人的把戏。他的所谓"活学活用"，是和毛主席理论联系实际的方针根本对立的。他在"活学活用"毛泽东思想的幌子下，把马列主义和毛泽东思想对立起来，反对学习马列主义，否定马列主义普遍真理，从而也否定毛泽东思想。

林彪反对马列主义理论的第一个谬论就是"外来论"。他胡说"有人一提起学习就想起外国"，胡说马、列的书"离我们太远"，学习马、列的书是"迷信洋人"等等，这是翻了版的"舶来论"。

马克思列宁主义是全世界无产阶级革命的科学，是放之四海而皆准的普遍真理。毛主席说：**"十月革命一声炮响，给我们送来了马克思列宁主义"**，**"马克思列宁主义的普遍真理一经和中国革命的具体实践相结合，就使中国革命的面目为之一新"**。十月革命的炮声，使马列主义与中国的工人运动相结合，使中国的无产阶级登上了历史舞台。十月革命的炮声也吓坏了中国的反动派，他们象热锅上的蚂蚁一样，惊恐万状。为了反对马克思主义和无产阶级的革命斗争，这些反动派煞费苦心地制造了所谓"马列主义不适合中国国情"的'舶来论'。时隔多年，这个早已被抛进历史垃圾堆的反动谬论，又在叛徒、卖国贼林彪身上借尸还魂。这就充分说明，林彪和中国历史上的反动派完全是一路货色。

林彪反对马列主义理论的第二个谬论是"过时论"。林彪说："有人说《资本论》是理论的基本阵地，其实《资本论》只能解决

资本主义社会的规律问题,我们国家资本主义已经打倒了,现在是社会主义的规律问题"。在这里:第一,他否定了《资本论》所揭示的资本主义必然灭亡,共产主义必然胜利的社会发展规律;第二,他否认了整个社会主义历史阶段始终存在着资本主义与社会主义两条道路的斗争;第三,他以"评价"《资本论》为名,宣扬马克思列宁主义已经"过时",反对学习马列主义。

《资本论》是一部伟大的马克思主义文献,马克思在《资本论》中不仅揭示了资本主义的规律,而且揭示了资本主义必然灭亡、共产主义必然胜利的规律。马克思在《资本论》中所创立的原理,不仅适用于资本主义社会,而且也适用于社会主义社会。《资本论》这部伟大著作,不但有伟大的历史意义,而且有着伟大的现实意义。恩格斯称《资本论》是"**工人阶级伟大运动的基本原理**",全世界无产阶级把它称为"工人阶级的圣经"。正因为这样,一切新老修正主义者总是千方百计地以歪曲、贬低《资本论》来宣扬整个马克思主义理论"过时论"。谋害列宁的凶手布哈林就曾经以研究苏联过渡时期的经济规律为名,提出什么在《资本论》中"马克思对于资本主义社会所应用的方法及思维范畴,是否适于资本主义崩溃及开始建设新社会基础的时期"的问题,来反对马克思列宁主义。林彪和布哈林唱的是一个调子,他们是一丘之貉。

林彪在鼓吹"外来论"、"过时论"的同时,还高唱要"百分之九十九的学习毛主席著作",采取把毛泽东思想和马列主义对立起来的手法,来反对学习马列主义。伟大领袖毛主席在领导中国革命的伟大斗争中,把马列主义的普遍原理与中国革命的具体实践相结合,在反对帝、修、反的伟大斗争中,把马列主义的普遍原理同当代国际革命斗争的具体实践相结合，继承、捍卫和发展了马克思列宁主义，把马克思列宁主义提高到了一个新的历史阶段。马克思主义、列宁主义、毛泽东思想，是马克思主义发展史上不可分割的三个历史阶段，是无产阶级完整的科学思想体系，任何把马列主义和毛泽东思想割裂开来、对立起来的企图都是反动的。林彪一方面极力贬低马克思列宁主义，一方面采取使真理跨过一步就变成谬误的手法，把毛泽东思想绝对化，大肆鼓吹"顶峰"、"绝对权威"和"终极真理"，否认马列主义、毛泽东思想还要继续发展，否认马列主义、毛泽东思想开辟的认识真理的道路，否认毛泽东思想是对马列主义的继承和发展，把毛泽东思想说成无源之水，无本之木。所以，林彪采取把毛泽东思想同马列主义割裂开来的手法，是既否定马列主义，又否定毛泽东思想的一箭双雕的反革命阴谋。

实际上林彪所谓的"活"，就是随心所欲的"活"，就是任意否定和修正马克思主义普遍原理的"活"。例如，林彪任意歪曲共产主义的确切含意，把共产主义一时说成是一个"产"字，鼓吹物质挂帅，否认社会主义时期的阶级斗争；一时又说成是一个"公"字，提出超越社会主义历史阶段的形"左"实右的口号，干扰和破坏党的政策，瓦解社会主义经济，搞假共产主义。又如，在政治和业务的关系上，时而说"政治可以冲击其它"，"用精神的力量代替物质的力量"，鼓吹唯心论的先验论，宣扬"精神万能"；时而说"种田就是政治"，"军事就是政治"，把东西搞上去"就是最大的政治"，否定无产阶级政治挂帅，大搞资产阶级政治挂帅。可见，林彪的"三十字方针"的所谓"活"，就是妄图篡改、歪曲、否定马列主义、毛泽东思想的普遍原理，是修正主义的"活"。

林彪的所谓"用"是地地道道的实用主义

林彪在"三十字方针"中，不厌其烦地堆砌了一连串的"用"字，什么"活学活用"，"学用结合"，"急用先学"，"在'用'字上狠下功夫"等等，好象他是很注重马列主义、毛泽东思想的应用。其实，林彪的所谓"用"，同毛主席关于应用马克思列宁主义的立场、观点和方法，去研究中国的历史和现状，解决中国革命问题的教导，是根本不同的。毛主席指出：**"思想上政治上的路线正确与否是决定一切的"**。因此，应用马列主义、毛泽东思想解决中国革命问题，最根本的是解决路线问题。理论是路线的基础，思想上的路线搞正确，才可能把政治上的路线搞对头。所以学习理论联系实际，首先要联系路线问题，政策问题，把两条路线的斗争提高到理论上加以解决，分清什么是毛主席的马克思列宁主义路线和政策，什么是反革命修正主义路线和政策；什么是唯物论的反映论，什么是唯心论的先验论；什么是社会主义道路，什么是资本主义道路；什么是有利于巩固和加强党的领导，什么是摆脱或削弱党的领导。这样才能提高识别真假马克思主义的能力，自觉地执行毛主席的革命路线。

林彪的所谓"用"是什么意思呢？他说："要有什么问题学什么"，"需要什么学什么"。他既不谈学习马列主义、毛泽东思想的精神实质，又不谈应用马列主义、毛泽东思想的立场、观点、方法去解决中国革命问题，解决路线问题，完全抹煞了"用"的阶级内容和政治目的。

实际上，林彪的所谓"用"，根本不是应用马列主义、毛泽东思想去解决革命和建设问题。他宣扬的"有什么问题学什么"，"需要什么学什么"，只不过是为了使我们在日常琐事、细枝末节上打圈子，使我们忘记党的总路线和总政策，忘记革命的全局。我们如果中了他的这条毒计，就会只见局部，不见整体，只见鼻子底下的小事，看不见纲上线上的大事。这样，在学习中形式上象是联系了实际，实际上是脱离了党的总路线总政策这个革命的最大实际，结果必然陷入盲目不清醒的境地。

马克思列宁主义、毛泽东思想具有鲜明的阶级性，它是无产阶级革命的科学。站在无产阶级立场，为无产阶级革命的实践服务，是学好马列主义、毛泽东思想的前提和基础。离开无产阶级立场，离开为无产阶级革命实践服务，对马列主义、毛泽东思想既不能弄通，更不能应用。林彪是地主资产阶级和帝、修、反利益的代表，他的阶级本性决定他根本不能掌握马列主义、毛泽东思想。林彪口头上经常挂着"学"和"用"，实际上他是极端仇视马列主义、毛泽东思想的野心家、阴谋家。林彪的"有什么问题学什么"，"需要什么学什么"的所谓"用"，只不过是从马、列著作、毛主席著作里引章摘句，断章取义，取其所需，为其所用，也就是妄图盗用马列主义、毛泽东思想的词句，为他们反革命政治阴谋服务，为他们篡权复辟打掩护。因此林彪的所谓"用"，是地地道道的实用主义。"语录不离手，万岁不离口，当面流眼泪，背后下毒手"，这就是林彪这个鼓吹"高举"、"紧跟"、"在'用'字上狠下功夫"的反革命两面派的真实写照。

林彪对他所说的"学"、"用"，有一段绝妙的自白，这就是他所说的"要书为我服务，而不是我为书服务"，"不能让书牵着我的鼻子走"。林彪这些黑话是什么意思呢？戳穿了，就是说他绝不为宣传马列主义、毛泽东思想服务，绝不为实现马列主义、毛泽东思想服务，而是要用马、列著作和毛主席著作的词句，为他的反革命勾当服务。这就是他所谓的"用"的真实含意。这样的"用"，不就是地地道道的"对我有用就是真理"的实用主义谬论吗！他们这些多年来反对学习马、列的政治骗子，为了炮制反党叛国的理论纲领，又求救于马、列著作，不就是这种实用主义的典型例证吗！林彪不讲路线问题，并不是他们没有路线，他们只是不讲毛主席的马克思列宁主义路线。而他们的所谓"有什么问题学什么"，"需要什么学什么"，否定学习马克思主义的基本原理，妄图使我们忘记无产阶级的根本利益，正是为了便于他们推行反革命修正主义路线，以代替毛主席的马克思列宁主义路线。

林彪的所谓"立竿见影"
是唯心主义认识论的"一次完成论"

林彪在"三十字方针"中，还鼓吹学习上要"立竿见影"，说什么背诵一些"警句"、"记住那么几条"，就可以"一通百通"，立见成效。这是认识过程的"一次完成论"，是不折不扣的唯心主义认识论。

林彪鼓吹的"立竿见影"，同马克思主义的认识论是根本对立的。毛主席指出：**"一个正确的认识，往往需要经过由物质到精神，由精神到物质，即由实践到认识，由认识到实践这样多次的反复，才能够完成。"**学习马克思主义也是一个从不知到知，从知之不多到知之较多，从不会运用到学会运用的过程。按照辩证唯物主义认识规律去学习，就是以老老实实的态度，注重研究历史，注重研究现状，注重对马克思列宁主义的应用。在实践，认识，再实践，再认识的反复过程中，认真看书学习，由浅入深一步一步地掌握马克思主义的精神实质，学习它的立场、观点、方法，从理论与实践的结合上去说明问题，解决问题，改造客观世界，改造主观世界。

林彪鼓吹的"立竿见影"，完全否定了人类认识运动的规律，认为人的认识可以一次完成。按照这种谬论去进行学习，必然是割断历史，不问现状，**"把马克思列宁主义书本上的某些个别字句看作现成的灵丹圣药，似乎只要得了它，就可以不费气力地包医百病"**。因此不是认真地研究马列主义、毛泽东思想的精神实质，不去领会马列主义、毛泽东思想的基本原理，而是"带着问题"去简单对号，生搬硬套，华而不实，大搞形式主义。马克思主义认为：内容和形式是辩证的统一。内容决定形式，形式应该反映内容并为内容服务。林彪搞的那一套，不问内容和效果，一味追求形式，搞花架子，把学习运动搞成赶时髦，凑热闹，讲用看次数，笔记看字数，读书看页数，而不看对于马列主义、毛泽东思想是否真正领会精神实质和应用。对学习中解决的问题，不是采取老老实实的态度，而是添枝加叶，任意拔高，穿靴戴帽，弄虚作假，这是根本违反马克思主义实事求是的科学态度的。我们反对学习中的形式主义，但是，必要的学习制度和时间保证，是应该有的。学习马列主义、毛泽东思想同一切事物一样，必要的形式是不可缺少的，如必要的、合理的学习制度、学习方法等等，对于坚持学习，提高学习效果，都是必要的，这同林彪鼓吹的"立竿见影"之类的形式主义东西是根本不同的。

马克思主义是无产阶级革命的科学，是完整的思想体系。毛主席一再教导我们，学习马克思列宁主义，不应当只是学习个别词句，而要注意掌握它的精神实质，学会应用马克思列宁主义的立场、观点和方法，去解决中国革命问题。因此要弄通马克思主义，第一，必须懂得马克思主义是怎样批判地继承了人类历史上优秀的思想成果，怎样对历史实际和革命实际进行科学的分析和综合的研究得出的科学结论。而决不能象林彪所鼓吹的那样，只背诵一些马克思主义的词句，对马克思主义的结论知其然而不知其所以然，生吞活剥，到处乱套，夸夸其谈。第二，必须懂得毛主席的革命路线、政策，是应用马克思主义的立场、观点、方法，对中国社会的历史和现状进行周密的调查研究，经过严格的科学分析而制定的。要正确地理解、执行毛主席的路线和政策，要提高识别什么是毛主席的革命路线，什么是反革命修正主义路线的能力，就必须认真学习和领会马列主义、毛泽东思想的立场、观点和方法，决不能象林彪宣扬的那样，"有什么问题学什么"，"需要什么学什么"，在日常琐事上打圈子，搞得心无大局，鼠目寸光。第三，革命事业是不断发展的。马克思主义本身也是不断发展的，革命运动中出现的新事物和各种具体问题，是不可能在马克思主义的书本上完全找到现成答案的，只有认真看书学习，掌握马克思主义的精神实质，以马克思主义的普遍原理和党的路线为指导，对具体事物进行具体分析，才能正确地解决这些问题。决不能象林彪鼓吹的那样，用投机取巧、"一本万利"的办法，背几条"警句"，"记住那么几条"就可以"立竿见影"解决一切问题的。当然，熟悉、记住马列主义、毛泽东思想的一些论述或结论是必要的，选学一些马、恩、列、斯和毛主席的语录也是一种好的学习方法，但不能代替对马列主义、毛泽东思想基本原理的系统学习。这样的学习方法与林彪鼓吹的"立竿见影"是根本不同的。列宁说：**"因为任何真理，如果把它说得'过火'（如老狄慈根所指出的那样），加以夸大，把它运用到实际所能应用的范围以外去，便可以弄到荒谬绝伦的地步，而且在这种情形下，甚至必然会变成荒谬绝伦的东西。"** 林彪正是采用这样的手法，妄图用背诵"警句"、"记住那么几条"，就可以"立竿见影"，"一通百通"的谬论，把马克思主义变成僵死的教条和支离破碎的词句，反对学习马列主义、毛泽东思想，用修正主义代替马列主义、毛泽东思想。

毛主席指出：**"唯心论和机械唯物论，机会主义和冒险主义，都是以主观和客观相分裂，以认识和实践相脱离为特征的。"** 林彪的"三十字方针"正是以主观和客观相分裂，以理论和实践相脱离为特征的唯心主义形而上学的反动学习方针。列宁说：**"在市坊上常常可以看到一种情况：那个叫喊得最凶的和发誓发得最厉害的人，正是希望把最坏的货物推销出去的人。"** 林彪这个叛徒、卖国贼推销的"三十字方针"，就是以实用主义、形式主义反对马克思主义的最坏的货色。

$$\times \qquad \times \qquad \times$$

"三十字方针"的出笼不是偶然的，它是在我国生产资料所有制的社会主义改造基本完成以后，政治思想战线的两个阶级、两条道路、两条路线尖锐斗争的情况下，适应国内外阶级敌人的需要而产生的。

为了欺骗群众，林彪用"三十字方针"把自己打扮成反对刘少奇的"英雄"。其实，臭鱼烂虾都是一路货。刘少奇用"学习理论，联系实际，提高认识，增强党性”的所谓“十六字”方针，反对马列主义、毛泽东思想；林彪则用“三十字方针”反对马列主义、毛泽东思想。刘少奇用“系统、完整”学习为名，割裂毛泽东思想与马列主义的有机统一；林彪则以“活学活用”毛泽东思想为幌子，割裂马列主义、毛泽东思想的有机统一。它们的实质都是反对马列主义、毛泽东思想，搞反革命修正主义，为颠覆无产阶级专政、实行资本主义复辟，进行思想理论准备。

毛主席教导我们：**“认真看书学习，弄通马克思主义，方能抵制王明、刘少奇、陈伯达一类骗子。”** 我们必须遵照毛主席的教导，认真看书学习，深入开展革命大批判，把林彪鼓吹的“三十字方针”彻底批倒批臭，让毛主席历来倡导的理论联系实际的革命学风发扬光大。

彻底批判林彪一伙
歪曲政治和业务关系的反动谬论

天津市文化局写作组

政治与业务的关系问题，是马克思列宁主义同机会主义、修正主义长期斗争的一个重大问题。马克思、恩格斯、列宁、斯大林和毛主席，坚持辩证唯物主义观点，对政治与业务、政治与经济、政治与技术的关系，做了科学的论述，尖锐地批判了歪曲政治和业务关系的修正主义、折衷主义的观点。然而**"敌人还要进攻的。阶级斗争是客观存在，不依人的意志为转移的。"**林彪一伙和历史上的机会主义分子一样，为了破坏毛主席无产阶级革命路线的贯彻执行，抛出种种谬论，从右的和极"左"的方面极力歪曲政治与业务的关系，制造思想混乱。对于这些谬论，我们必须以马克思主义、列宁主义、毛泽东思想为武器，给以彻底批判，从理论上、实践上肃清其流毒，以保证毛主席革命路线的贯彻执行。

毛主席教导我们：**"政治是統帅，是灵魂。""红与专、政治与业务的关系，是两个对立物的統一。一定要批判不问政治的倾向。一方面要反对空头政治家，另一方面要反对迷失方向的实际家。"**毛主席的这些教导，深刻地阐明了政治与业务的辩证关系，是我们正确理解和处理政治与业务关系的准则。

按照马克思主义的观点，一切阶级斗争都是政治斗争，**"政治，不论革命的和反革命的，都是阶级对阶级的斗争，不是少数个人**

的行为。"在阶级社会中，每一个人都在一定的阶级地位中生活，人类的任何实践活动都是在一定的阶级关系中进行的，阶级斗争渗透于人类生活的各个领域，因此，任何业务工作都是在政治领导下受政治的支配，并服务于一定阶级的政治。业务不能离开政治，政治也不能离开业务，政治和业务是互相联系，不可分割的两个方面。而在政治与业务这一对矛盾中，政治是矛盾的主要方面，政治总是头，政治总是率领军事，率领经济，率领业务，率领技术的。政治是经济的集中表现，正如毛主席指出的：**"因为只有经过政治，阶级和群众的需要才能集中地表现出来。"**无产阶级的根本利益只有依靠正确的政治路线，经过政治斗争，才能得到实现和巩固。无产阶级要取得政治斗争的利胜，就要有一条马克思列宁主义的路线，**"思想上政治上的路线正确与否是决定一切的"**。我国人民正是在毛主席革命路线的指引下，才取得了新民主主义革命和社会主义革命的伟大胜利，才有了今天社会主义各项事业的蓬勃发展，我国无产阶级和劳动人民的政治地位和经济地位才有了翻天覆地的变化。列宁说：**"一个阶级如果不从政治上正确地处理问题，就不能维持它的统治，因而也就不能解决它的生产任务。"**在社会主义历史阶段中，始终存在着两个阶级、两条道路、两条路线的激烈斗争，因此，各项业务工作也都充满着两条路线的斗争。无论在经济工作中，文化工作中，科学技术工作中，都必须坚持无产阶级政治挂帅，坚决执行毛主席的革命路线，才能使各项工作沿着社会主义方向前进。反之，不坚持无产阶级政治挂帅，就会使各项工作走到修正主义邪路上去。因此，我们在任何时候都必须首先着眼于政治，坚持用毛主席的革命路线指导一切工作，善于从政治上去考虑和处理业务工作问题，反对任何脱离无产阶级政治的倾向。

我们强调政治对于业务的统帅作用，决不是否定业务工作。毛主席教导我们：**"政治和经济的统一，政治和技术的统一，这是毫无疑义的，年年如此，永远如此。"** 政治和业务的统一，一方面它们是互相依存的，双方各以和它对立着的方面为自己的前提，假如没有和它作对的矛盾的一方，它自己这一方就失去了存在的条件。政治的统帅地位，是因为有业务这个被统帅的事物的存在而存在的，没有被统帅，也就没有统帅。另方面，政治与业务的统一，还表现在它们之间是互相促进的。无产阶级政治统帅各项业务工作，就能促进各项业务工作按照正确方向向前发展，而各项业务工作搞好了，反过来又给予政治以很大的影响。否定做好业务工作的重要性，无产阶级政治就不能发挥统帅作用。因此，必须反对不问政治和脱离业务两种倾向，把政治工作同业务工作统一起来，才能使无产阶级政治成为业务工作的生命线，使业务更好地为无产阶级政治服务。

林彪一伙打着"突出政治"的幌子，把政治与业务对立起来，时而鼓吹"政治可以冲击军事"，"政治可以冲击其它"；时而叫嚷"军事是彻头彻尾的政治"，"农民种田，工厂生产就是政治"。他们抛出的这种"冲击论"和"等同论"，都是对政治与业务关系的恶毒歪曲，这充分暴露了他们一伙反马克思主义的叛徒咀脸。

林彪鼓吹"冲击论"，把统帅与被统帅的关系歪曲为冲击与被冲击的关系，这是对无产阶级政治的肆意歪曲。无产阶级政治是促进社会主义生产和业务的发展的，正如毛主席指出的："**革命就是解放生产力，革命就是促进生产力的发展。**" "社会主义制度促

进了我国生产力的突飞猛进的发展，这一点，甚至连国外的敌人也不能不承认了。"解放以来，随着无产阶级专政的社会主义制度的建立，随着两个阶级、两条道路、两条路线斗争的不断胜利，我国社会主义革命和社会主义建设事业取得了伟大成就，我国已由一个贫穷落后的国家变成一个初步繁荣昌盛的社会主义国家，就是一个有力的证明。那么，冲击社会主义生产和业务的政治有没有呢？当然有的，那就是刘少奇、林彪所推行的反革命修正主义路线。这种反革命政治不光冲击社会主义的生产和业务，而且干扰和破坏毛主席的革命路线，冲击无产阶级政治。这种冲击从来没有停止过，它是两个阶级、两条道路、两条路线斗争的反映。由此可见，那种冲击社会主义生产和业务的"政治"，决不是无产阶级的政治，而只能是地主、资产阶级的政治，修正主义的政治。我们坚持无产阶级的政治挂帅，就可以使生产和业务沿着社会主义方向前进，避免使生产和业务走到修正主义邪路上去。林彪一伙鼓吹"冲击论"，其实质就是妄图用地主、资产阶级的政治冲击社会主义的生产和业务，冲击无产阶级专政，冲击毛主席的革命路线。

林彪一伙鼓吹的"生产就是政治"的"等同论"，是把政治与业务歪曲为可以互相代替的、互相等同的东西。他们打着"搞好业务"的幌子，实际上贩卖的是"唯生产力论"的黑货。按照"生产就是政治"的说法，那么，岂不是说从事各项业务工作的人只要搞好业务工作就行了，什么马克思主义，什么阶级斗争、路线斗争，都可以不必关心。林彪一伙鼓吹"业务挂帅"的谬论，是妄想使无产阶级和劳动人民不关心无产阶级政治，忘记无产阶级的根本利益和远大目标，丧失革命警惕性，以便于他们推行修正主义路线，搞资本主义复辟。文化大革命前，刘少奇、周扬一伙在文艺界鼓吹资产阶级的"艺术至上"，使文艺脱离为工农兵服务的正确轨道，成为复辟资本主义的工具，不就是一个深刻的教训吗！所以，林彪鼓吹"等同论"，宣扬"业务挂帅"，绝不是为了发展社会主义的各项事业，而是要取消无产阶级政治对业务的统帅作用，搞资产阶级政治挂帅，将各项工作纳入资本主义轨道。

"冲击论"和"等同论"，都是林彪一伙为了欺骗人民，制造思想混乱所炮制出来的谬论。表现形式不同，但本质是一样的，都是破坏政治与业务的统一。林彪一伙同一切反动阶级一样，很懂得政治的重要性，他们一伙是要用地主资产阶级的政治取代无产阶级的政治。在《"571工程"纪要》这个反革命政变纲领中，他们一伙不仅提出了地主资产阶级的法西斯的政治口号，而且对反革命政变的各项准备工作做了苦心安排，从武器到通讯工具，从实施要点到失败后的退却都考虑到了。可见他们实行的是地主资产阶级的政治。

以上事实充分说明，在政治与业务问题上的两种根本对立的观点，绝不是单纯的理论斗争，而是两个阶级、两条道路、两条路线斗争的反映。

在文化工作中，要正确处理政治与业务的关系，就要摆正文化工作在整个革命事业中的位置，就要恰当地处理**"为什么人服务"**和**"如何去服务"**这两个问题的关系。毛主席的革命文艺路线不仅提出了文艺为工农兵服务这个唯一正确的方向，而且为无产阶级文艺规定了一系列的方针政策，具体地解决了文艺如何为工农兵服务的问题。为了彻底批判林彪一伙在政治与业务关系问题上的谬论，并肃清其在文化工作中的流毒，我们必须划清两条路线的界限，解决那些界限不清的糊涂观念。

"演革命样板戏就是最大的政治"。这种说法颠倒了政治与业务的关系，是对文艺工作的政治意义和无产阶级政治挂帅的意义认识不清的一种反映。毛主席教导我们："**一定形态的政治和经济是首先决定那一定形态的文化的；然后，那一定形态的文化又才给予影响和作用于一定形态的政治和经济。**"首先，是要用无产阶级政治去统帅文艺工作；然后，文艺工作才能为无产阶级政治服务。它们之间的关系是不能颠倒的。革命样板戏是两条路线斗争的产物，是江青同志带领革命文艺战士坚决执行毛主席的革命路线，战胜资产阶级文艺黑线的各种干扰、破坏而取得的丰硕成果。我们学习、演出革命样板戏的过程，同样存在着两条路线的斗争，也要处理好政治与业务、政治与艺术、做革命人与演革命戏的关系。不用毛主席的革命路线去统帅演出，不加强演出和排练过程中的政治思想工作，演员没有真正解决**"为什么人服务"**的问题，是演不好革命样板戏的。甚至可能在演出样板戏的台前台后，资产阶级的东西会冒出来表演。因为，资产阶级、小资产阶级思想总是在顽强地表现他们自己。阶级斗争的经验告诉我们，敌人在公开阻挠、破坏演出革命样板戏的阴谋遭到失败以后，往往接过革命的口号，采用新的手法，以达到他们的反革命目的。如果认为"演出了样板戏，自然是革命人，方向问题解决了"，从思想上解除武装，资产阶级文艺黑线就会乘虚而入，诱使我们走上资本主义的邪路上去。因此，我们任何时候都必须坚持无产阶级政治挂帅，坚持毛主席指出的文艺为工农兵服务的方向。对于每个革命文艺工作者来说，就是要演革命戏，做革命人，在深入工农兵群众，深入实际斗争的过程中，在学习马克思主义和学习社会的过程中，改造世界观，把立足点移到工农兵方面来，移到无产阶级方面来，只有这样，我们才能演好革命样板戏，才能使文艺沿着为工农兵服务的方向前进。

"政治是假的、空的，业务才是真的、实的"，这是一种非常错误的认识。在阶级社会中，阶级斗争渗透于人们生活的各个领域，没有脱离政治的单纯业务，在文化领域里，资产阶级文艺黑线起作用，就必然出毒草，无产阶级文艺路线起作用，就会出为工农兵服务的好作品。毛主席指出："**在现在世界上，一切文化或文学艺术都是属于一定的阶级，属于一定的政治路线的。为艺术的艺术，超阶级的艺术，和政治并行或互相对立的艺术，实际上是不存在的。**""政治是假的，艺术才是真的"，这种说法就是使艺术脱离无产阶级政治，然而，艺术一旦离开了无产阶级政治的统帅，就必然走到修正主义邪路上去。这种关于政治与艺术的真假虚实的说法，完全是从资产阶级个人主义的立场出发的，是把艺术看作换取个人名利的资本，所谓"搞文艺的靠艺术吃饭"，这正是资产阶级思想的反映。一个从事文艺工作的人，如果不解决**"为什么人服务"**的问题，不管他有多大才能，也是群众所不需要的。可见，对艺术来说，政治不是假的、空的，而是起决定作用的因素。

林彪一伙为了破坏毛主席革命路线的贯彻执行，大搞形式主义的空头政治，大搞理论脱离实际、言行不一的坏作风，企图把无产阶级的政治架空。而形式主义、空头政治本质上就是资产阶级政治，正是这种资产阶级政治阻碍着无产阶级政治去统帅各项业务工作。我们所说的政治，是在党的各项工作中实际发生作用的政治，不是口头上的政治。必须划清无产阶级政治和资产阶级政治的界限，在批判林彪一伙在政治工作中散布的资产阶级黑货的同时，扎扎实实地加强政治思想工作，把无产阶级政治的统帅作用贯穿到文艺工作的各个环节中去。

"抓政治保险，抓业务危险"。这是又一种糊涂观念，所谓抓业务危险，无非是怕别人说是"业务挂帅"。其实，犯不犯"业务挂帅"的错误，不在于是否抓业务，而在于为谁而抓，用什么指导思想来抓，是否坚持无产阶级政治挂帅，贯彻执行毛主席的无产阶级革命路线和政策。文艺工作要坚持为工农兵服务的方向，就必须抓为工农兵的创作、演出、展览、出版等业务工作，就要在实践中不断提高服务的政治质量和艺术质量，否则，为工农兵服务就是一句空话。如果以为抓业务危险，就会放弃无产阶级对文化工作的领导权，任凭地主资产阶级去占领文化阵地，那才是真正的危险。文化大革命前，修正主义文艺黑线头目周扬之流鼓吹"三名三高"，用资产阶级名利思想腐蚀文艺队伍，把文艺引上为资本主义复辟服务的邪路上去。今天，我们批判了这些资产阶级黑货，就要把抓业务、练技术的出发点从为个人转移到为工农兵这方面来，从这个基点出发，应该激发起更大的热情和干劲，为提高为工农兵服务的质量而苦练基本功。这样的业务本领钻研得越深，掌握得越多，就对人民的贡献越大，就更有利于社会主义革命事业。如果批判"三名三高"，钻研业务的劲头也没了，那不正说明头脑中还是"三名三高"在起作用吗？同样，认为抓政治保险也是不对的。如果不认真看书学习，划不清马克思主义与修正主义的界限，违背毛主席革命路线，抓政治也会转向的。问题不在于"保险"还是"危险"，而在于革命的需要。革命需要在无产阶级政治的统帅下搞好业务工作，我们就应该排除"左"的和右的干扰，把工作做好，从个人利害得失出发是不能正确处理好政治与业务关系的。

我们是政治与业务辩证统一论者。那种把政治与业务割裂开来，使业务离开无产阶级政治的统帅而迷失方向，或使政治离开业务成为"空头政治"，这才是危险的。特别应该指出的是，文化艺术领域历来是两个阶级激烈争夺的阵地，封、资、修的意识形态在文化领域里的影响是极深的，流毒是极广的。因此，无产阶级必须占领文化艺术阵地，必须在上层建筑其中包括各个文化领域实行全面专政。为了实现这样一个政治目标，就要坚持无产阶级政治对文化艺术工作的统帅作用，把政治工作渗透到各项业务工作、各个艺术部门中去，坚持政治和业务、政治和艺术的统一，发展社会主义的文化事业。

正确理解和处理政治和业务的关系，对于正确执行毛主席的革命路线关系极大。我们要在深入进行思想和政治路线教育中，认真读马列的书，认真读毛主席的著作，继续深入批判林彪一伙散布的各种谬论，排除来自"左"的和右的干扰，夺取社会主义革命和社会主义建设的新胜利。

批林彪，肃流毒，
推动斗、批、改深入发展

中共天津市百货大楼委员会

前一阶段，我们百货大楼广大职工，愤怒地批判了林彪一伙炮制的《"571工程"纪要》反革命政变纲领，加深了对林彪一伙反动本质的认识，提高了阶级斗争和路线斗争的觉悟。但是，如何把革命大批判进一步引向深入，如何联系本单位两条路线斗争的实际和职工的思想实际，从政治上、思想上、理论上肃清林彪的流毒，划清毛主席的革命路线和林彪的反革命修正主义路线的界限，从而推动斗、批、改的深入发展，是摆在我们面前的一个重要的课题。

为了解决这一任务，我们从今年三月开始，放手发动群众，揭矛盾、摆流毒。经过分析归纳，找出林彪流毒在我们百货大楼主要表现在以下三个方面：一，在林彪鼓吹的"政治可以冲击其它"谬论影响下，摆不正政治与业务的关系，把政治与业务对立起来。有些领导干部不敢抓业务，有些职工不敢学业务、学技术。二，在服务工作上受"简单化"、"服务工作低贱论"和"自我服务论"的影响，服务质量下降。三，在经营管理上，受林彪一伙散布的"砸烂一切"、"否定一切"的极"左"思潮的影响，大部分规章制度不执行了，无政府主义泛滥。

林彪流毒摆出以后，就引导职工群众开展大批判，划界限，肃流毒，并在批、划、肃的基础上，建立和健全规章制度，改进服务态度和工作作风。在这一工作过程中，我们注意了严格掌握党的方针政策，正确区分和处理两类不同性质的矛盾，把斗争矛头始终指向林彪一伙，不整群众，不追究个人责任。同时紧紧抓住路线问题，贯彻摆事实讲道理的原则。经过这一段大批判、划界限、肃流毒，提高了职工的路线斗争觉悟，有力地推动了斗、批、改的深入发展，取得了一定的效果。

第一，通过批判林彪的"政治可以冲击其它"的反动谬论，明确了政治与业务的辩证关系，加强了对业务工作的领导。

在林彪"政治可以冲击其它"的流毒影响下，有些干部过去分不清在政治挂帅前提下搞好业务和"业务挂帅"的界限，因而产生了"抓政治保险，抓业务危险"的错误思想，不敢积极抓业务，影响了业务工作的开展。通过学习毛主席关于政治与业务关系的一系列教导，批判了林彪"政治可以冲击其它"的反动谬论，大家认识到，叛徒、内奸、工贼刘少奇贩卖"业务挂帅"的黑货，是从右的方面破坏毛主席的革命路线；叛徒、卖国贼林彪鼓吹"政治可以冲击其它"，是从"左"的方面破坏毛主席的革命路线。他们的目的都是为了破坏社会主义革命和社会主义建设，颠覆无产阶级专政，复辟资本主义。实际上，林彪鼓吹的"政治可以冲击其它"，就是要用资产阶级政治冲击无产阶级政治，用资本主义冲击社会主义。问题不在于抓不抓业务，而是如何去抓。在政治挂帅的前提下，贯彻毛主席的革命路线，为革命抓业务，决不是什么"业务挂帅"，也没有什么"危险"。作为一个企业事业单位来说，不贯彻毛主席的办企业路线，把政治与业务对立起来，不执行**"抓革命，促生产，促工作，促战备"**的方针，生产和业务工作搞不好，对革命才是危险。

认识提高了，党委负责同志认真地抓了各项业务工作，党委书记、驻军负责同志亲自带领干部到基层蹲点，调查研究，帮助基层单位解决工作中的问题。由于摆正了政治和业务的关系，加强了对业务工作的领导，各项经济指标完成得较好，今年上半年商品销售额比去年同期增加了百分之二十一点八；商品费用水平下降了百分之三点二七，达到了我们商店历史最低水平。

另外，在林彪的"政治可以冲击其它"反动谬论的影响下，部分职工分不清为革命钻研业务、学习技术与"技术第一"的界限。因此，有些老职工不敢传授业务知识，有些青年职工不敢学业务知识，以致出现了有些青年售货员不懂业务的现象，卖针织品的不知多少支纱，卖人造纤维品的不知原料成分，卖服装的不会量尺寸，等等。批判了林彪的谬论以后，大家划清了界限，认识到，社会主义商业是直接为社会主义经济建设和工农兵生活服务的，我们必须为革命站好柜台，为革命学好业务，练好为人民服务的本领。作为一个售货员，首先要有全心全意为人民服务的思想，但是，如果不熟悉业务，没有基本的业务知识，也是不能很好地为工农兵服务的，也不能成为一个又红又专的商业工作者。随着路线觉悟的提高，许多售货员为革命学业务的积极性提高了，在全商店出现了老职工传授业务经验，青年职工努力钻研业务、技术的热潮。为了进一步提高广大职工的业务水平，商店党委还举办了各种类型的业务知识学习班，商店团组织召开了青年职工操作技术表演大会。这样，在不长的时间内，使一百多名青年职工基本上掌握了算帐、结帐、盘点、流传手续、包扎商品、量体算料等操作技术，并初步了解了各种商品的性能、特点、规格质量，以及商品的使用保养方法等业务知识，适应了工作的需要，提高了服务质量。

第二，通过批判林彪煽动的极"左"思潮，划清了商业工作大众化和"简单化"的界限。

服务质量的高低，服务态度的好坏，不是一般的业务问题，而是关系到为什么人服务，执行什么路线的大问题。无产阶级文化大革命以前，在叛徒、内奸、工贼刘少奇鼓吹的"全民服务论"的影响下，我们商店在经营上追求"高、精、尖"、"多赚钱"，背离了为工农兵服务的方向。因此，各种奇装异服、高级脂粉、火箭皮鞋充塞柜台，封、资、修色彩的商品增多，为广大工农兵需要的商品减少。在批判了刘少奇的"全民服务论"之后，由于林彪煽动的极"左"思潮的影响，又走到另一个极端，不能正确地理解为工农兵服务方向问题，把资产阶级的"百色齐全"与无产阶级的丰富多采混为一谈，把面向工农兵提倡大众化误解为经营上"简单化"。

在这种极"左"思潮的影响下，出现了"服务工作低贱论"和"自我服务论"。有的认为售货员是"低三下四受气员"，说什么："经过文化大革命，售货员也应该出出气了"。在这种思想支配下，对待顾客不耐烦，不是有问必答，而是屡问不答，说什么："问价有牌子，看货有样子，有眼自己瞧，不要麻烦我"。在经营简单化思想的影响下，经营的商品品种大幅度下降，一九六六年经营的商品品种为二万五千三百八十种，到一九七〇年下降为一万零二百四十二种。商店自身加工的商品品种花样也减少了，如毛衣，仅有鸡心领、套头、偏开扣三种式样。售货的方法则采取颜色多的品种挑着卖，规格多的品种分批卖，造成有的商品在柜台上仅有一两种花色型号。这种怕麻烦，图省事，不顾工农兵需要的"简单化"

的经营作风，给社会主义商业工作带来了严重的损害。

为了肃清林彪所散布的流毒，划清大众化与"简单化"的界限，我们组织职工联系我店两条路线斗争实际，对林彪一伙散布的反动谬论和流毒，进行了摆、批、肃的活动，引导职工从路线上看问题，使广大职工认识到**"发展经济，保障供给"**是社会主义商业的根本方针，全心全意为人民服务，满足工农兵和工农业生产日益增长的需要，是商业工作者的职责。为工农兵服务是周到还是简单，实际上是对工农兵的感情、态度问题，是执行不执行毛主席革命路线的问题。服务工作"简单化"，就是林彪反革命修正主义路线流毒的表现，它同刘少奇的"全民服务论"一样，实质上都是反对社会主义商业为工农兵服务的。因此，要搞好社会主义商业，必须反对服务工作简单化，提倡大众化；反对资产阶级的"百色齐全"，提倡无产阶级的丰富多采；反对资产阶级低级庸俗的"衣帽取人"，提倡为劳动人民服务要热情周到。由于在路线上分清了是非，划清了界限，广大售货员改进了服务态度，提高了服务质量，根据工农兵和工农业生产的需要，积极组织货源，今年上半年商品的花色品种比去年同期增加了三千多种，商品规格也改变了过去"老三样"的局面，增加了型号，便利工农兵选购。有的部、组新增添了一些服务便民项目，有些售货员还深入到工厂了解商品性能、特点，以便实事求是地向顾客作介绍。售货员服务态度的改变，受到了广大工农兵的欢迎。

第三，通过批判林彪煽动的"否定一切"、"砸烂一切"的无政府主义思潮，划清了必要的规章制度和"管、卡、压"的界限。

合理的规章制度是职工群众长期实践经验的总结，是商业活动客观规律的反映。正确执行规章制度，对于调动广大职工的革命积极性，推动社会主义商业发展有重大的作用。过去，叛徒、内奸、工贼刘少奇鼓吹"制度万能论"，对职工实行"管、卡、压"。叛徒、卖国贼林彪则鼓吹"否定一切"、"砸烂一切"的无政府主义，散布"制度无用论"。我店有些干部、职工由于分不清合理的规章制度与"管、卡、压"的界限，在林彪"砸烂一切"的极"左"思潮影响下，把商店原有的四十二个工种的岗位责任制、财经管理、商品管理、计划管理、小组经济核算、考勤等规章制度大部分取消了，因而造成经营管理混乱。比如：在商品管理制度上，由于取消了日盘点制度，造成财物不清，贪污分子就乘机混水摸鱼。针织部的袜子组，从一九六七年至一九六九年三年中少款九千五百多元，相当于四千七百双袜子的价钱，约等于在三年当中，每天丢失四双袜子。

为了彻底肃清林彪散布的流毒，商店党委引导广大职工狠批了"砸烂一切"、"否定一切"、"制度无用论"等反动谬论，使职工认识到，林彪一伙叫喊的"砸烂"、"冲击"，实质上是妄图砸烂社会主义制度，冲击毛主席的革命路线。我们搞好社会主义商业，必须坚决执行毛主席的革命路线，建立和健全社会主义规章制度，没有规章制度，要办好社会主义商业，切实为工农兵服务就是一句空话。在提高认识的基础上，商店党委放手发动群众，对原有的规章制度进行了认真的分析，分清那些是合理的，那些是不合理的。对合理的规章制度必须坚持；对不合理的坚决废除；有些不够完备的加以修改，使之完善，掀起了一个群众性的建立健全规章制度的热潮，迅速改变了无章可循、有章不循的混乱状况。到目前为止，商店的清产核资工作已全部完成，并建立起小组一级的"经济核算"、"考勤"、"商品必备目录"以及三十三个工种的"岗位责任制"等制度。由于建立健全了各项规章制度，加强了企业管理，今年以来，基本上煞住了无政府主义的歪风，出勤率提高到百分之九十以上；差错事故下降到万分之二点一六（一万元的货出二元一角六分的差错），和一九六七年、一九六八年同期相比下降了百分之七十八。

当前，我们百货大楼的思想政治路线教育和革命大批判，正在结合斗、批、改继续深入发展，广大职工决心在已经取得成绩的基础上，再接再厉，继续努力，争取更大的胜利。

本刊发至基层党支部

文革史料丛刊

党字第 61 号 6 份

№ 0013181

· 绝密 ·

革命大批判

第十三期   一九七二年九月一日

天津市革命委员会政治部编印

毛 主 席 語 录

我并不是不要说天才，天才就是比较聪明一点，天才不是靠一个人靠几个人，天才是靠一个党，党是无产阶级先锋队。天才是靠群众路线，集体智慧。

为了争取中华民族和劳动群众的解放，为了使反对民族投降主义的斗争坚决有力，必须反对共产党内部和无产阶级内部的阶级的投降倾向，要使这一斗争开展于各方面的工作中。

正确的政治的和军事的路线，不是自然地平安地产生和发展起来的，而是从斗争中产生和发展起来的。一方面，它要同"左"倾机会主义作斗争，另一方面，它又要同右倾机会主义作斗争。不同这些危害革命和革命战争的有害的倾向作斗争，并且彻底地克服它们，正确路线的建设和革命战争的胜利，是不可能的。

称天才是林彪反党的理论纲领

王　存　山

　　林彪在一九六六年五月十八日的讲话中，以颂扬毛主席为名，大讲天才，极力宣扬唯心论的先验论和唯心史观，否认毛主席的伟大革命实践，否认毛泽东思想是马列主义同中国革命实践相结合的产物，把毛主席的英明伟大完全归结为个人天分。这是林彪打着红旗反红旗的黑标本，篡权复辟的舆论准备，反党的理论纲领。

　　一、林彪鼓吹的"天才论"，是彻头彻尾的唯心论的先验论。

　　人的知识和才能是先天就有的，还是后天才有的？这是唯物论的反映论和唯心论的先验论长期斗争的一个根本问题。不同的立场，不同的世界观，对这个问题有着不同的回答。

　　马克思列宁主义者并不是不要说天才，而是坚持对天才作唯物主义的理解。无产阶级的革命导师，在他们的著作中也用天才这个提法，但是他们所说的天才，同唯心主义所鼓吹的天才是根本不同的。毛主席说："**我并不是不要说天才，天才就是比较聪明一点，天才不是靠一个人靠几个人，天才是靠一个党，党是无产阶级先锋队。天才是靠群众路线，集体智慧。**"毛主席关于天才问题的论述，完全是唯物主义的。

　　马克思主义者坚持唯物论的反映论，认为任何人的知识和才能，都是从社会实践中来的，是后天才有的。无产阶级的伟大领袖是在长期的革命斗争中产生出来的，他们亲身参加革命实践，有着长期的、丰富的斗争经验，他们代表了无产阶级和广大群众的根本利益，集中体现了无产阶级及其政党的意愿，他们实行从群众中来到群众中去的群众路线。因此，他们的思想，比历史上任何一个先进阶级的代表都更集中了群众、阶级、政党的智慧，能够掌握历史发展的规律，制订出正确的路线、方针和政策，领导革命从胜利走向胜利。

林彪鼓吹唯心论的天才论，说什么他妈给他生了一个好脑袋，办事情可以"从主观到客观"等等，完全是近代唯心论的先验论的鼻祖康德的"天才就是那天赋的才能"、"先天的心灵禀赋"、"天生的心理能力"等先验论的翻版，也是我国历史上没落奴隶主阶级和封建阶级思想家的所谓"生而知之"、"才禀于气"等唯心论衣钵的继承和发展。林彪在"五·一八"反党讲话中说："我们同毛主席那一点不同？一起搞斗争，有些人年龄比他老，我们没有他老，但经历的事也不少。书我们也读，但我们读不懂，或者不很懂，毛主席读懂了。"把毛主席的英明和伟大不是归结为革命实践，不是归结为依靠党、依靠群众，而是完全归结为毛主席的个人天才。林彪从唯心论的先验论出发，必然导致歪曲历史事实，把党的领袖，把亿万群众的领袖神秘化。他在同年九月接见军事院校负责同志的讲话中说："毛主席这样的天才，全世界几百年，中国几千年才出现一个。"毛主席在一九七一年秋在外地巡视期间尖锐地指出："**全世界几百年，中国几千年才出现一个天才，不符合事实嘛！马克思、恩格斯是同时代的人，到列宁、斯大林一百年都不到，怎么能说几百年才出一个呢？中国有陈胜、吴广，有洪秀全、孙中山，怎么能说几千年才出一个呢？**"如果按照林彪的说法，毛主席之所以成为我们党的伟大领袖，不是在长期的革命斗争实践中，不是在群众运动中形成的，而是在几百年、几千年以前就注定要出现的"超人"，这就否定了毛泽东思想是马列主义普遍真理与中国革命具体实践相结合的产物，把毛泽东思想歪曲成天才人物头脑中先天固有的东西。从以上事实我们可以看出，林彪鼓吹的"天才论"，是彻头彻尾的唯心论，它导致的结果就是歪曲历史，宣扬神秘主义，这同康德天赋天才的唯心主义先验论，完全是一路货色。

二、林彪鼓吹唯心主义"天才论"，决不是偶然的，而是他的一贯思想。

早在一九三八年，林彪在谈抗大的教育方针时，就鼓吹"我们应该用我们的天才去想解决困难的办法，……只要用我们理智的头脑去想，一定会有办法。"一九五九年他主持军委工作以后，以"拥护"毛主席，"提倡"学习毛泽东思想为名，继续鼓吹唯心主义和形而上学，把毛泽东思想说成是"顶峰"，是"最高指示"，"一句顶一万句"等等。在无产阶级文化大革命期间，他拒不接受毛主席的多次警告和批评，继续宣扬唯心主义的"天才论"，而且变本加厉，越吹越凶。一九六六年四月杭州会议时，毛主席就对林彪的一些反马列主义的提法表示了不同意见，就是毛主席致江青同志信中说的：**"可是有什么用呢？他到北京五月会议上还是那样讲，……"**林彪在北京五月会议上的讲话，就是"五·一八"讲话。他不但提出了"三个副词"，把毛主席的伟大归结为个人天才，而且气势汹汹地叫嚷："有些人不承认天才，这不是马克思主义。"当时总理看到了毛主席致江青同志的这封信，经毛主席同意去大连说服林彪，劝他不要再作那种提法。但林彪阳奉阴违，口是心非，仍然坚持他的那些错误提法。一九六六年八月八日他在接见中央文革小组的讲话中又说：毛主席是当代"最伟大的天才"；八月十三日在中央工作会议上的讲话中又说："要树立毛泽东思想的权威"，"要相信毛主席的天才"；八月十八日他在一次群众大会上又说：毛主席"是当代最伟大的天才"；九月十五日在接见全国各地来京革命师生大会上的讲话中又讲了"四个伟大"；九月十八日在接见高等军事院校等部门负责同志时又说："象毛主席这样的天才，全世界几百年，中国上千年都没有。毛主席是世界最大的天才"；十月二十五日在中央工作会议上，又讲毛主席的"个人天分"；十二月十六日在《毛主席语录再版前言》中，又一次用了"三个副词"。到一九六七年，林彪继续散布他那一套反马列主义的提法。"五一"劳动节，他写了"四个伟大"的题词；八月九日在一次讲话中，又提毛泽东思想的"绝对权威"；十月一日在庆祝国庆十八周年的讲话中，又用"天才"来说明毛主席对马列主义的发展，并且把"四个伟大"变成口号；十一月七日在庆祝十月革命五十周年的讲话中，又一次讲"天才"，并且喊"四个伟大"的口号。

到了一九七○年党的九届二中全会的时候，林彪及其死党鼓吹唯心论的"天才论"，已经发展到登峰造极，无以复加的地步。在会上，林彪第一个跳出来，继续坚持要设国家主席，又打出了"天才"这个反党纲领，疯狂叫嚷："我还是坚持这个观点"。在林彪指挥下，陈伯达一伙炮制了"称天才"的材料，林彪还给叶群定了发言口径："讲天才、领袖、指针"，叶群就在小组会上声嘶力竭地叫喊，关于"天才"的观点，"坚决不收回，刀搁在脖子上，也不收回。"

马克思列宁主义是我党指导思想的理论基础，辩证唯物主义是我党的世界观。林彪及其死党一而再，再而三地抗拒毛主席的批评，顽固地坚持其反马列主义的"天才论"，这就充分暴露了他不是马列主义、毛泽东思想的信仰者，而是马列主义、毛泽东思想的叛徒。

三、林彪顽固地鼓吹唯心主义"天才论"，宣扬英雄创造历史的唯心史观，决不仅仅是个理论问题，而是为他篡党夺权，复辟资本主义的政治阴谋服务的。

第一，林彪通过鼓吹"天才论"，把自己打扮成最"拥护"、最"紧跟"、最"忠于"毛主席的样子，其实他的目的不在于说毛主席是天才，而是借此捞取政治资本，为他篡党夺权制造舆论。他表面上装得比谁都"紧跟"、"高举"、"忠于"，而在背后却对伟大领袖切齿咒骂，甚至阴谋采取法西斯特务手段对伟大领袖下毒手。林彪是个口蜜腹剑、笑里藏刀的反革命两面派。

第二，林彪通过鼓吹"天才论"，夸大个人作用，否定人民群众创造历史的伟大作用，抹煞革命领袖领导人民进行革命斗争的伟大实践，歪曲革命领袖与人民群众的血肉联系，妄图使人民群众对革命领袖的坚定信念离开科学的唯物主义认识论的基础，而建立在林彪宣扬的神秘主义的信仰之上。以便一旦时机成熟，他们就随时可以动摇人们对革命领袖的信念，作赫鲁晓夫那样的秘密报告，以便取而代之，居心何其险恶！

第三，林彪鼓吹"天才论"，把"天才"作为一根大棒，来打击、陷害忠于毛主席革命路线的同志，以便他们招降纳叛、结党营私，进行分裂党的罪恶活动。这就是他们一伙在《"571工程"纪要》这个反革命政变纲领中所采取的"打着B—52旗号,打击B—52力量"的反革命策略。谁不同意林彪的说法,谁就被扣上反对毛主席的帽子,就要"全党共诛之,全国共讨之"。毛主席在外地巡视期间谈话中一针见血地揭露了林彪的阴谋,指出:**"说反天才,就是反对我。"**林彪就是利用"天才"这个反党纲领,打击拥护毛主席革命路线的同志,疯狂地进行分裂党的活动。

第四,林彪鼓吹"天才论",是要人们承认林家父子是"天才",为他反党篡权,建立林家王朝制造反革命舆论。吴法宪、李作鹏一伙就说过:"发现天才的人也是天才",林彪"发现"了毛主席是天才,因此他也是"天才"。陈伯达也吹捧说"林彪是个天才"。林彪死党周宇驰叫嚣,林彪"也是一个天才,是一个历史上罕见的伟人。"他们还吹捧林立果也是一个"天才"、"全才"等等,可见他们称毛主席天才是假,鼓吹林彪父子是"天才"才是真的。

毛主席高瞻远瞩,洞察一切,在党的九届二中全会上写了**《我的一点意见》**这篇马列主义的光辉文献,不仅从理论上彻底批判了林彪一伙鼓吹的唯心论的"天才论",而且揭露了林彪一伙的政治阴谋,粉碎了他们在庐山会议上发动的反革命政变。九届二中全会以后,林彪仍然拒绝毛主席的劝告和批评,死不悔改,一意孤行,最后走上了叛党叛国、自取灭亡的可耻道路,被历史车轮碾得粉身碎骨,成为不齿于人类的狗屎堆。

批判林彪"五·一八"的反党讲话,使我们认识到理论问题从来不是孤立的,它总是为一定的政治路线服务的;而要胜利地进行政治路线斗争,就必须掌握马列主义、毛泽东思想这个理论武器,不然就分不清什么是唯物论，什么是唯心论，就分不清路线上的是非。我们一定要响应毛主席的伟大号召，在复杂的阶级斗争和路线斗争中，认真看书学习，攻读马、列的著作和毛主席的著作，不断提高自己的理论水平和路线觉悟，做一个自觉执行毛主席革命路线的无产阶级革命战士。

王明右倾投降主义路线的吹鼓手

——批判林彪反党文章《中国人民的三年民族解放战争》

董　健　中

叛徒、卖国贼林彪一九四〇年七月在苏联发表的《中国人民的三年民族解放战争》，是一篇鼓吹王明右倾投降主义路线，反对毛主席革命路线的反党文章。这株大毒草，颠倒是非，混淆黑白，歪曲历史，只字不提毛主席，只字不提在以毛主席为首的中国共产党领导下的全国人民抗日战争取得的伟大胜利，无耻吹捧国民党反动头子蒋介石，把屠夫民贼蒋介石捧上了天。这篇反党文章，一清二楚地暴露了林彪的右倾机会主义的丑恶嘴脸，把他"一贯正确"、"一贯紧跟"、"一贯高举"的画皮剥得一干二净，是我们认识林彪反革命真面目的一个绝好的反面教材。

林彪的这篇反党文章，是在毛主席在党的六届六中全会批判了王明的右倾投降主义路线之后出笼的。这个时候抗日战争已经进入相持阶段，蒋介石发动了第一次反共高潮，正在阴谋策划第二次反共高潮。毛主席在一九四〇年一至七月先后发表了《新民主主义论》、《克服投降危险，力争时局好转》、《团结一切抗日力量，反对反共顽固派》、《目前抗日统一战线中的策略问题》、《放手发展抗日力量，抵抗反共顽固派的进攻》和《团结到底》等重要著作和指示，阐明了我党在抗日战争中的正确路线、方针、政策和策略，对当时抗日战争的形势和中国革命的前途作了精辟的分析，为中国人民抗日战争的胜利指明了方向，用马克思列宁主义的理论和路线武装了我们党。但是林彪站在资产阶级反动立场上，对中国抗日战争的形势和我党在抗日战争中的地位与作用，作了完全错误的估量，他根本不相信毛主席，不相信中国共产党，不相信全国人民，而把抗日救国的一切希望完全寄托在蒋介石国民党身上，大肆宣扬王明的"一切经过统一战线"、"一切服从统一战线"的右倾投降主义路线，公开对抗毛主席的革命路线。

一、林彪在这篇反党文章中，肆意歪曲抗日战争的历史事实，为蒋介石涂脂抹粉

抗日战争的历史事实是，首先高举抗日大旗，提出建立抗日民族统一战线，并且站在抗日最前线的是以毛主席为首的中国共产党。蒋介石国民党反动派对日本帝国主义的侵略，一开始就采取不抵抗主义，推行"攘外必先安内"的反动政策。就在日本帝国主义发动了"九·一八"事变，大举侵略我国东北的时候，蒋介石还加紧对我中央苏区进行反革命围剿。由于蒋介石集中力量进行反共反人民的内战，对日寇采取不抵抗政策，到一九三二年一月初使东北全境沦陷。接着日寇又向我华北进犯，于一九三七年七月七日制造了芦沟桥事变。芦沟桥事变的第二天，中国共产党就向全国发表宣言，高举抗日大旗。随后，八路军、新四军，开赴抗日前线，成为抗击日本侵略者的主力军。只是由于我们党坚持了毛主席的革命路线和政策，全国人民坚决反对蒋介石的卖国政策，国民党才不得不接受我党主张，抗日民族统一战线才得以建立起来。统一战线建立后，国民党反动派仍继续采取消极抗战、积极反共的方针，国民党军队在日本侵略军面前节节败退，一溃千里，反而用一切力量拦阻八

路军、新四军抗日去路，对我抗日根据地大举进攻，极力破坏中国共产党领导的抗日战争。一九三九年国民党政府颁布了反动的"限制异党活动办法"，在国民党统治区把共产党打入地下，制造反革命惨案，发动反共高潮，分裂国内团结，破坏抗日民族统一战线。毛主席针对蒋介石的反动政策，提出了**"坚持抗战，反对投降；坚持团结，反对分裂；坚持进步，反对倒退"**等方针，挫败了蒋介石的反革命阴谋。我党领导的抗日武装力量，到一九四三年，抗击着侵华日军的百分之六十四和伪军的百分之九十五，为夺取全国抗日战争的胜利奠定了基础。

可是，林彪在他的反党文章中，对所有这些事实只字不提，反而颠倒是非，极力歪曲抗日战争的历史真象，无耻地吹捧国民党反动派在抗日战争中，打死打伤日本侵略军多少，缴获日本马匹、坦克和汽车多少，把中国共产党领导全国人民抗日战争所取得的战绩，统统记到国民党蒋介石的帐上，为蒋介石涂脂抹粉。

一九四〇年下半年，正是日本帝国主义加紧向解放区进攻，同时加紧对国民党进行诱降活动的时候，蒋介石为适应日本帝国主义的需要，加紧投降准备，并阴谋发动第二次反共高潮。毛主席当时就一针见血地指出：**"在国民党反共顽固派坚决地执行其防共、限共、反共政策，并以此为投降日本的准备的时候，我们应强调斗争，不应强调统一，否则就会是绝大的错误。"**又指出：右倾机会主义者**"由于只知道联合、不知道斗争和过分地估计了国民党的抗日性，因而模糊了国共两党的原则差别，否认统一战线下的独立自主的政策，迁就大地主大资产阶级，迁就国民党"**。林彪这篇反党文章所宣扬的，正是毛主席所批判的观点。他在这个时候发表这篇文章，只能是为国民党推行反共政策制造舆论，支持蒋介石国民党向我党领导的解放区发动猖狂进攻。

二、林彪在这篇反党文章中，完全否定中国共产党对抗日战争的领导地位和作用，极力把蒋介石美化成抗日战争的领导者。

革命领导权问题，是革命成败的关键，也是马克思列宁主义的一个根本原则问题。毛主席很早就指出，无产阶级及其政党中国共产党，是中国革命的领导力量。在第一次国内革命战争后期，由于陈独秀拒绝毛主席的正确主张，在同国民党合作时，推行"一切联合，否认斗争"的机会主义路线，把革命领导权拱手让给了资产阶级，结果使轰轰烈烈的大革命遭到了失败。在土地革命时期，王明又推行"一切斗争，否认联合"的"左"倾机会主义路线，又使革命遭到了严重损失。在日本帝国主义侵略中国以后，毛主席分析了国内阶级关系的变化，总结了我党的历史经验，提出了建立抗日民族统一战线的正确主张，并制订了在统一战线中，既不是"一切联合，否认斗争"，又不是"一切斗争，否认联合"，而是综合联合和斗争两个方面的政策，坚持独立自主的原则，绝不能放弃党的领导权。毛主席指出：**"离开了无产阶级及其政党的政治领导，抗日民族统一战线就不能建立，和平民主抗战的目的就不能实现，祖国就不能保卫，统一的民主共和国就不能成功。"**而林彪公开与毛主席相对抗，在这篇反党文章中极力鼓吹蒋介石是抗日战争的领导者，胡说什么："国家的一切进步力量团结在以最高统帅蒋介石为首的中央政府周围"，"一切中国军队服从统一的司令部"。无耻吹捧蒋介石是什么"最高统帅"，"政府领袖"，而把我党我军说成仅仅是统一战线中的"可靠支柱"，"在国民政府的领导下"，做了如何如何的工作等等。可以看出林彪信任蒋介石国民党，超过了信任共产党、毛主席和广大抗日人民群众，他把抗日救国的一切希望都寄托在蒋介石身上，完全否定了中国共产党对抗日战争的领导地位和作用，妄图让我党把抗日战争的领导权奉送给蒋介石。林彪在革命领导权这个根本问题上背叛了我们党在抗日战争时期的政治路线，背叛了马克思列宁主义。

三、林彪在这篇反党文章中，站在右倾投降主义的立场上，为王明路线招魂。

在抗日民族统一战线建立以后，毛主席明确指出：**"党內的主要危险倾向，已经不是'左'倾关门主义，而转变到右倾机会主义，即投降主义方面了。"** 毛主席谆谆教导全党，要反对投降主义，并且告诫全党**"一九二七年陈独秀的投降主义，引导了那时的革命归于失败。每个共产党员都不应忘记这个历史上的血的教训。"** 但是叛徒王明反对毛主席的革命路线，他从第二次国内革命战争时期的极"左"转到了极右。他在一系列文章、报告中，提出了一整套投降主义的主张。完全取消共产党的独立自主原则。提出所谓"一切经过统一战线"、"一切服从统一战线"，实质上是一切经过国民党，一切服从国民党，不敢同国民党的反动政策做坚决斗争。他在军队问题上提出由国民党统一指挥，吹捧蒋介石是"中国军队的最高统帅"。这样，叛徒王明就又回到陈独秀"一切联合，否认斗争"的错误路线上去了。

毛主席在一九三八年十月主持召开的党的扩大的六届六中全会上，批判了王明的右倾投降主义路线。毛主席指出：**"我们的方针是统一战线中的独立自主，既统一，又独立。"** 阐明了我们党在抗日战争中的领导地位。党的六届六中全会，基本上纠正了王明的右倾投降主义路线。

　　林彪到了一九四〇年七月，在他这篇反党文章中，还继续鼓吹已经破了产的王明路线，他把我们党置于所谓"以最高统帅蒋介石为首的中央政府"领导之下，妄图把我们的军队也"统一"到蒋介石的"统一的司令部"里面去，实质上是要我们党放弃对军队的领导权。林彪所鼓吹的这一套，是不折不扣的王明路线。他利用共产国际的刊物，为王明路线翻案，猖狂地向我党进行反扑。

　　四、林彪在这篇反党文章中，对抗毛主席的《新民主主义论》和《新民主主义的宪政》等光辉著作，妄图在中国建立蒋介石的反动统治。

　　一九四〇年一月，毛主席发表了《新民主主义论》这篇马列主义的光辉著作，系统地阐明了中国革命的一系列根本问题，为我党制定了在新民主主义革命阶段的基本路线和政策，以及由新民主主义革命不停顿地转变到社会主义革命的理论和策略。毛主席明确指出：无产阶级领导的中国革命，分为两步，**"这个革命的第一步、第一阶段，决不是也不能建立中国资产阶级专政的资本主义的社会，而是要建立以中国无产阶级为首领的中国各个革命阶级联合专政的新民主主义的社会，以完结其第一阶段。然后，再使之发展到第二阶段，以建立中国社会主义的社会。"** 毛主席用马克思列宁主义的根本观点，阐明了共产主义与三民主义的区别，新三民主义和旧三民主义的区别。一九四〇年二月，毛主席在《新民主主义的宪政》一文中，又进一步阐明了什么是新民主主义的宪政，揭穿了蒋介石所谓"宪政"的虚伪性，毛主席尖锐地指出：蒋介石口里的宪政，**"不过是'挂羊头卖狗肉'。他们是在挂宪政的羊头，卖一党专政**

的狗肉。"　"他们一面谈宪政，一面却不给人民以絲毫的自由。"

毛主席还明确地指出：**"这个宪政运动的方向，决不会依照顽固派所规定的路线走去，一定和他们的愿望背道而驰，它必然是依照人民所规定的路线走去的。"**而林彪公开对抗毛主席《新民主主义论》和《新民主主义的宪政》等光辉著作，在他的反党文章中，大肆宣扬什么"由于民族统一战线的建立，在孙中山三民主义基础上，中国在国家建设上取得了良好的成绩。"鼓吹"中国政治制度民主化的一个最重要的因素是国民参政会和省县参政会的建立，以及村长制度的民主化。""在国民参政会第四次会议上，通过了关于召开国民大会以通过中国宪法的决议"，"有很大的政治意义"，"得到了全体人民的拥护"等等。还说什么，国民党政府发表抗战任务和建国纲领，"对政治制度的民主化有巨大的意义。"林彪的一派胡言，完全抹煞了新三民主义同旧三民主义的区别，掩盖了蒋介石已经背叛了孙中山的新三民主义的历史事实，用国民党政府在政治、经济、军事等方面的所谓"成绩"，以及所谓"政治制度的民主化"，来美化蒋介石的反动统治，帮助国民党搞所谓宪政的欺骗宣传，妄图按照国民党反动派所规定的反动路线去搞"宪政"，去搞"政治制度民主化"，这就完全说明了，林彪梦寐以求的就是在中国建立以蒋介石王朝为代表的地主资产阶级的反动统治。

林彪一九四〇年在苏联发表的这篇反党文章，从政治上、军事上、经济上各个方面，不遗余力地鼓吹王明路线，美化蒋介石反动派，反对毛主席的革命路线，这就完全说明了，林彪在历史上根本不是什么"一贯紧跟、高举"，而是一个政治上的右倾投降主义者，是王明路线的忠实信徒，是蒋介石的得意门生。

机会主义军事路线的自白书

——批判林彪的反党文章《论短促突击》

张 玉 和

林彪在一九三四年发表的《论短促突击》，是一篇积极为机会主义路线效劳的反党文章。在这篇文章中，林彪竭力推行王明、李德的机会主义军事路线和消极防御的作战方针，疯狂反对毛主席马克思列宁主义的军事路线和积极防御的战略方针，"**使红军在敌人的严重的'围剿'面前不得不处于无能的地位，给了中国革命以很大的损失。**"

林彪抛出《论短促突击》的历史背景是怎样的呢？

一九二七年到一九三六年国内革命战争期间，国民党反动派依仗其军事上的优势，一次接一次地对红军和革命根据地发动疯狂的"围剿"，妄图把革命扼杀在摇篮之中。红军为了自己的生存和发展，在毛主席亲自指挥下，进行了艰苦卓绝的反"围剿"斗争。"围剿"与反"围剿"成为当时国内战争的主要形式。不打破"围剿"，红军就不可能存在，没有反"围剿"的胜利，革命就不能前进。

伟大领袖毛主席运用马列主义原理，科学地分析了中国是"**经过了一次大革命的政治经济不平衡的半殖民地的大国，强大的敌人，弱小的红军，土地革命**"的主要特点，并从这些特点出发，规定了中国革命战争的指导路线和战略战术原则，驾驭了战争的变化和发展。在井冈山斗争时期，毛主席总结了**"敌进我退，敌驻我拢，敌疲我打，敌退我追"**的著名的游击战争作战原则。随着反"围剿"战争的发展，毛主席又提出了"积极防御"、"诱敌深入"、"运动战"、"速决战"、"歼灭战"等一整套人民战争的战略战术。幼小的红军，在毛主席正确的军事路线和战略战术指导下，连续取得了四次反"围剿"的胜利。

一九三一年至一九三四年，"左"倾机会主义在党内占了统治地位，王明窃取了党中央的领导，把军事指挥权交给德国人李德。他们叫嚷"山沟里没有马列主义"，全盘否定经过实践检验，证明是完全正确的毛主席的军事路线和作战方针，大反所谓"游击主义"。

一九三三年十月，敌人进行第五次"围剿"时，王明、李德提出了"御敌于国门之外"，"两个拳头打人"，"处处抵御，分兵把守"等一套所谓"新"的、"正规"的原则，把中国革命战争推向覆灭的境地。就在这时，林彪站在王明、李德机会主义路线一边，竭力反对毛主席的正确路线，鼓吹消极防御，反对积极防御，抛出了所谓"短促突击"的"新战术"，来替"左"倾机会主义效劳。

"短促突击"究竟是什么东西？

林彪说："就是对于从堡垒内出来作短距离（专指距离约五里至十里左右有时更少）推进筑堡的敌人，乘其立足尚未确实稳定时予以不意的，迅速的，短促的突击"。林彪吹嘘说，"他不是一个正规的攻击战，也不是一个正规防御的战斗"，而是"混用着各种复杂的战斗方法"。实际上，所谓"短促突击"，只不过是林彪抄袭了国内外军事书籍上作战的一般方法和要求，加上他自己的臆造和谬论，拼凑起来的包罗万象、杂乱无章的二十六条办法，作为他自己的发明创造，加以发表，要红军在反"围剿"中遵照执行。

林彪这二十六条究竟是些什么货色呢？归纳起来主要有以下几点：

1. 以堡垒对堡垒，反对诱敌深入。林彪公开宣称：诱敌深入"已经不是可靠的有效的办法了"，对第五次"围剿"的敌人只能是堡垒战和"短促突击"。他要部队占领阵地，构筑堡垒，以一营左右兵力固守之。说"我们的堡垒要能抵抗敌人飞机炮火的轰击"，"以足够的兵力、时间、弹药去构筑和守备"。他胡说："对堡垒如运用得当，那是有很大作用的。"林彪完全无视当时敌强我弱的基本特点，看不到当时居于全国统治地位的敌人兵力、武器和其它军用物资雄厚，而红军根据地流动不定，没有真正巩固的后方，人力物力极端困难的现实条件，根本不认识"围剿"反复这一规律。认为反对第五次"围剿"是革命道路和殖民地道路的决战。硬要弱小的红军与强大的敌人以堡垒对堡垒，搞堡垒战，这完全是适应敌人的需要。结果为敌人所制，丧失了苏区。

诱敌深入是劣势军队处在优势军队进攻面前，为了保存军力，待机破敌的一个有计划的战略步骤。列宁说："**沒有学会在一定困难条件下进行适当的退却，这样的军队在战争中是不会取得胜利的。**"但是机会主义者王明、林彪之流反对这样做。他们不懂得在敌我强弱的情况下只有诱敌深入才能造成或发现歼灭敌人的条件。林彪看不到中国战争的特点，不懂得辩证唯物主义的作战指导规律，一味鼓吹堡垒战，反对诱敌深入，真是一个地地道道的没有真知灼见的鲁莽家。

2.主张分兵抵御，反对集中兵力。

林彪说：“短促突击”的战法，“由于敌人离开他后面的堡垒并不甚远，堡垒与出堡垒的敌人之间的地域不宽，容不下我军过大的兵力进入战斗”，“否则就发生部队拥挤”，因而第五次反围剿”中，我军无须集中兵力作战，否则“英雄无用武之地”。只能是分兵把口，处处防守，节节抗御，用“短促突击”进行战斗。毛主席在《中国革命战争的战略问题》一书中尖锐地指出：**“堡垒主义的五次‘围剿’时期我们不能集中作战，只能分兵防御从事短促突击，这种说法也是不对的。”** 敌人三里五里一进，十里八里一推的堡垒主义作战法，完全是红军自己的节节抗御促成的。如果我军在内线放弃节节抗御的战法，再在必要和可能时转向敌人的内线打去，局面必然是另一种。集中兵力的法则，正是战胜堡垒主义的工具。

一至四次反“围剿”中，红军集中兵力于主要方向，在多路进攻之中，歼敌之一路，得手后再歼其另一路，一个一个地吃掉敌人，用集中兵力各个歼灭敌人的作战方法，改变了进退形势，攻守形势，内外线的形势，使弱者变为强者，被动变为主动，不利变为有利，消灭了敌人，保存了自己。正如毛主席说的：**“从战略防御中争取胜利，基本上靠了集中兵力的这一着。”** 而自称“军事家”的林彪，却说什么集中兵力作战是“英雄无用武之地”，这说明他对无产阶级的军事原则一窍不通。

3、鼓吹阵地战，反对运动战。

林彪在《论短促突击》中，要一部分部队去搞阵地防御，“在敌猛烈的、野蛮的，飞机轰炸炮兵机枪的射击下”，“死守阵地”。当敌人前进时，不要在运动中歼灭敌人，而"让敌人占领某些不难攻的地点后再进行攻击"。这就是从根本上使红军放弃运动战，代之以单纯的阵地战。

毛主席说："**阵地战，对于我们，不但防御时基本地不能用它，就是进攻时也同样不能用。**"由于敌强我弱，红军作战没有固定作战地域的特点，"**打得赢就打，打不赢就走**"是红军进行运动战的基本形式。只有进行运动战，红军政治军事的优势才能充分发挥，才能在广阔的地带，调动敌人，置敌人的堡垒于无用，创造有利时机，大量歼灭敌人，打破敌人的"围剿"。而林彪鼓吹的阵地战，使敌人充分发挥堡垒战术的作用，而使红军围着敌人的堡垒转，被敌人牵着鼻子走，完全丧失主动权。

4、推行消耗战，反对歼灭战。

对在堡垒掩护下的敌人搞"短促突击"，只能是一种得不尝失的消耗战。林彪要红军不顾"受到敌人打击的危险，不管敌人后续部队是否已完全脱离了敌堡的火力掩护，都应不迟疑的开始突击"，"无论飞机凶猛到如何程度，都不应停止自己的冲锋"。林彪完全置革命前途于不顾，要弱小的红军去和强大的敌人拼消耗。

伟大领袖毛主席说："**基本的方针是歼灭战。**"这是人民战争战略战术的核心，是红军作战的根本指导思想。对于兵力雄厚之敌，只有通过战役和战斗上的歼灭战，大量地消灭其有生力量，破坏其战略上的优势和主动，"围剿"才能打破，红军才能生存和发展。林彪反对集中兵力抓住有利时机打歼灭战，而用"短促突击"去打消耗战，实际上是帮助敌人达到他们的目的。

伟大导师恩格斯指出："**消极防御，即使有良好武器，也必败**

无疑。"在错误路线和策略的统治下，红军在敌人主力和堡垒之间辗转苦战一年，完全陷于被动，没有打败敌人的第五次"围剿"，最后不得不退出江西根据地，被迫进行了战略转移。红军由三十万人剩下两万五千人，红色根据地损失了百分之九十，白区工作几乎损失百分之百。王明、林彪之流，对中国革命犯下了不可饶恕的罪行。我们必须深入开展对林彪机会主义军事路线的批判，彻底揭破林彪所谓"常胜将军"的画皮，把他机会主义原形暴露在光天化日之下。

·绝密·

№ 013183

革命大批判

第十四期　　　　　　　　　　一九七二年九月十日

天津市革命委员会政治部编印

毛 主 席 語 录

人民，只有人民，才是创造世界历史的动力。

阶级斗争，一些阶级胜利了，一些阶级消灭了。这就是历史，这就是几千年的文明史。拿这个观点解释历史的就叫做历史的唯物主义，站在这个观点的反面的是历史的唯心主义。

中国如发生反共的右派政变，我断定他们也是不得安宁的，很可能是短命的，因为代表百分之九十以上人民利益的一切革命者是不会容忍的。

阶级斗争是历史发展的动力

——批判林彪"五·一八"讲话

天津市财贸学校

林彪一九六六年五月十八日的讲话，是他打着红旗反红旗的黑标本，是他阴谋发动反革命政变的舆论准备。他在讲话中，列举了古今中外几十个政变事例，只字不提社会的阶级和阶级斗争，企图把整个人类的历史，说成是少数人的阴谋政变史，是剥削阶级内部的互相颠覆、互相残杀史。这是彻头彻尾的历史唯心主义，完全背叛了马克思列宁主义的基本观点。

历史唯物主义告诉我们，人类社会历史的发展，是有其本身固有的客观规律的，是社会内部生产力和生产关系、经济基础和上层建筑之间矛盾运动的结果。在阶级社会中，这种矛盾表现为激烈的阶级斗争，通过一个阶级推翻另一个阶级的社会革命，推动历史前进。阶级斗争是阶级社会历史发展的动力。马克思和恩格斯在《共产党宣言》中指出：自有文字记载以来，**"到目前为止的一切社会的历史都是阶级斗争的历史。"** 社会的变革就是经过劳动人民反对剥削阶级的阶级斗争来实现的。从奴隶占有制到封建制的变革，是经过奴隶反对奴隶主的斗争而实现的。从封建制度到资本主义制度的变革，是经过农民反抗封建主的斗争而实现的。同样，从资本主义到社会主义的转变，也只有依靠无产阶级和广大劳动群众反对资产阶级的斗争才能实现。毛主席教导我们：**"阶级斗争，一些阶级**

胜利了，一些阶级消灭了。这就是历史，这就是几千年的文明史。拿这个观点解释历史的就叫做历史的唯物主义，站在这个观点的反面的是历史的唯心主义。"林彪站在历史唯心主义的立场上，完全歪曲了阶级斗争历史。他从周秦一直讲到现代，尤其是封建社会时期讲得多，但是只字不提地主阶级对农民的经济剥削和政治压迫，只字不提从陈胜、吴广到太平天国大小数百次的农民起义，沉重地打击了地主阶级的封建统治。他连篇累牍讲的，尽是统治阶级内部的宫廷政变，什么儿子杀老子，弟弟杀哥哥，逼宫夺权等等。这就从根本上否认了封建社会中的主要矛盾是农民和地主的阶级矛盾，否认了农民对地主阶级的斗争是推动历史向前发展的动力。毛主席指出："在中国封建社会里，只有这种农民的阶级斗争、农民的起义和农民的战争，才是历史发展的真正动力。因为每一次较大的农民起义和农民战争的结果，都打击了当时的封建统治，因而也就多少推动了社会生产力的发展。"而统治阶级内部的狗咬狗斗争，根本不能解决农民和地主的阶级矛盾，根本不是社会发展的动力。对农民阶级来说，皇帝换了，但农民被剥削、被压迫的地位并没有变。林彪把一部阶级斗争的社会发展史，歪曲成统治阶级内部争权夺势的政变史，这完全歪曲了历史事实。

毛主席说："人民，只有人民，才是创造世界历史的动力。"人民群众是物质财富和精神财富的创造者，也是社会政治变革的决定力量。旧的生产方式的消灭，新的生产方式的建立，都是通过人民群众的生产实践和阶级斗争实践来实现的。人民群众的要求反映了历史发展规律，他们的革命实践决定着历史发展的方向。而林彪在讲话中，却把一部人民群众的历史完全歪曲为帝王将相的历史。林彪讲了那么多历史事件，除了皇帝就是大臣，仿佛少数统治者之间的勾心斗角、互相残杀，构成了人类的历史，帝王将相是历史的动力，他们可以为所欲为，可以按照个人的主观愿望来决定历史的进程，而人民群众则是微不足道的"阿斗"，只能跟着这些"英雄豪杰"走，听任"英雄豪杰"的摆布，这是十足的唯心主义反动历史观。

革命从来就是千百万群众光明正大的事业。马克思主义者不仅坚决反对一切反革命政变，同时也历来反对对反动派采用个人恐怖的策略。列宁曾坚决反对俄国民粹派的个人恐怖活动，指出采取这种策略是对革命运动极为有害的。因为这种策略表现了不相信人民群众的力量，企图以少数人的阴谋手段来代替广大人民群众的政治斗争。俄国民粹派分子用炸弹炸死了沙皇亚历山大第二，但这并没有使俄国人民获得丝毫的益处。因为刺杀了个别反动头子，并不能推翻封建专制制度，并不能消灭地主阶级，一个沙皇被刺死了，另一个沙皇又会取而代之。只有人民群众起来革命，才能推翻反动统治，求得无产阶级和劳动人民的解放。

林彪打着防止反革命政变的幌子，实际上是为他自己进行反革命政变做舆论准备。他在讲话中，大肆宣扬"世界政变成风"，妄图搞乱人们的思想，掩盖他颠覆无产阶级专政，复辟资本主义的罪恶阴谋。林彪说："资产阶级搞颠覆活动，也是思想领先，先把人们的思想搞乱。另一个是搞军队，抓枪杆子。文武相配合"；"要投票有人，要打仗有军队，不论是会场上的政变，战场上的政变，他们都有可能搞得起来。"林彪正是这样干的。第一，做政变舆论准备，企图搞乱人们的思想。第二，九届二中全会上，他认为时机已到，就跳出来猖狂向党进攻，发动"会场上的政变"。第三，在九届二中全会上的阴谋被粉碎后，又穷凶极恶地积极搞《"571工程"纪要》，妄图发动"战场上的政变"，真是"文武相配合"，如法炮制。但是，林彪的反革命阴谋是决不能得逞的。毛主席说："**中国如发生反共的右派政变，我断定他们也是不得安宁的，很可能是短命的，因为代表百分之九十以上人民利益的一切革命者是不会容忍的。**"林彪反革命政变的破产，完全证明了毛主席的伟大预见。它再次证明了一条真理：一切违背客观发展规律、逆革命潮流而动的反动派，都将被前进的历史车轮辗得**粉碎**。

人民群众是历史的创造者

——批判林彪"五·一八"讲话

天津市人民图书馆宣传组

林彪的"五·一八"讲话，是一株反马列主义、反毛泽东思想的大毒草。在这个讲话中，林彪不讲马列主义，不讲阶级，不讲党的领导，不讲人民群众，专讲宫廷政变，这是林彪反动唯心史观的大暴露。

怎样看待历史，历史究竟是怎样发展的，是奴隶创造历史，还是英雄创造历史？这是历史唯物主义同历史唯心主义斗争的焦点。

林彪在"五·一八"讲话中，打着"防止政变"的幌子，大念"政变经"，什么"历代开国后，十年、二十年、三十年、五十年，很短时间就发生政变"，什么"政变，现在成为一种风气"，"世界政变成风"，等等。按照林彪的说法，人类的历史，就是一部政变史，政变成了推动历史发展的动力。这是对人类历史的根本歪曲，是对马克思主义的彻底背叛。

马克思主义认为，阶级斗争是推动历史发展的动力，是历史发展的基本内容，人类的历史是一部阶级斗争史。伟大导师马克思、恩格斯指出：**"到目前为止的一切社会的历史都是阶级斗争的历**

史。"毛主席说："**阶级斗争，一些阶级胜利了，一些阶级消灭了。这就是历史，这就是几千年的文明史。**"我们看看几千年的人类历史，正是由于奴隶对奴隶主的斗争，农民对地主的斗争，无产阶级对资产阶级的斗争，人类历史才由奴隶社会演进到封建社会，由封建社会演进到资本主义社会，又由资本主义社会演进或将演进到社会主义社会。历史事实告诉我们，一个社会演进到另一个社会，是由于社会内部的阶级矛盾引起的。阶级矛盾激化，就爆发人民革命，推翻旧的生产关系，建立新的生产关系，推翻旧的社会制度，建立新的社会制度，解放了生产力，推动了社会前进。因此，阶级斗争是历史发展的动力，人类的历史就是一部阶级斗争史。

至于历史上的政变，必须用阶级斗争观点来分析。历史事实表明，政变一般都是反动统治阶级内部的争权斗争，或者是已被推翻阶级的复辟行动。显然，这种政变或者只是改朝换代，政权易手，并不改变社会形态；或者是把历史拉向倒转，造成历史发展中的一种曲折。即使个别政变有某种进步意义，但从根本上说，历史发展的动力，只能是阶级斗争，人民革命，而不是少数人的政变行动。

"革命是历史的火车头。"

林彪颠倒黑白，歪曲历史，把历史说成是少数野心家、阴谋家的政变史，这就完全背叛了马克思主义，滚进了历史唯心主义的泥坑。林彪大肆鼓吹历史唯心主义，大讲政变，目的就是妄图把人们思想搞乱，为他发动反革命政变制造舆论。

林彪既不讲阶级斗争，也不讲人民群众，根本否认人民群众在历史发展中的决定作用。

马克思主义历来认为，人民群众是历史的创造者，是推动社会发展的根本力量。马克思和恩格斯指出：**"历史活动是群众的事业，……"** 毛主席继承和发展了马克思列宁主义的历史唯物主义原理，指出：**"人民，只有人民，才是创造世界历史的动力。"** 林彪在"五·一八"讲话中，不讲人民群众，专讲帝王将相，把少数阴谋家、野心家描绘成历史的主人，大肆宣扬"权力意志"，似乎只要少数统治者大权在握，就可以左右历史，主宰人类命运。林彪鼓吹的这一套，完全是从德国资产阶级反动哲学家叔本华、尼采那里捡来的破烂货。叔本华、尼采之流完全否认客观存在，否认客观规律，宣扬"意志是万物的本质和基础"，"意志就是一切"。他们从这种极端荒谬的唯心主义哲学出发，胡说："历史就是无止境的屠杀、掠夺和欺压"，道德不过是"巧妙的自私自利"，"追求权力，要求统治和奴役的意志，是决定一切的力量"，"一个人可以使千万年的历史生色"，少数"超人"应该统治和奴役"群氓"。叔本华、尼采的这种反动哲学，成了法西斯主义的理论基础和希特勒、莫索里尼、蒋介石的精神支柱。林彪大讲政变，大讲政权决定一切，"政权就是镇压之权"，叫嚷对革命干部和革命群众要"有的杀头、有的关起来，有的管制劳动，有的开除党籍，有的撤职"，真是杀气腾腾，以至在党的九届二中全会上搞突然袭击，九届二中全会后，阴谋搞反革命武装政变，甚至丧心病狂地妄图谋害伟大领袖毛主席，等等，这同叔本华、尼采的反动理论是一脉相承的。

但是，历史决不是少数反动派所主宰得了的，无论希特勒、蒋介石还是林彪，不管他们怎样嚣张一时，因为他们违反历史发展的规律，违反人民群众的意志，因此必然被历史车轮碾得粉碎，这是不可抗拒的历史逻辑。

批判林彪资产阶级政权观

天津市建设局第六建筑公司

林彪在"五·一八"讲话中，胡说什么"政权就是镇压之权"，在另外的讲话中，又说"领导班子就是政权，就是国家机器"，完全抹煞政权的阶级性，用资产阶级政权观冒充无产阶级政权观，反对无产阶级专政。

马克思主义国家学说告诉我们，国家是阶级矛盾不可调和的产物，是一个阶级压迫另一个阶级的工具。毛主席指出："**军队、警察、法庭等项国家机器，是阶级压迫阶级的工具。对于敌对的阶级，它是压迫的工具，它是暴力，并不是什么'仁慈'的东西。**"而林彪的所谓"政权就是镇压之权"，"领导班子就是政权，就是国家机器"的谬论，完全抹煞了政权的阶级内容，歪曲了政权的性质。

政权决不仅仅是"领导班子"问题。政权是阶级的政权，无产阶级专政是群众的专政。林彪讲政权，不讲阶级，不讲群众，也不讲什么阶级的领导班子。他所说的"领导班子就是政权"，实际上就是他要搞的凌驾于群众之上、压迫人民群众的地主资产阶级专政，法西斯专政。

林彪的所谓"镇压之权"，和马克思主义说的阶级压迫阶级的工具，是根本不同的，前者抹煞了阶级内容，后者贯穿了阶级路线。林彪闭口不谈那个阶级压迫那个阶级，是无产阶级压迫资产阶级，还是资产阶级压迫无产阶级，而是抽象地空谈"镇压之权"，这是彻头彻尾的资产阶级政权观，是不折不扣的骗人的鬼话。政权决不仅仅是镇压之权，无产阶级政权除了镇压地主、资产阶级的反抗之外，还要组织经济建设、文化教育，抵御外来侵略和颠覆等等。林彪只讲政权的一方面职能，否定其它职能，也是别有用心的。

毛主席指出：**"对人民内部的民主方面和对反动派的专政方面，互相结合起来，就是人民民主专政。"** 林彪只讲专政一面，不讲民主一面，是对无产阶级专政的恶意歪曲。其实，林彪叫嚷"政权就是镇压之权"，就是要镇压无产阶级，镇压革命干部和革命群众，就是要对拥护毛主席革命路线的广大干部、群众进行残酷迫害，实行法西斯专政。他所叫嚷的"领导班子就是政权"，就是为招降纳叛，纠集死党，网罗牛鬼蛇神，把他们一伙反革命死党亲信安插在重要领导岗位，组织资产阶级司令部，策划反革命政变，篡夺无产阶级政权，妄图复辟资本主义。这就是林彪鼓吹资产阶级政权观的反革命目的，他们是这样想的，也是这样干的。当然，他的这种痴心妄想是永远不会得逞的，我们党在毛主席领导下及时粉碎了林彪一伙的反革命阴谋。今天，我们要用马克思主义的国家学说，彻底批判林彪的资产阶级政权观，肃清其流毒，进一步巩固和加强无产阶级专政，使我们的红色江山永不变色。

贼 喊 捉 贼 的 卑 鄙 伎 俩

——批判林彪大念"政变经"的反革命阴谋

天津市人民粮库业余大批判组

林彪的"五·一八"讲话，连篇累牍地大讲政变，鼓吹反动的唯心史观，歪曲阶级斗争历史，否定人民群众的作用，打着"防止政变"的幌子，为他阴谋搞政变，篡党夺权制造舆论。

马克思、恩格斯在《共产党宣言》里指出：自有文字记载以来**"到目前为止的一切社会的历史都是阶级斗争的历史。"**毛主席说："**阶级斗争，一些阶级胜利了，一些阶级消灭了。这就是历史，这就是几千年的文明史。**"这是对历史发展的唯一正确的解释。奴隶暴动促成了奴隶社会的崩溃；农民起义推翻了一个又一个的封建王朝；资本主义制度的灭亡和社会主义制度的建立，也是无产阶级和劳动人民在共产党的领导下，推翻资产阶级统治的结果；而社会主义制度的巩固和发展，工人阶级和劳动人民还要同资产阶级复辟的阴谋，作长期的、复杂的斗争。林彪在"五·一八"讲话中，把一部阶级斗争的历史，篡改为统治阶级内部争权夺势的宫廷政变史，这是对马克思主义明目张胆的背叛。

历史是人民群众创造的，还是"英雄豪杰"创造的？这是唯物史观和唯心史观斗争的焦点。毛主席说："**人民，只有人民，才是**

创造世界历史的动力。"人民群众的革命斗争，决定着历史发展的主要方向。我国革命的胜利，就是广大人民群众在共产党和毛主席的领导下，经过长期斗争取得的。当今的世界，就是革命风雷翻腾于五洲四海，人民群众纷纷起来造反，为推翻剥削阶级和帝国主义反动统治而斗争的伟大时代。国家要独立，民族要解放，人民要革命，是不可阻挡的历史潮流。而林彪却胡说什么"政变，现在成为一种风气"，"世界政变成风"。他只字不提人民群众的革命斗争，专讲宫廷政变，其罪恶目的就是妄图把人们的思想搞乱，使人们相信社会历史是宫廷政变史，是统治阶级内部的改朝换代；推动历史发展的不是人民群众，而是少数"英雄豪杰"，人民群众只能听从一小撮野心家、阴谋家的摆弄。总之，就是要革命人民忘记阶级斗争，忘记党的路线，从而解除思想武装，甘当他们的"顺民"，实现他们反革命复辟的黄粱美梦。

林彪是一个地地道道的伪君子，是善于给人以假象，而将真象蔽起来的反革命两面派。在"五·一八"讲话里，他打着"防止政变"的幌子，干着贼喊捉贼的卑鄙勾当。他大喊大叫：搞政变"要投票有人，要打仗有军队"，"不论是会场上的政变，战场上的政变……都有可能搞得起来。"剑拔弩张，煞有介事。其实，这正是他的痴心妄想，是他妄图搞反革命政变的野心的大暴露。林彪的"五·一八"讲话一出笼，伟大领袖毛主席就尖锐指出："**他是专讲政变问题的。这个问题，象他这样讲法过去还没有过。他的一些提法，我总感觉不安。**"毛主席一针见血地打中了林彪讲话的要害，看出他不讲马列主义，不讲阶级斗争，不讲党的领导，不讲人民群众，是违反马列主义基本观点的。今天我们彻底批判林彪

"五·一八"讲话，清算他鼓吹的唯心史观，将进一步增强我们识别真假马克思主义的能力，提高执行毛主席革命路线的自觉性，把社会主义革命进行到底。

文革史料丛刊

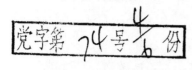

党字第 74 号 46 份

№ 013183

·绝密·

革命大批判

第十五期　　　　　　　　　　　一九七二年九月二十日

天津市革命委员会政治部编印

毛 主 席 語 录

要搞马克思主义，不要搞修正主义；要团结，不要分裂；要光明正大，不要搞阴谋诡计。

政治路线确定之后，干部就是决定的因素。因此，有计划地培养大批的新干部，就是我们的战斗任务。

为了保证我们的党和国家不改变颜色，我们不仅需要正确的路线和政策，而且需要培养和造就千百万无产阶级革命事业的接班人。

共产党的干部政策，应是以能否坚决地执行党的路线，服从党的纪律，和群众有密切的联系，有独立的工作能力，积极肯干，不谋私利为标准，这就是"任人唯贤"的路线。

彻底批判林彪的"黑三条"

天津市农林局写作组

伟大领袖毛主席根据我党几十年革命斗争的经验和国际共产主义运动的经验，针对无产阶级专政条件下阶级斗争的规律和特点，提出了培养和造就无产阶级革命事业接班人的五项条件。这对巩固无产阶级专政，防止资本主义复辟，把社会主义革命进行到底，具有极其重大的理论意义和现实意义。叛徒、卖国贼林彪，为了篡党夺权、复辟资本主义的需要，经过精心炮制，抛出了一个反马列主义、反毛泽东思想的"黑三条"，打着"高举"、"突出"、"干劲"的幌子，贩卖修正主义的黑货，对抗毛主席提出的无产阶级革命事业接班人的五项条件。对于林彪的"黑三条"必须彻底批判，并肃清其流毒。

一、林彪的"黑三条"是彻头彻尾的修正主义货色，是同毛主席提出的无产阶级革命事业接班人的五项条件根本对立的。

毛主席在接班人的五项条件中，第一条就提出**"他们必须是真正的马克思列宁主义者，而不是象赫鲁晓夫那样的挂着马克思列宁主义招牌的修正主义者。""要搞马克思主义，不要搞修正主义"**，这是无产阶级革命事业接班人必须坚持的根本方向。但是，林彪在"黑三条"中，空喊"高举"，只字不提马列主义，把马列主义和毛泽东思想对立起来。其罪恶用心，就是既否定马列主义，又否定毛泽东思想。因为马克思主义、列宁主义、毛泽东思想，是一个完整的思想体系，毛泽东思想是马列主义同中国革命实践相结合的产物，否定了马列主义，也就是从根本上否定了毛泽东思想。林彪为了反对马列主义，极力散布马列主义"过时论"。其实这也并非他的新创造。第二国际时代的老牌修正主义者，就曾叫嚷马克思主义"过时了"，后来赫鲁晓夫、勃列日涅夫叛徒集团，也曾诬蔑马列主义"过时了"。林彪同国际共产主义运动史上的叛徒们一模一样，这是由他们共同的反动阶级本性所决定的，是由他们的反共、反人民的反动思想体系所决定的。毛主席早就驳斥过这种修正主义谬论，指出：**"否定马克思主义的基本原则，否定马克思主义的普遍真理，这就是修正主义。"** 林彪在"黑三条"中，大喊"高举"是假的，否定马列主义并进而否定毛泽东思想、贩卖修正主义货色是真的。我们必须揭穿他以假乱真、鱼目混珠的阴谋，识破他否定马列主义进而否定毛泽东思想的诡计，批判他用修正主义干部路线代替马克思主义干部路线的谬论。

毛主席在关于接班人的五项条件中，强调**"要能够团结大多数人"**。这是因为历史经验告诉我们：党的团结，党和广大人民群众的团结，是我们战胜阶级敌人的力量所在，是我们取得革命胜利的保证。林彪在"黑三条"中，只字不提团结大多数人，这是因为他在政治路线上搞修正主义，在组织路线上搞宗派主义，根本背叛了党和人民，他是搞分裂活动的阴谋家、野心家，最害怕我们党的团结，最害怕党和人民群众的团结，所以他就竭力破坏毛主席的团结胜利的路线，破坏党在马列主义、毛泽东思想基础上的团结。

毛主席在接班人的五项条件中指出：**"有事要跟同志们商量"**，**"要搞民主作风，不能搞家长作风"**，**"自己有了错误，要作自我批评"**。有事同群众商量，紧密联系群众，批评与自我批评，以及理论联系实际，是毛主席一贯倡导的三大作风，是我们党的光荣传统，是我们党区别于任何资产阶级、修正主义政党的重要标志，同时也是贯彻执行毛主席革命路线的重要保证。而林彪却把作风问题说成是"小节"，这就清楚地暴露了他害怕我们党与人民群众紧密联系，害怕批评与自我批评，这也充分地暴露了他妄图在"小节无害论"的掩盖下，用地主资产阶级思想作风、生活方式腐蚀我们党，把我们无产阶级政党改变为资产阶级政党的罪恶目的。

林彪在"黑三条"中，还抽掉阶级讲"政治"，抛开路线讲"干劲"，妄图用"突出"、"干劲"之类的修正主义黑货，冒充无产阶级的干部标准。林彪抽掉阶级讲"政治"，抽掉的是无产阶级政治，突出的是地主资产阶级政治；抛开路线讲"干劲"，抛开的是马克思列宁主义路线和在正确路线指引下的革命干劲，鼓吹的是修正主义路线和为修正主义路线服务的反革命干劲。林彪的阴谋就是让我们"只顾低头拉车，不顾抬头看路"，迷迷糊糊地为他复辟资本主义服务。我们必须彻底揭穿和粉碎他的阴谋。

二、林彪的"黑三条"，是"打击一大片"的三根大棒。

毛主席亲自主持制定的《关于无产阶级文化大革命的决定》中明确指出："这次运动的重点，是整党内那些走资本主义道路的当权派。"林彪公然跳出来对抗，胡说什么无产阶级文化大革命，"就是一个批判干部的运动。既批判走资本主义道路的当权派，也批判走社会主义道路的当权派"；"现在的革命是革我们原来革过命的命"。他把所有干部统统列为批判对象、革命对象，就是要把文化大革命引向邪路，把革命干部统统打倒，以便为他复辟资本主义扫清道路。

毛主席多次指出：**"绝大多数的干部都是好的，不好的只是极少数。"** **"要团结干部的大多数"**。这是毛主席运用辩证唯物主义和历史唯物主义的观点，对我们干部队伍状况做出的科学的分析和正确的结论。但是，林彪与毛主席的指示相对抗，污蔑我们干部"大部烂掉"，"全部烂掉"，要"大大的罢官"，以便换上合乎他的标准的、死心塌地地为他反党效劳的一小撮死党，控制党政军大权。

毛主席教导我们：**"我们党历来的方针对犯错误的同志以教育为主，惩前毖后，治病救人。"** 这是唯一正确的马列主义方针，它充分体现了毛主席和我们党的高度原则性和对犯错误干部的关怀、爱护和高度负责精神。为了贯彻这一方针，毛主席还制定了一系列的政策。我党贯彻执行毛主席的方针和政策，团结了全党，团结了广大革命干部，使我们党和革命事业日益兴旺；挽救了一批在历次路线斗争中犯过错误的干部。林彪与毛主席的方针相对抗，大肆鼓吹"罢官论"，挥舞"高举"、"突出"、"干劲"三根大棒，把矛头指向广大干部，特别是老干部。林彪为什么这样仇视老干部呢？因为老干部跟随毛主席革命多年，一般都有一定的革命经验和马列主义水平，是他复辟资本主义的严重障碍。所以，他就妄想把老干部统统打倒，以便于他推行修正主义路线，发动反革命政变，建立林家王朝的反动统治。

三、林彪的"黑三条"是招降纳叛、结党营私、网罗死党、拼凑反革命班底的黑纲领。

林彪在鼓吹"罢官论"的同时，又极力鼓吹"小节无害论"，把思想作风和政治方向割裂开来、对立起来，这是彻头彻尾的反马克思主义的谬论。毛主席指出：**"坚定正确的政治方向，是与艰苦奋斗的工作作风不能脱离的，没有坚定正确的政治方向，就不能激发艰苦奋斗的工作作风；没有艰苦奋斗的工作作风，也就不能执行坚定正确的政治方向。"**任何一个人的政治观点、工作作风和生活作风，都是由他的世界观决定的。有什么样的世界观，就必然有什么样的政治观点、工作作风和生活作风。世界上根本没有那样一种人：生活上是资产阶级的，政治上是无产阶级的；作风上是修正主义的，思想上是马列主义的。林彪把大节和小节对立起来，鼓吹"小节无害论"，其罪恶用心就是以此为幌子，保护坏人，网罗死党。林彪一伙，就是一小撮政治极端反动，道德极端败坏，生活极端腐朽，作风极端恶劣的家伙。在无产阶级文化大革命中，林彪亲自出马，给这一小撮贴上"小节无害论"的护身符，使他们逃避群众斗争，保护过关，结成死党，并安插到党、政、军的重要岗位上，拼凑成以林彪为头子的资产阶级司令部。

"我们现在思想战线上的一个重要任务，就是要开展对于修正主义的批判。"我们必须以马列主义、毛泽东思想为武器，彻底批判林彪的反革命修正主义干部路线，肃清其流毒和影响，以便更好地贯彻执行毛主席的马克思列宁主义干部路线，团结起来，争取新的、更大的胜利。

修正主义干部路线的黑标本

——批判林彪选拔干部的"黑三条"

中共汉沽区委写作组

毛主席教导我们："**政治路线确定之后，干部就是决定的因素。**"使用和培养干部的问题，是无产阶级革命事业的一个极其重要的问题，是关系到我们党和国家的领导权能不能掌握在无产阶级革命家手中，能不能防止赫鲁晓夫修正主义在中国重演的问题，是关系到我们党和国家命运的生死存亡的重大问题。

正因为如此，伟大领袖毛主席为我党制定了正确的干部路线和干部政策。一九六四年，毛主席总结了国际无产阶级专政正反两方面的历史经验，提出了培养和造就无产阶级革命事业接班人的问题，指出了无产阶级革命事业接班人必须具备的五项条件，这就是："**必须是真正的马克思列宁主义者**"，"**必须是全心全意为中国和世界的绝大多数人服务**"，"**必须是能够团结绝大多数人一道工作**"，"**必须是党的民主集中制的模范执行者**"，"**必须谦虚谨慎，戒骄戒躁，富于自我批评精神，勇于改正自己工作中的缺点和错误**"。这五条，指明了革命干部必须坚持的政治方向、根本目的、工作方法和工作作风。其核心就是要搞马克思主义，不要搞修正主义。它是无产阶级党性的集中表现，是选拔干部的唯一正确的标准，是保证我们党不变修、国不变色的根本措施。

　　叛徒、卖国贼林彪从地主资产阶级反动立场出发，疯狂地反对毛主席的无产阶级革命路线，他采取鱼目混珠、以假乱真的手法，歪曲和篡改毛主席关于培养无产阶级革命事业接班人的五项条件，抛出了一个所谓选拔和使用干部的"三条标准"。林彪的"黑三条"是为他拉山头、搞宗派、网罗死党、实行资本主义复辟作组织准备。

　　一、林彪在"黑三条"中，根本不提**"必须是真正的马克思列宁主义者"**，不提反对**"象赫鲁晓夫那样的挂着马克思列宁主义招牌的修正主义者"**。这就暴露了林彪反马列主义的叛徒咀脸。毛主席指出：**"要搞马克思主义，不要搞修正主义"**，这是指导思想和政治方向问题，也是执行什么路线，用什么世界观建设党的问题。我们党是按照马克思列宁主义、毛泽东思想的革命理论和革命风格建设起来的党，是无产阶级先锋队，我们党的纲领、党的性质，要求每一个共产党员和革命干部，必须是真正的马克思列宁主义者。林彪妄图用修正主义代替马列主义，从根本上改变党的性质，他拚命反对广大党员和干部学习马列主义、毛泽东思想，污蔑马列主义"过时"了，是"洋教条"，胡说"马克思、列宁的书太多"，"离我们又太远"，"不好懂"，等等。林彪这样疯狂地反对马列主义，就是要搞修正主义。

　　林彪是个典型的反革命两面派，他表面上把自己装扮成拥护毛泽东思想的样子，口头上空喊"高举"，实际上极端仇视马列主义、毛泽东思想，他把自己标榜为举得"最高"，实际上他搞修正主义、篡权复辟的野心最大。

　　二、林彪在"黑三条"中，抽掉阶级内容空谈"突出政治"，抛开路线空谈"干劲"，这完全是一种阴谋诡计。毛主席指出："**政治是指阶级的政治、群众的政治**"，教导我们要"**全心全意为中国和世界的绝大多数人服务**"，"**团结绝大多数人一道工作**"，正是体现了无产阶级政治的阶级性和群众性。林彪抹煞政治的阶级性和群众性，离开阶级斗争和无产阶级专政，离开无产阶级专政下的继续革命侈谈什么"政治"，这只能是资产阶级政治、修正主义政治。

毛主席指出："**共产党员一定要有朝气，一定要有坚强的革命意志，一定要有不怕困难和用百折不挠的意志去克服任何困难的精神**"。我们要用马列主义、毛泽东思想指导自己的思想和行动，在毛主席革命路线指引下发挥冲天的革命干劲。如果离开毛主席革命路线去讲干劲，那就是蛮干，路线错了，方向不对，干劲越大，错误越大，对革命的危害也越大。林彪离开路线讲"干劲"，就是妄图叫我们不问路线，不看方向，稀里糊涂的跟着他走，为他复辟资本主义去"干"。

三、林彪在"黑三条"中，根本不讲联系群众，不讲批评和自我批评，极力鼓吹"小节无害论"。说什么我们党的干部"大节也好，小节也好"的"全材是不多的"；"小节有毛病"的，"偷鸡摸狗的"，"要提拔"。这是为他招降纳叛包庇坏人施放的一个烟幕弹。

毛主席教导说："**沒有坚定正确的政治方向，就不能激发艰苦奋斗的工作作风；沒有艰苦奋斗的工作作风，也就不能执行坚定正确的政治方向。**"思想作风、工作作风、生活作风都是和政治方向紧密联系的，它是区分无产阶级和资产阶级的一个重要标志。作风不好的人，政治上也容易出问题；生活上的堕落，往往导致政治上

205

的反动。能不能保持无产阶级作风，是能不能保持无产阶级本色的问题。是能不能执行正确路线的问题，是能不能坚持继续革命的问题。

节，是有阶级性的。林彪极力鼓吹的所谓"小节"，说穿了，就是为了反对无产阶级大节，为了保护他那一小撮生活上堕落、政治上反动的死党。实际上，他们妄图在"小节无害"这个烟幕下，招降纳叛、结党营私，组织以林彪为头子的资产阶级司令部。

四、在林彪的"黑三条"中，每一条都有"罢官"二字，凡是不符合他的任何一条的就"罢官"。他并多次叫嚷要"罢一批人的官，升一批人的官，保一批人的官"，"要来个全面考查，全面排队，全面调整"，甚至还声嘶力竭地叫喊要"坚决罢官"，"大大的罢官"，这是对毛主席革命路线的疯狂破坏。林彪的险恶用心，就是妄想把坚持毛主席革命路线的干部打下去，把一小撮坏人拉上来结成死党，以实现他颠覆无产阶级专政，复辟资本主义的罪恶目的。

毛主席在论述无产阶级革命事业接班人的五项条件时，每一条都以赫鲁晓夫这个反面教员作对照，提醒全党"**要特别警惕象赫鲁晓夫那样的个人野心家和阴谋家，防止这样的坏人篡夺党和国家的各级领导。**"可是，林彪在"黑三条"中，只字不提警惕赫鲁晓夫式的人物，这就更加暴露了他的修正主义面目。

毛主席提出的关于无产阶级革命事业接班人的五项条件，是对马克思列宁主义的发展，对于我们防止资本主义复辟有极其巨大的意义。我们一定要坚定不移地执行毛主席提出的培养无产阶级革命事业接班人的五项条件，保证我们党和国家的领导权永远掌握在无产阶级手中，使我们的国家永不变色。

林彪是打击革命干部的罪魁祸首

韩 吉 昌

怎样估计我们党的干部状况，怎样对待犯错误的干部？是相信和依靠干部大多数，团结干部大多数，还是搞宗派，闹分裂，打击一大片，保护一小撮？在这个问题上，毛主席的革命路线同林彪的修正主义路线是根本对立的。

毛主席指出：**"我们绝大多数的干部是好的。其中有些人犯了一些毛病，经过领导和群众的帮助，是可以改好的。"** 这是对我们党的干部状况的科学分析和正确估计。但是，叛徒、卖国贼林彪，出于地主资产阶级的反动本性和篡党夺权、复辟资本主义的狂妄野心，恶毒地攻击我们党的干部队伍，否定干部的大多数，胡说我们党的大多数都不是马列主义者；胡说老干部在民主革命时期还积极，社会主义革命不积极了；甚至诬蔑我们的领导班子，有的大部烂掉了，有的全部烂掉了，等等。这是对我们党的恶毒攻击和无耻诽谤。

革命干部，是革命斗争中的骨干力量，是党和人民的宝贵财富。毛主席指出：**"指导伟大的革命，要有伟大的党，要有许多最好的干部。"** 毛主席一贯重视党的干部队伍的建设，为我党制定了一整套选拔、培养、使用、教育干部的正确路线和政策。在毛主席革命路线指引下，在中国革命的长期斗争中，我们党造就和培养了一支具有政治远见，充满斗争精神，胸怀坦白、大公无私、积极工作、忠于党、忠于人民的干部队伍。党依靠这支队伍，团结和带领广大人民群众，战胜阶级敌人，取得了民主革命、社会主义革命和社会主义建设的伟大胜利。事实证明，我们党的干部，绝大多数是好的，是拥护党，拥护毛主席，坚决走社会主义道路的。而反党、反社会主义、反毛主席革命路线的修正主义分子，只是一小撮。这是我国政治生活中客观存在的基本事实。林彪否定干部大多数，就是否定毛主席的干部路线，否定几十年来我党和我国人民取得的伟大胜利。

我国无产阶级革命事业的胜利，就是毛主席革命路线的胜利。五十年来，特别是第二次国内革命战争后期，确立毛主席在全党的领导地位以来，毛主席的革命路线居统治地位，虽有王明、刘少奇、林彪之流修正主义路线的干扰和破坏，但是革命事业仍然是按着毛主席指引的方向前进的。而毛主席的革命路线，就是通过全党干部和全国人民贯彻执行的。我们党的干部队伍，就是在长期的激烈的阶级斗争和两条路线斗争中成长起来的，是在毛主席的革命路线指引下，战胜"左"右倾机会主义路线的斗争中发展壮大起来的。绝大多数干部能够紧跟毛主席的革命路线，团结广大人民，前仆后继，英勇奋斗，因而推翻了帝国主义、封建主义、官僚资本主义的统治，胜利地进行社会主义革命和社会主义建设，把一个半殖民地半封建的旧中国，改造成为初步繁荣昌盛的社会主义新中国。林彪否定干部的大多数，就是否定毛主席革命路线，就是否定我们党的光荣斗争历史。

林彪否定干部大多数，把党的干部队伍说成漆黑一团，是为他打击一大片，保护一小撮，分裂党的队伍，破坏党的团结制造借口。加强党的团结，加强党与人民群众的团结，是战胜敌人，取得革命胜利的基本保证。正如毛主席说的："**对于革命来说，总是多一点人好。**"因此，毛主席历来重视党的团结和团结犯错误的干部，谆谆教导我们，要正确区分两类不同性质的矛盾，要"**惩前毖后、治病救人**"，要帮助犯错误的干部改正错误。在无产阶级文化大革命中，毛主席更是一再强调对犯错误的干部要允许他们改正错误，要实行"**惩前毖后、治病救人**"的方针，要一看二帮，实行"**团结——批评——团结**"的原则，要扩大教育面，缩小打击面，不要一犯错误就打倒，并指出："**对干部不分青红皂白，一概排斥、一概打倒，这是提出资产阶级反动路线的那几个人的主张，他们就是这样干的。**"对犯错误的人，"**不给帮助，不给工作，是宗派主义的办法**"。

林彪公开对抗毛主席的干部政策，疯狂推行"打击一大片、保护一小撮"的反革命方针。他把无产阶级文化大革命歪曲为"批判干部运动"，"罢官运动"，胡说什么"要批判走资本主义道路的当权派，也要批判走社会主义道路的当权派"；"现在的革命是革我们过去革过命的命"；"对干部要全面考查、全面排队、全面调整"。故意混淆两类矛盾，搅乱阶级阵线，把斗争矛头指向广大干部，特别是指向经过战争和群众运动锻炼的老干部。

为了实现他打倒干部大多数的阴谋，林彪抛出了臭名昭著的"黑三条"，与毛主席培养和造就无产阶级革命事业接班人的五条标准相对抗。他在"黑三条"中，不讲马列主义，不讲群众路线，不讲革命团结，不讲批评和自我批评，空谈阉割马列主义的"高举"，抽掉阶级内容的"突出"，脱离正确路线的"干劲"。这个"黑三条"既是他网罗死党的纲领，又是打击革命干部的大棒，他挥舞着这根大棒，声嘶力竭地叫嚷，不符合他的修正主义标准的要"罢官"，"大大地罢官"。在林彪这些反动口号下，许多革命干部受到了他们一伙的残酷斗争和无情打击。林彪的所作所为，严重地干扰了无产阶级文化大革命，干扰了毛主席的干部路线的贯彻执行，造成了严重的恶果。林彪是最大的分裂主义者，是打击革命干部破坏党的团结的罪魁祸首。

林彪鼓吹"罢官"运动，疯狂打击广大革命干部的目的，就是为他篡党夺权、复辟资本主义扫除障碍。因为我们党的绝大多数干部是拥护马列主义、拥护毛主席革命路线的，并有比较丰富的斗争经验，他们是林彪一伙推行修正主义路线的严重障碍。林彪一伙为了实现他们的反革命阴谋，必然千方百计地要把广大革命干部打下去。并在打击广大革命干部的同时，极力保护和包庇一小撮反革命修正主义分子，结成死党，把他们安插到重要的岗位上。林彪极力宣扬"小节无害论"，就是为了包庇黄、吴、叶、李、邱等一小撮，把他们封为"头号的大好"，安插到党政军的重要岗位上，为他的反革命阴谋效劳。这就是林彪修正主义干部路线的反革命实质。

但是，林彪的如意算盘是永远不能实现的，被打倒的不是广大革命干部，而是林彪一伙。我们党并没有被分裂，广大干部和革命群众，更紧密地团结在毛主席、党中央的周围，沿着毛主席的革命路线胜利前进，这就是历史的必然，这就是历史的结论。

斥"小节无害论"

天津市第一商业局煤建公司

叛徒、卖国贼林彪为了篡党夺权、复辟资本主义，极力推行一条修正主义干部路线。"小节无害论"，就是这条修正主义干部路线的一个组成部分。

林彪在"注重大节"的幌子下，把"小节"和"大节"割裂开来，对立起来，这完全是唯心主义形而上学的反动观点。按照辩证唯物主义观点，大和小是对立的统一，两者既有区别，又有联系。事物总是由小到大，由隐到现，由量变到质变发展变化的。大问题往往是由小问题发展起来的，小问题不解决，就会发展成大问题。所以，决不能把小节和大节对立起来，把生活作风问题和政治思想对立起来。

人的政治观点，思想作风，生活作风，都是由世界观所决定的，都是一定世界观的反映。有什么样的世界观，就有什么样的政治观点、思想作风和生活作风。不能设想一个生活糜烂、道德败坏的人，政治上能够是一个高尚的人，是一个真正的马列主义者。那种腐化堕落、道德败坏、迷恋地主资产阶级生活方式的人，政治上必定是个修正主义者，林彪及其死党黄、吴、叶、李、邱之流就是最好的证明。林彪鼓吹"小节无害论"，就是掩盖他们自己腐朽糜烂生活的遮羞布，并且妄图从生活作风上打开一个缺口，腐蚀我们党。

林彪鼓吹"小节无害论"，是为他招降纳叛、结党营私、网罗牛鬼蛇神施放烟幕，制造理论根据。在无产阶级文化大革命中，正当广大革命干部和革命群众批斗吴法宪、李作鹏、邱会作的时候，林彪迫不及待地指使他的老婆叶群去镇压群众，借口"要注意大节"，不要看生活作风、男女关系等"小节"，把这些坏蛋作为"高举"、"突出"、"有干劲"的"好干部"解放出来，结成死党。这帮坏蛋为了表示对林彪、叶群感恩戴德，每到五月十三日这一天，还要"上书谢恩"，"合影留念"。这就充分说明，"小节无害论"是林彪纠集死党、网罗牛鬼蛇神，进行反革命勾结的烟幕弹和障眼法。

林彪鼓吹"小节无害论"，也是打击广大革命干部的一根大棒。他疯狂叫嚣小节好、大节不好的要"罢官"。林彪的所谓"大节"，就是"高举"、"突出"、"干劲"，而林彪的所谓"高举"，实质上就是反对马列主义，反对毛泽东思想；林彪的所谓"突出"，就是突出资产阶级政治，反对无产阶级政治；林彪的所谓"干劲"，就是执行他修正主义路线，为他篡权复辟效劳的反革命干劲。谁不符合林彪的这些标准，就要"罢官"，就要打击；而他的一小撮死党，跟着他反对马列主义、毛泽东思想，大搞资产阶级政治，为他进行反革命政变卖命，就被提拔重用。当吴法宪在九届二中全会向党猖狂进攻时，林彪不是得意忘形地大叫"胖司令放炮放得好"，"立了一功"吗！林彪不是说谁要为他完成谋害毛主席这个"任务"，谁就是他的"开国元勋"吗！这就清清楚楚地暴露了林彪的所谓"大节"，根本不是革命的"大节"。

一个无产阶级革命战士，既要永远坚持革命的大节，同时也必须随时注意小节，就是说，不仅在政治上、思想上，而且在生活作风上，都应当是一个马克思列宁主义者。我们必须彻底批判林彪宣扬的"小节无害论"，肃清它的流毒。当然，批判"小节无害论"，决不是把小事无限上纲，而是要正确认识大节和小节的辩证关系，正确执行毛主席的干部路线，把社会主义革命进行到底。

文革史料叢刊

党字第 3 号 吉份

№ 013181

223

革命大批判

第十八期 ————— 一九七二年十二月二十八日

天津市革命委员会政治部编印

毛 主 席 语 录

马克思主义认为，政治与业务、政治与军事、政治与经济、政治与技术的关系，政治总是第一，政治总是统帅，政治总是头，政治总是率领军事，率领经济，率领业务，率领技术的。政治与业务这一矛盾中，主要矛盾方面是政治，把政治抽去了，就等于把灵魂抽去了。没有灵魂就会迷失方向，就会到处碰壁，所以政治第一，政治统帅业务，不能平起平坐。如果把它们并列起来，就是折衷主义。

红与专、政治与业务的关系，是两个对立物的统一。一定要批判不问政治的倾向。一方面要反对空头政治家，另一方面要反对迷失方向的实际家。

客观现实世界的变化运动永远没有完结，人们在实践中对于真理的认识也就永远没有完结。

正确处理政治与业务的关系

— 批判林彪鼓吹的"政治可以冲击其它"的谬论

天津市教育局写作组

叛徒、卖国贼林彪，出于篡党夺权、复辟资本主义的罪恶目的，抛出了"政治可以冲击其它"的谬论，对抗和破坏毛主席无产阶级革命路线，在教育战线上也造成了恶劣影响，严重地干扰了毛主席无产阶级教育路线的贯彻。为了把批林整风引向深入，夺取教育革命的更大胜利，必须深入批判林彪鼓吹的"政治可以冲击其它"的谬论，肃清其流毒。

一、林彪鼓吹的"政治"是彻头彻尾的资产阶级政治

林彪大肆鼓吹"政治可以冲击其它"，那么，林彪所说的"政治"究竟是什么货色呢？他一会儿说："政治就是公共事业"，"关心公共事业，就是关心政治。"一会儿又说："工人做工，农民种田，就是政治。"林彪同一切剥削阶级的代表人物一样，总是把政治这个概念的含义弄得十分混乱。但是只要我们用马克思列宁主义、毛泽东思想这个政治上的显微镜加以分析，就可以看出，林彪所鼓吹的"政治"，原来是彻头彻尾的地主资产阶级政治。

"政治就是公共事业"吗？这完全是欺人之谈。在阶级社会中，事业都是有阶级性的，资产阶级有他自己的事业，无产阶级也有自

己的事业，世界上绝没有各个阶级共同的"事业"。林彪把这种根本不存在的各个阶级的"公共事业"说成是政治，是对马列主义的公开背叛。马克思、恩格斯在《共产党宣言》中指出：**"一切阶级斗争都是政治斗争"**。列宁也指出：**"政治就是各阶级之间的斗争"**。林彪阉割和抹煞政治含义的阶级和阶级斗争的本质内容，把不同阶级之间的政治、思想、经济、文化等的对立和斗争融合在一个"公共事业"中，这完全是资产阶级政治观，是**"为了地主和资本家的利益来愚弄工农，禁锢工农的头脑"**。独夫民贼蒋介石曾高唱过："政治的意义：就是要达到全国总动员之科学的方法，来管理众人的事，而为整个国家和全体民众谋最大的福利。"蒋介石的所谓"众人之事"，就是实行大地主大资产阶级的法西斯专政。蒋介石的所谓"为全体民众谋最大福利"，就是对广大劳动人民的残酷剥削和血腥镇压。林彪步蒋介石的后尘，打起"公共事业"的招牌，则是掩盖他妄图篡党夺权，发动反革命政变，建立地主资产阶级法西斯专政的罪恶目的。

"工人做工，农民种田，就是政治"吗？这又是一个骗局。列宁在痛斥资产阶级蛊惑人心的论调时指出：**"资产阶级说：农民们，你们想活下去，就要工作；工人们，你们想在市场上得到一切必需品，生活下去，就要工作，经济方面的政治有你们的主人管。其实不然，政治应该是人民的事，应该是无产阶级的事。"**半个世纪以后，林彪操着资产阶级老爷们的同样腔调，鼓吹工人只要关门"做工"，农民只要一心"种田"，便都是政治，什么马克思主义，什么阶级斗争、路线斗争，都可以不去关心，只要埋头搞业务就行了。林彪宣扬这一套，就是要诱骗广大劳动人民忘记无产阶级的根本利益和政治方向，放弃反对资产阶级的斗争，听任他们这伙骗子的摆布。这不恰恰是货真价实的资产阶级寡头政治吗！

林彪挖空心思地给政治贴了这么多标签，就是不讲阶级，不讲群众，不讲路线。戳穿开来，他的所谓"政治"，就是彻头彻尾的地主资产阶级政治，法西斯政治。

林彪鼓吹的这种谬论，在教育战线上是有一定影响的，由于受林彪"政治就是公共事业"谬论的影响，有的单位让学生放弃主要的学习任务不搞，整天忙于在校外的社会活动，形成了"社会活动占多少是多少，公益劳动要多少给多少，教学时间剩多少算多少"，没有很好地贯彻执行毛主席关于**"以学为主，兼学别样"**的指示。有的把"突出政治"的标准简单地归纳为"讲用看次数，心得看字数，活动看时数，五好看人数"，这样做的结果，大大削弱了学校的政治思想工作。

列宁指出：无产阶级在教育方面的任务，就是**"把学校由资产阶级的阶级统治工具变为摧毁这种统治和完全消灭社会阶级划分的工具。学校应当成为无产阶级专政的工具"**。毛主席也教导说：**"教育必须为无产阶级政治服务，必须同生产劳动相结合。"** 为了实现这一任务，必须彻底改变旧学校那种与世隔绝的"三脱离"现象，实行开门办学，把教育同三大革命实践结合起来。学校要对学生进行思想和政治路线方面的教育，组织师生参加社会上的阶级斗争和生产斗争，参加一定的社会活动，这是区别于刘少奇一伙推行的"两耳不闻窗外事，一心只读圣贤书"、"关门办学"的重要标志。但是，学生参加社会活动要适当，要保证**"以学为主，兼学别样"**方针的贯彻，要有利于学生德、智、体全面发展。如果离开毛主席的无产阶级革命教育路线，离开培养革命接班人的目标，**抛弃"以学为主，兼学别样"**的方针，过多地让学生参加社会活动，以致影响其它课程的学习，就不能全面地贯彻毛主席的无产阶级革命教育方针，必然要削弱教育为无产阶级政治服务的作用。当然，我们也不能借口学校的特殊性，不让学生参加社会活动，那就又重蹈旧学校"三脱离"的复辙。

二、林彪鼓吹的"政治可以冲击其它"就是要冲击无产阶级的一切

林彪大肆鼓吹"政治可以冲击其它"，他所要"冲击"的"其它"究竟是什么呢？

马列主义认为，无产阶级夺取政权以后，并不是阶级斗争的结束，而是阶级斗争在新形势下的继续。无产阶级要巩固已经取得的胜利，必须在政治、经济、文化等各条战线继续深入地向资产阶级展开进攻，实现无产阶级对资产阶级的全面专政。为了把社会主义革命进行到底，建设社会主义和共产主义，我们必须掌握经济、文化、教育等各种业务，必须用无产阶级政治去统帅这些业务。

林彪提出"政治可以冲击其它"的谬论，不是偶然的，它是资产阶级同无产阶级的阶级斗争和党内两条路线斗争在新形势下的反映。林彪抛出"政治可以冲击其它"谬论的罪恶目的，是妄图阻止无产阶级占领和改造经济、文化、教育等各个领域，反对无产阶级在这些领域对资产阶级的斗争，破坏毛主席的革命路线，以便实现他篡权复辟的目的。林彪自我表白地说，他的"政治"所

要冲击的"其它"，就是"军事训练、生产等等"。仅仅是冲击"军事训练、生产等等"吗？完全不是。林彪的"政治可以冲击其它"就是要我们的工人、农民不搞生产，国家不搞建设，这不是要彻底瓦解无产阶级专政的经济基础吗！要我们的军队"只搞文，不搞武"，变成"文化军"、"老爷兵"，这不是要从根本上毁坏无产阶级专政的坚强柱石吗！要我们不搞文化、教育、科学研究，这不是使我国的文化科学永远处于落后地位，反对无产阶级在文化上抬头吗！不难看出，林彪鼓吹的"政治可以冲击其它"，所要冲击的正是无产阶级的最根本的东西，冲击社会主义经济基础和文化建设，冲击无产阶级专政，冲击毛主席的革命路线。林彪的阴谋如果得逞，无产阶级失去的，就不仅是"其它"，而是一切。

在整个社会主义历史阶段，教育是无产阶级革命事业的一条重要战线，始终存在着无产阶级同资产阶级的激烈斗争。这种斗争的根本问题是教育工作坚持什么方向，走什么道路，培养什么人的问题。我们必须坚持**"教育必须为无产阶级政治服务，必须同生产劳动相结合"**的方向，走毛主席提出的《五·七指示》的道路，培养**"在德育、智育、体育几方面都得到发展，成为有社会主义觉悟的有文化的劳动者"**。林彪鼓吹"政治可以冲击其它"，不仅要冲击学校的教育、教学工作，使领导不抓教学，教师不搞教学，学生不学习马列主义、毛泽东思想，不学习文化科学知识，而且冲击毛主席的教育路线，冲击教育为无产阶级政治服务的方向。

林彪鼓吹的"政治可以冲击其它"的谬论，使学校的教育革命受到一定的干扰和影响。有些领导干部，一度不敢抓教育革命，错误地认为"抓政治保险，抓业务危险"，致使学校的教育革命受到影响；有的教师不敢钻研业务，不敢讲授文化基础知识；一些学生认为"读书无用"，忽视学习文化科学知识。社会主义学校是培养无产阶级革命事业接班人的重要阵地，学校教育工作搞得好不好，直接关系到青少年一代的成长，关系到党和国家的前途与命运。抓不抓教育革命，是不是认真搞好教学工作，能不能使学生不断提高思想觉悟和文化科学知识，绝不仅仅是个业务问题，而是无产阶级要占领和改造教育阵地，巩固无产阶级专政的大问题。搞教育工作是不是危险，不在于从事教育工作本身，而在于我们在教育工作中执行什么路线。在无产阶级政治的统帅下，执行毛主席的无产阶级教育路线，努力抓好教育革命，搞好教学，就能发挥教育为无产阶级政治服务的作用，对党和人民的贡献就越大，对革命越有利。相反，如果领导不敢抓，教师不敢教，学生不敢学，那就是放弃教育阵地，让资产阶级继续统治我们的学校，那才是真正的危险。我们要正确处理好政治和业务的关系，让无产阶级政治统帅社会主义学校的全部教育和教学工作。为此，要正确地处理好以下几个关系：在政治运动与教育革命的关系上，要以各个时期的政治运动来促进教育革命，当前要以批林整风为纲，深入进行思想和政治路线的教育，推动教育革命健康发展；在政治思想工作与教学工作的关系上，要发挥政治思想工作对教学工作的统帅作用和保证作用；在文化课教学上，要用马列主义的立场、观点、方法统帅文化知识教学，达到既转变学生思想，又掌握文化科学知识的目的；在红与专的关系上，**"一方面要反对空头政治家，另一方面要反对迷失方向的实际家"**，做到又红又专。我们一定要彻底肃清林彪鼓吹的"政治可以冲击其它"的谬论。要**"忠诚党的教育事业"**。要为革命敢于抓教学，搞教学，刻苦钻研教学，把教育工作搞好。

三、林彪鼓吹的"政治可以冲击其它"是为他反革命政治路线服务的

林彪鼓吹"政治可以冲击其它"，他把政治与业务的关系，歪曲为冲击与被冲击的关系。实际是要把无产阶级的政治和为之服务的各项业务冲掉，以便"突出"他的资产阶级政治。

伟大领袖毛主席指出：**"红与专、政治与业务的关系，是两个对立物的统一。"** 在政治与业务这一对矛盾中，政治是矛盾的主要方面，它决定着业务的方向和路线。正如列宁所指出的："**一个阶级如果不从政治上正确地处理问题，就不能维持它的统治，因而也就不能解决它的生产任务**。"我们在各项工作中，必须永远坚持无产阶级政治挂帅这个马克思列宁主义的基本原则。然而，政治的统帅作用，只能在它和各项业务工作互相结合的情况下，才能发挥出来。**"假如没有和它作对的矛盾的一方，它自己这一方就失去了存在的条件"**，更不去说它的统帅作用了。我们讲政治是统帅，绝不是否定业务。相反，只有坚持无产阶级政治挂帅，才能给各项业务工作指明方向，促进各项业务工作的健康发展。林彪从反动的唯心主义世界观出发，竭力否认政治与业务对立统一的辩证关系。他把**"政治同经济相比不能不占首位"**这一马克思主义真理，歪曲为政治是唯一的，把政治统帅其它，歪曲为"政治可以冲击其它"。列宁指出：反对一种理论**"其最有效的方法就是以维护为名，把它弄到荒谬绝伦的地步。"** 林彪玩弄的正是这种反革命伎俩。他鼓吹"政治可以冲击其它"，表面上好象他很强调政治，实际上，既然

各项业务工作都被"冲"掉了，政治又去统帅什么呢？由此可以看出，林彪鼓吹"政治可以冲击其它"，既取消了革命的业务，同时也取消了作为统帅的无产阶级政治。

林彪为了兜售他的"政治可以冲击其它"的谬论，制造了一些"论据"来为其辩护。他时而胡说"工人做工，农民种田，就是政治"，时而又胡说什么"政治工作做好了"可以"一通百通"、"一有百有"、"一本万利"等等，这完全是唯心论的诡辩。

辩证唯物主义告诉我们，人不学不知，不干不知。知识来源于实践。世界上任何一件工作本身都有其特殊的规律，要获得各门知识和才能，必须深入到各个部门中去，多次学习和实践。在红与专的关系上，有了坚定正确的政治方向，才有巨大的动力，这是"专"的前提，但绝不是说"红"能代替"专"。林彪胡说只要"突出政治"就能精通一切，业务技术"不需要专门学习，到用时就会"，这完全是骗人的鬼话。其目的是反对革命人民学习业务，反对无产阶级掌握业务技术为自己的政治服务。我们决不上当受骗，我们要在政治挂帅的前提下，为革命学好业务，而且要下功夫学，切实掌握。

一定的思想路线是为一定的政治路线服务的。在政治与业务的关系上，林彪大肆鼓吹唯心主义和形而上学，把两者的辩证关系搅乱，他离开路线侈谈什么"突出政治"，他打着"突出政治"幌子作为捞取政治资本的手段。林彪不打自招地说，只要有了"政治"这一本，就会万利俱得。这就清楚暴露了他所以狂热鼓吹"政治可以冲击其它"，其罪恶目的，就是便于他推行地主资产阶级法西斯政治，达到他复辟资本主义的罪恶目的。总之，林彪把政治与业务对立起来，鼓吹"政治可以冲击其它"，这是他资产阶级唯心主义形而上学世界观的大暴露，是为其修正主义政治路线服务的。

当前，我们天津市教育战线上的形势一派大好。随着批林整风的不断深入，教育革命不断取得新的成绩，许多革命的新生事物茁壮地成长起来。但是，教育战线上两条路线的斗争仍然是十分激烈的，林彪修正主义路线还没有批深批透，其流毒还没有肃清，它障碍着毛主席无产阶级教育路线的贯彻落实，我们一定要**"认真看书学习，弄通马克思主义"**，从政治上、思想上、理论上进一步深入批判林彪一伙的反革命修正主义路线，肃清其在教育战线上的流毒，增强识别真假马克思主义的能力，更加自觉地贯彻执行毛主席的无产阶级教育路线，夺取教育革命的更大胜利。

批判林彪"政治可以冲击其它"的谬论

天津市百货大楼革命大批判组

叛徒、卖国贼林彪，一贯采取骗人的伎俩，打着"革命"的旗号，贩卖修正主义黑货。"政治可以冲击其它"，就是他以假乱真的反动谬论之一。

伟大导师列宁指出：**"把马克思主义偷偷地改为机会主义的时候，用折衷主义冒充辩证法是最容易欺骗群众的。"** 林彪鼓吹的"政治可以冲击其它"，表面上听起来显得很"左"，很"革命"，但实际上它是裹着蜜汁的毒箭。我们要用马列主义、毛泽东思想这个政治上的望远镜和显微镜，来戳穿林彪射出这支毒箭的狼子野心。

毛主席指出：**"政治是統帅，是灵魂。""政治和经济的統一，政治和技术的統一，这是毫无疑义的，年年如此，永远如此。"** 无产阶级的政治，从来就是统帅社会主义经济和技术，并促进它们的发展。那么，林彪所说的"政治"，究竟是哪一家的政治呢？他要"冲击"什么呢？剥下骗子的伪装，我们就可以看出，原来林彪的"政治"，是地主资产阶级的法西斯政治，他要冲击的是无产阶级的政治，冲击毛主席的无产阶级革命路线，妄图推翻无产阶级专政，建立地主资产阶级的法西斯专政。历史雄辩地证明，这种资产阶级对无产阶级的"冲击"从来没有停止过，我们党正是在同王明、刘少奇、林彪一类骗子右的和形"左"实右的修正主义路线干

225

扰破坏的斗争中，不断取得胜利的。

无产阶级文化大革命以前，我们商店在刘少奇鼓吹的"业务挂帅"谬论的干扰下，在经营管理上一度只追求多赚钱，在商品的品种上只追求高、精、尖，甚至有的弄虚作假，赌冷门，卖独份。这样使社会主义商店背离了为工农兵服务的方向。这个沉痛的教训告诉我们，脱离无产阶级政治，业务工作就会迷失方向，就会走到邪路上去。

当我们批判"业务挂帅"的时候，林彪抛出"政治可以冲击其它"的谬论，歪曲篡改毛主席关于政治和业务关系的论述。林彪鼓吹"政治可以冲击其它"，就是妄图用地主资产阶级的政治冲击无产阶级的政治，用反革命修正主义路线冲击毛主席的无产阶级革命路线，以实现其篡权复辟的反革命目的。

林彪"政治可以冲击其它"的流毒，在我们商店是有一定影响的。有的同志弄不清政治和业务的关系，说什么"业务抓多了容易犯错误，弄不好，落个业务脑袋瓜，跟政治抗膀子。"因而缩手缩脚，不敢过问经营指标，不敢狠抓经营管理，不研究经营效果。这是受林彪鼓吹的"政治可以冲击其它"谬论影响的表现。我们应当遵照毛主席**"必须注意经济工作"**的教导，要在政治挂帅的前提下，为革命搞好各项业务工作。犯不犯错误，不在于是否业务抓多了，而在于执行什么路线。坚持毛主席的无产阶级革命路线，坚持无产阶级政治挂帅，就能搞好各项业务工作。我们百货大楼呢绒布匹部，在毛主席无产阶级革命路线指引下，坚持商业工作为工农业生产服务、为工农兵服务的政治方向，遵照毛主席关于**"发展经济，保障供给"**和**"一切产品，不但求数量多，而且求质量好，耐穿耐用"**的教导，从去年以来，与市纺织工业局、纺织品公司产、供、销三方联合举办天津市纺织品展销，并先后与三十多家纺织、印染厂建立了固定的产销关系，积极热情地组织了天津市纺织品试销，多次召开产、供、销代表座谈会，还采取售货员进工厂，工人站柜台等形式，共同为提高产品质量和增加花色品种而努力。一年多来，仅花布、线呢两类产品，今年与去年同时期相比，花色增加了一倍多，销售额有了大幅度上升，较好地满足了工农兵的需要。由此可见，只要路线正确，方向对头，树立为革命抓业务的思想，不仅不会犯错误，还可以为革命做出更大的贡献。

毛主席指出：**"路线是个纲，纲举目张。" "政治工作是一切经济工作的生命线。"** 我们必须正确处理政治和业务的关系，抓住路线这个纲，把坚定正确的政治方向放在第一位，在政治挂帅的前提下，积极而又主动地做好各项业务工作，把社会主义商业搞好，使商业工作沿着毛主席指引的方向胜利前进。

为 革 命 学 好 技 术

——驳林彪"政治可以冲击其它"的谬论

天津市人民商场革命大批判组

叛徒、卖国贼林彪，为了篡权复辟，极力鼓吹"政治可以冲击其它"的谬论，把政治与技术对立起来，否定技术的作用，在商业战线上流毒很广。有些同志受了这种流毒的影响，错误地认为"商业工作很简单，不学技术照样干"，还有的认为"只要炼得思想红，学习技术没啥用"。由于不学习技术，所以站不好社会主义商业柜台，做不好为人民服务的商业工作。因此，对林彪鼓吹的"政治可以冲击其它"的谬论，必须彻底批判，并肃清其流毒。

林彪鼓吹"政治可以冲击其它"，把政治与技术对立起来，否定技术的作用，就是欺骗我们，不让我们掌握为人民服务的本领。按照林彪的反动逻辑，只要有了政治，就可以"一通百通"，这完全是欺人之谈。作为一个商业职工，不学习技术，是不能做好商业工作的。商品知识、经营管理等业务知识、技术很多，就说包包扎扎、秤秤算算这些比较简单的技术，就和能否更好地为人民服务有着密切的关系。一些技术熟练的老职工包扎的商品，提不散，漏不掉，算帐清楚，称秤准确，劳动效率高，顾客等候时间少。而有的同志由于没有认真学会这些最简单的技术，包扎慢腾腾，算帐算不清，劳动效率低，顾客等候时间长。由此可见，不掌握一些最简单的技术，就不能做好为人民服务的商业工作，更不用说有些复杂的技术如果不掌握，要做好商业工作只是一句空话。试问，如果我们只有为人民服务的良好愿望，而没有为人民服务的实际本领，怎么能站好社会主义商业柜台，更好地为工农业生产、为工农兵服务呢？

马克思主义从来认为，政治统帅技术，技术为政治服务。毛主席指出："**政治和经济的统一，政治和技术的统一，这是毫无疑义的，年年如此，永远如此。**"这是我们正确处理政治和技术关系的基本原则。政治和技术是对立的统一，政治这个统帅，是因为有技术这个被统帅的东西而存在的，如果没有被统帅的东西，也就无所谓统帅。林彪鼓吹"政治可以冲击其它"，把政治和技术对立起来，否定技术，其实质就是否定无产阶级对技术的领导，破坏社会主义革命和社会主义建设，瓦解社会主义经济基础，以便实现其复辟资本主义的野心。

我们提倡为革命学习技术，决不是"技术第一"。我们必须划清为革命学技术与"技术第一"的界限。为革命学习技术和"技术第一"的界限究竟在哪里呢？主要看对待技术工作的指导思想，看其钻研技术是坚持无产阶级政治挂帅呢？还是脱离无产阶级政治呢？我们所提倡的为革命学习技术，是指在毛主席无产阶级革命路线指引下，学习钻研技术，把搞好技术工作，作为巩固无产阶级专政的一项重要任务。做手中活，想天下事，想的是中国革命和世界革命，钻研技术是为了技术上**"精益求精"**，**"完全"**、**"彻底"**为人民服务，做到**"又红又专"**。所谓"技术第一"，就是技术工作高于一切，脱离无产阶级政治，埋头业务，两耳不闻天下事，不分红线和黑线，想的是成名成家，这是一条白专道路。由此可见，为革命学习钻研技术和"技术第一"是截然不同的两回事。林彪鼓吹"政治可以冲击其它",否定技术,反对人民群众掌握业务技术知识。我们一定要深入地开展革命大批判,彻底批判林彪的"政治可以冲击其它"的谬论。我们要在毛主席无产阶级革命路线指引下,努力为革命学习钻研技术,在业务技术上**"精益求精"**,沿着毛主席指引的又红又专的道路前进,为人类做出较大的贡献。

坚持相对真理与绝对真理的辩证統一观

——批判林彪鼓吹的"终极真理"的谬论

梁　　涛

真理问题是认识论中的一个重要问题。正确理解真理的相对性和绝对性的辩证关系,掌握马克思主义关于真理的理论,对于我们划清真理与谬误、正确路线与错误路线之间的界限,批判林彪散布的唯心论的先验论,更好地认识世界和改造世界,有着重要的意义。

一切反动阶级及其代表人物,最害怕无产阶级和革命人民掌握真理。他们总是一方面用唯心主义歪曲客观事物的本来面目;一方面在真理问题上制造混乱,宣扬"终极真理",无限夸大真理的绝对性。林彪极力宣扬"顶峰"、"绝对权威"等谬论,用唯心论形而上学的绝对主义,歪曲相对真理与绝对真理的辩证关系,以便他们用反革命谬论冒充为马克思主义的真理,招摇惑众,以假乱真。

毛主席早在三十多年前就曾深刻地指出:**"马克思主义者承认,在绝对的总的宇宙发展过程中,各个具体过程的发展都是相对的,因而在绝对真理的长河中,人们对于在各个一定发展阶段上的具体过程的认识只具有相对的真理性。无数相对的真理之总和,就是绝对的真理。"** 这是我们正确理解相对真理和绝对真理的辩证关系,批判林彪鼓吹"终极真理"谬论的锐利武器。

世界上有没有"到顶"的真理呢？没有。过去没有，现在没有，将来也不会有。辩证唯物论告诉我们，真理是客观事物及其规律在人们头脑中的正确反映。人们可以认识真理，并在实践中不断发展和检验真理。世界上的万事万物都是实实在在按其固有的规律运动着，它们的发展变化，是一个由低级到高级、由简单到复杂的过程。这一过程是永无尽头的。作为对客观世界正确反映的真理，必然是一个由不知到知、由浅入深的发展过程。因此，这一过程也是永远没有"到顶"的时候。毛主席教导我们："**客观现实世界的变化运动永没有完结，人们在实践中对于真理的认识也就永没有完结。**"林彪胡说人类的认识可以"到顶"，真理能够到达"顶峰"，完全是违背人类认识的发展规律，否认真理发展的形而上学观点。

人类的认识发展是无限的，但这个无限过程，是通过有限的认识来实现的。处在一定历史阶段上的人们，其认识能力总是有限的，他们对真理的认识，正如恩格斯所说："**总是在客观上被历史状况所限制，在主观上被得出该思想映象的人的肉体状况和精神状况所限制**"，因此，只能是具体的历史条件达到什么程度，我们的认识也就达到什么程度。认识的内容无论是在深度和广度上都是有限的，不可能一下子穷尽在空间上和时间上无限发展着的客观世界。如果按照林彪的"到顶"论，把人类某一阶段上的认识绝对化，说成是"到顶"的东西，那就封闭了一切科学发展的道路，根本取消人类不断在实践中认识世界和改造世界的任务。

马克思主义承认先进阶级的代表人物的正确思想，在一定历史时期具有权威性。但凡权威都是相对的，有条件的，不存在什么

"绝对权威"。马列主义、毛泽东思想是无产阶级的世界观，是正确地反映了自然界、人类社会和思维一般发展规律的科学真理，它的产生，在**"人类认识史上起了一个空前的大革命。"**但这并不意味着人类的认识已到了"顶峰"，而是为人们认识客观真理提供了唯一科学的指南。马克思主义是在无产阶级的斗争实践中产生和发展起来的，随着无产阶级革命斗争的深入和发展，马克思主义的理论也必将得到进一步的丰富和发展。正如毛主席指出的：**"马克思列宁主义并没有结束真理，而是在实践中不断地开辟认识真理的道路。"**林彪把马列主义、毛泽东思想歪曲成"到顶"的"终极真理"，宣扬什么"顶峰"，"绝对权威"，完全是违背辩证唯物主义原理的。从这里我们不难看出，林彪鼓吹"顶峰"，是为了掩盖他政治上的野心。他表面上是"高举"毛泽东思想，实际上是把毛泽东思想绝对化、凝固化，是贬低和诬蔑毛泽东思想。其险恶用心就是为了从根本上篡改党的指导思想的理论基础，改变党的路线和政策，要人们相信他那套反革命谬论是"真理"，为他们抢班夺权、复辟资本主义的罪恶阴谋服务。

借鼓吹"顶峰"搞阴谋，是老机会主义者的故伎重演。叛徒托洛茨基就曾用过这个战术。他为了捞取资本，实现反革命野心，曾"称颂"马克思列宁是"两个精神力量的最高峰"。林彪步他先师的后尘，大肆鼓吹真理"到顶"，散布绝对主义，为他们反革命修正主义路线服务。在理论上，他是要用唯心论形而上学对抗马克思主义的唯物辩证法，把马列主义、毛泽东思想歪曲成僵死的教条，从根本上否定它是具有强大生命力的伟大真理；在政治上，是为了把他们这伙政治骗子打扮成"绝顶"的"天才"、"第一个超人"，要革命人民在他们脚下顶礼膜拜，以便他们肆意篡改党的路线和政策，把社会主义的中国倒退为帝国主义和社会帝国主义的殖民地。然而，这只能是他们一伙的痴心妄想。历史的辩证法是无情的，林彪妄图扭转历史车轮，就不能不被历史的车轮辗得粉碎。现实的阶级斗争和路线斗争再一次告诉我们，沿着马列主义、毛泽东思想的道路前进，我们将愈来愈接近绝对真理，无往而不胜，而一切歪曲真理、反对真理的阴谋家，终究要受到历史的惩罚。

·绝密·

N⁰ 003864

革命大批判

第二十期　　　　　　　一九七三年三月二十九日

天津市革命委员会政治部编印

毛 主 席 语 录

首先是批林，其次才是整风。

要搞马克思主义，不要搞修 正 主 义；要 团结，不要分裂；要光明正大，不要搞阴谋诡计。

思想上政治上的路线正确与否是 决 定 一 切的。党的路线正确就有一切，没有人可以有人，没有枪可以有枪，没有政权可以有政权。路线不正确，有了也可以丢掉。

怎样估量形势是
路线斗争的一个重大问题

——批判林彪歪曲、诬蔑革命大好形势的反革命罪行

田　生　辉

在毛主席无产阶级革命路线指引下，批林整风运动已经进行一年多了。经过一年多的斗争，保卫和发展了无产阶级文化大革命的丰硕成果，毛主席的革命路线更加深入人心，我们的革命和建设事业正在继续蓬勃地向前发展。国内外形势一派大好。

在大好形势下，中央两报一刊元旦社论指出：在新的一年里，要把批林整风这个头等大事抓紧抓好。我们要继续深入地开展革命大批判，从政治上、思想上、理论上把林彪的反革命修正主义路线进一步批深批透。现在，我们着重批判林彪歪曲、诬蔑革命大好形势的反革命罪行。

一、歪曲诬蔑革命大好形势，是机会主义分子反对
　　毛主席革命路线的惯用手法

一定历史时期的政治形势和阶级力量的对比，是马克思主义政党制定路线、政策的客观基础。而路线政策又是影响形势的决定因素。对形势的不同估量，必然对革命走什么道路得出不同的结论，引出不同的路线。正如伟大导师列宁在批判普列汉诺夫时所指出

的：**"对目前时局有两种不同的估计，才出现两条不同的策略路线。"** 用正确的路线指导革命，革命就向前发展，形势就越来越好；用错误的路线指导革命，革命就遭到挫折、失败，形势就急转直下。毛主席历来审时度势，一贯重视对形势的分析。在革命发展的每一个历史关头，毛主席都是把马列主义的普遍真理同中国革命的具体实践结合起来，**"用马克思列宁主义的方法去作政治形势的分析和阶级势力的估量"**，全面正确地分析形势，制定党的路线、方针和政策，指导革命转危为安，从胜利走向胜利。我们党五十多年来的历史证明：毛主席在各个历史时期，为我们党制定的路线、政策和策略，都是建立在对客观形势进行科学分析的基础上的。而革命形势的发展，又总是证明了毛主席革命路线的无比正确。

正因为如此，妄图阻挡历史潮流的机会主义分子，在反对毛主席的无产阶级革命路线时，总是歪曲、诬蔑革命的大好形势，为推行他们的反革命修正主义路线制造舆论。陈独秀、王明、刘少奇是这样，叛徒、卖国贼林彪也是这样。

林彪从歪曲、诬蔑革命大好形势入手，反对毛主席革命路线是由来已久的。

大革命失败以后，当中国革命处于低潮，白色恐怖笼罩全国的时候，毛主席科学地分析了当时中国社会的矛盾和阶级斗争形势，洞察了革命发展的客观规律，提出了**"星星之火，可以燎原"** 的英明论断。毛主席明确指出，**"反革命潮流开始下落，革命潮流开始复兴"**，革命力量**"不仅是具备了发展的可能性，简直是具备了发展的必然性"**，**"中国是全国都布满了干柴，很快就会燃成烈火。"** 毛主席以高度的革命乐观主义精神，高瞻远瞩地预见到革命高潮很快就要到来，"它是站在海岸遥望海中已经看得见桅杆尖头了的一只航船，它是立于高山之巅远看东方已见光芒四射喷薄欲出的一轮朝日，它是躁动于母腹中的快要成熟了的一个婴儿。"根据这种对形势的科学估量，毛主席为我们党指出了中国革命唯一正确的道路，这就是以武装的革命反对武装的反革命，建立农村革命根据地，以农村包围城市，最后夺取城市。当时，林彪在国民党反动派进攻面前，被白色恐怖吓破了胆，他和陈独秀的取消主义一脉相承，把革命形势看成漆黑一团，对中国革命前途悲观绝望，认为形势"未可乐观"，前途"渺茫得很"，提出"红旗到底打得多久"的机会主义疑问，以此反对毛主席建立农村革命根据地的正确思想，反对毛主席的革命路线。毛主席写了《星星之火，可以燎原》这篇长信，对他进行了严肃耐心地批评教育。

遵义会议，是我们党和我国革命发展史上一个伟大的转折点。遵义会议以后，毛主席率领红军继续北上。在毛主席军事路线指引下，开展了机动灵活的运动战，打乱了敌人的部署，使敌人疲于奔命，使自己化险为夷，把敌人远远地甩在后边。正当红军四渡赤水河、强渡金沙江，旗开得胜，革命形势好转的时候，林彪又产生动摇，他把毛主席英明的战略指挥，诬蔑为"会拖垮部队"；把取得的革命胜利形势，胡说成"这样下去不成"。竟狂妄地写信要求撤换毛主席，煽起把彭德怀捧上台的妖风，妄图否定毛主席的革命路线，断送中国革命。

在抗日战争时期，毛主席依据阶级斗争形势，提出建立抗日民族统一战线，坚持了独立自主的原则。一九四○年七月，林彪在苏联发表《中国人民的三年民族解放战争》反党文章，公开吹捧蒋介石，极力推行王明右倾投降主义路线，反对毛主席的革命路线。

在抗美援朝问题上，林彪害怕美帝国主义，又以"国内还有些残余匪徒没有肃清"为借口，伙同刘少奇反对毛主席抗美援朝的正确主张。

从以上历史事实可以看出：在怎样分析和估量形势的问题上，历来存在着两个阶级、两条路线的斗争。通过歪曲、诬蔑革命大好形势来反对毛主席的革命路线，是机会主义分子的惯用手法，也是林彪一伙惯用的手法。我们党五十年来的历史证明，两条路线斗争往往是从对革命形势的估量上展开的。叛徒、卖国贼林彪在反革命政变纲领《"571工程"纪要》中，又是首先通过诬蔑革命大好形势来反对党的路线政策，对于林彪这种反革命用心，必须彻底批判。

二、林彪歪曲诬蔑革命大好形势，是妄图从根本上改变党的基本路线和政策，颠覆无产阶级专政

在社会主义时期，毛主席在长期观察和精辟分析社会阶级状况的基础上，为我们党制定了整个社会主义历史阶段的基本路线。这条马克思列宁主义的路线，总结了国际无产阶级专政的历史经验，反映了社会主义时期阶级斗争的客观规律，代表了无产阶级和广大劳动人民的根本利益。它的实质就是**"要搞马克思主义，不要搞修正主义"**。就是坚持阶级斗争，坚持无产阶级专政，坚持继续革命。建国以来，我国人民在这条基本路线的指引下，政治思想战线、经济战线和外交战线上取得一个又一个的伟大胜利。

党的基本路线的深入贯彻，革命形势的迅猛发展，必然要遭到国内外阶级敌人和党内机会主义分子的拼命反对，这是阶级斗争的

规律。叛徒、卖国贼林彪在他的反革命政变纲领《"571工程"纪要》中，恶毒诽谤社会主义制度，攻击党的方针政策，抹煞无产阶级文化大革命的伟大胜利，歪曲伟大的反修斗争，把大好形势说得漆黑一团。其目的就是妄图从根本上改变党的基本路线和政策，颠覆无产阶级专政，复辟资本主义。事实就是这样，只要我们运用马列主义、毛泽东思想，对林彪诬蔑大好形势的谬论加以剖析，他的反革命用心便昭然若揭。

在对政治形势的估量上，林彪从地主资产阶级的立场出发，**"把无产阶级的绝对优势，看成了绝对劣势"**。他们把九届二中全会以后的革命大好形势，竟说成是"政局不稳"，"危机四伏"。把党内两条路线斗争诬蔑为个人权势之争。把无产阶级专政诬蔑为"互相残杀、互相倾轧的绞肉机"。真是恶毒至极，荒谬绝伦。

党的九届二中全会以后的革命形势究竟怎样？事实已经做了明确的回答。在这次具有伟大历史意义的会议上，以毛主席为首的无产阶级司令部，粉碎了林彪反党集团策动的反革命政变，揪出了老反共分子陈伯达，揭开了粉碎林彪反党集团的序幕，全党全军和全国人民，团结一致，斗志昂扬，在毛主席英明领导下，展开了一场声势浩大的批修整风运动。林彪一伙日益陷落在人民战争的汪洋大海之中，他们预感末日来临，惶惶不可终日，准备"破釜沉舟"，垂死挣扎。林彪所谓"政局不稳"，"危机四伏"，实际上正是他们一伙内心世界的真实写照。这是不堪一击，不值一驳的。

林彪把党内路线斗争说成是宗派之争，个人权势之争，诬蔑我们"制造矛盾"，"制造分裂"，这是故意抹煞两个阶级、两条道路斗争的界限，故意抹煞路线斗争的阶级实质，完全是资产阶级政客的观点。矛盾是客观存在,有阶级就有阶级矛盾和阶级斗争,这种矛盾和斗争,任何人都不能制造,也不能阻止。社会上的阶级斗争必然要反映到党内,形成了两条路线的尖锐对立。党内反对机会主义的斗争,实质上就是无产阶级反对资产阶级的斗争。**"不是东风压倒西风,就是西风压倒东风,在路线问题上沒有调和的余地。"** 五十多年来的历史经验证明,我们党正是在毛主席革命路线的指引下,在阶级斗争和路线斗争的暴风雨中,不断成长壮大,不断胜利前进。党内如果不开展路线斗争,党的生命就要停止,党的路线就要改变,党的无产阶级先锋队的性质就不能保持。林彪诬蔑我们"制造矛盾",就是企图否定社会主义时期存在阶级和阶级斗争,否定党内存在两条路线斗争,从而否定党的基本路线;攻击我们"制造分裂",就是为了转嫁他们一伙阴谋分裂党的罪责,为历次机会主义路线的头子翻案,为林彪一伙搞反革命政变打掩护。

林彪把无产阶级专政诬蔑为"互相残杀、互相倾轧的绞肉机",这是一个绝妙的自供状。它如实地反映了林彪一伙是马列主义的叛徒,是社会主义最凶恶的敌人。伟大领袖毛主席深刻指出:**"在社会主义这个历史阶段中,必须坚持无产阶级专政,把社会主义革命进行到底,才能防止资本主义复辟,进行社会主义建设,为过渡到共产主义准备条件。"** 无产阶级专政是马克思主义的精髓,是巩固和发展社会主义的基本保证,是无产阶级战胜资产阶级和一切反动势力的最重要的武器。建国二十多年来的历史证明,正是由于我们党坚持了无产阶级专政,才使我们国家顶住了帝、修、反的反华逆流,镇压了国内阶级敌人的反抗,保证了人民的民主自由,推动了社会主义事业蓬勃发展,有力地支援了世界革命。因此,对待无产阶级专政是拥护还是反对，是歌颂还是咒骂，是区别革命和反革命的根本标志之一。林彪如此仇视无产阶级专政，这恰恰证明了他是一切反革命势力的总代表。他恨的是社会主义，怕的是无产阶级专政，他爱的是牛鬼蛇神，想的是资本主义复辟。事实就是如此。林彪一伙口口声声要"解放一大片"，"保护一大片"。在无产阶级专政条件下，他们究竟要"解放"谁呢？当然是叛徒、特务、地、富、反、坏、右了。他们杀气腾腾地狂喊乱叫，要"严厉镇压"，"一网打尽"。究竟要"镇压"谁呢？当然是革命干部和人民群众了。一个"保护"，一个"镇压"，充分说明，林彪一伙并不是不要专政，他们只是不要无产阶级专政，要的是地主买办资产阶级的法西斯专政。这就是林彪攻击无产阶级专政的实质。

在对国内经济形势的估量上，林彪同样是站在地主资产阶级的立场上，把伟大的社会主义经济建设，说得一无是处。胡说什么"十多年来，国民经济停滞不前"，群众"实际生活水平下降"，"不满情绪日益增长"。由此，他得出结论：叫做"'国富'民穷"。并且公然发出反革命叫嚣，要用"民富国强"代替"'国富'民穷"。真是反动透顶，一派胡言。

毛主席教导我们：**"假的就是假的，伪装应当剥去。"** 林彪所谓"停滞不前"，"生活水平下降"，纯粹是谣言诡辩。仅用以下一些数据，就可以完全戳穿他的谎言。一九七一年全国工农业总产值，同建国初期比较，工业增长了十八倍，农业增长了一点三倍。以钢为例，一九七一年钢产量比一九四九年增长了一百三十一倍多。平均年增长率，超过了任何资本主义国家。从近似产量所需时间来看，我国钢的生产发展速度，比美国、日本等主要资本主义国家也快得多。美国的钢产量，从二十万二千吨发展到二千三百七十七万四千吨，用了三十三年，平均每年增长七十七万四千吨；日本的钢产量，从十五万四千吨发展到二千二百一十三万八千吨，用了五十一年，平均每年增长四十三万一千吨。我国的钢产量，从十五万八千吨发展到二千三百万吨，只用了二十三年，平均每年增长九十九万三千吨。比美国缩短了十年，而每年平均增长幅度多二十一万九千吨，高百分之二十八；比日本缩短了二十八年，而每年平均增长幅度多五十六万二千吨，高百分之一百三十。应当指出，我们国家钢铁的发展，在刘少奇、林彪一类骗子的修正主义路线干扰破坏下，从六十年代到七十年代，经历了一个十年徘徊时期，如果不是这样，成绩将会更加巨大。农业生产也有了巨大的发展。以粮食为例，一九七二年粮食总产量相当于解放初期的两倍多。从一九六二年以来，我国农业生产，连续十年丰收，做到粮食自给有余，并初步扭转了"南粮北调"的局面，这是一件具有战略意义的大事。在工农业生产迅猛发展的基础上，我国市场繁荣，物价稳定，人民生活逐步提高。一九七一年，我国职工的平均工资，比一九五二年提高百分之五十以上；一九七〇年，农村社员的平均年收入，比一九六〇年增长了百分之二十四。全国城乡储蓄总额，一九七一年比一九五三年增长了七倍。我们天津市的经济建设，也和全国一样突飞猛进的发展。仅以工业生产为例。一九七一年和一九四九年相比：工业总产值增长了二十倍。冶金工业增长了一百三十九倍；机械工业增长了一百零五倍；化学工业增长了二百六十八倍；建材工业增长了一百六十九倍；就是原来基础较好的轻纺工业也增长了十一倍。这些事实都雄辩地证明，解放后，在毛主席革命路线指引下，我国工农业生产，决不是停滞不前，而是高速度发展，人民生活水平不是下降，而是逐步提高，充分显示出社会主义制度的优越性。正如毛主席所指出的："**只有社会主义能夠救中国。社会主义制度促进了我国生产力的突飞猛进的发展，这一点，甚至连国外的敌人也不能不承认了。**"那么，林彪为什么闭着眼睛胡说一顿呢？剥开画皮看本质。原来在这个谎言的背后包藏着极其险恶的用心。他一方面，通过造谣诬蔑，欺骗群众，挑拨党和群众的关系，妄图动摇人们对于建设社会主义的信念，为复辟资本主义鸣锣开道；另一方面，又为被打倒的地主资产阶级鸣冤叫屈，扬幡招魂。林彪提出的"民富国强"的反动口号，更是赤裸裸地暴露出他复辟资本主义的狼子野心。

马克思主义认为，"穷"与"富"，"国"与"民"，都不是抽象的东西，在阶级社会里，都具有鲜明的阶级性。在万恶的旧社会，地主资产阶级和买办官僚政客把持着国家政权，占据着生产资料，依靠残酷的压榨和剥削，过着花天酒地的寄生生活，而无产阶级和广大劳动人民则衣不蔽体，食不饱腹，血泪斑斑，苦难重重。解放以后，在党和毛主席的英明领导下，建立了无产阶级专政，生产资料的社会主义所有制代替了资本主义私有制，实行了"各尽所能，按劳分配"的社会主义分配原则，消灭了地主资产阶级对劳动人民的残酷剥削。从这个意义上来讲，无产阶级和广大劳动人民是由穷变富了，地主资产阶级确实是由富变"穷"了。对于这种情况，广大劳动人民欢欣鼓舞，看成是天大的好事。而一小撮地、富、反、坏、右则唉声叹气，看成是大坏事，大灾难。这就清楚地表明，林彪所指的"民"，就是一小撮地、富、反、坏、右，林彪所指的"国"，就是地主资产阶级专政的国，林彪所谓用"民富国强"代替"'国富'民穷"，说穿了，就是要把被打倒的剥削阶级，重新扶植起来，夺回生产资料，重建地主买办资产阶级的法西斯专政，建立封建专制的林家王朝。这就是林彪诬蔑国内经济形势的反革命实质。

在对国际反修斗争形势的估量上，林彪仍然是站在地主资产阶级的立场上，用叛徒卖国贼的腔调，大肆诬蔑我们反对修正主义的斗争，胡说"中苏对立"是中国"整苏联"，真是卑鄙到了极点。

一九五六年，苏共"二十大"以后，苏修叛徒嘴脸日益暴露，在国际共产主义运动中，开始了一场伟大的反修斗争。这场斗争，是关系到世界革命前途的大问题。伟大领袖毛主席以"**乱云飞渡仍从容**"的大无畏革命精神和敢于反潮流的无产阶级气魄，高举马克思列宁主义的旗帜，和各国马列主义政党一道，同苏修叛徒集团展开了针锋相对的斗争。随着斗争的深入发展，马列主义队伍日益壮大，苏修叛徒集团日益孤立。在这种情况下，苏修背信弃义，于一九六〇年，突然单方面撕毁几百个合同，撤退一切工程技术人员，妄图一举扼杀我国年青的社会主义经济。此后，又在中蒙、中苏边界，陈兵百万，伺机侵略，并不断挑动边界纠纷，制造流血事件。所有这一切，都是苏修社会帝国主义推行霸权主义政策的结果。可是林彪这个卖国贼，却颠倒是非，混淆黑白，极力为苏修涂脂抹粉，开脱罪责，这就彻底暴露了他的叛徒本相。林彪一伙为什么卖命地吹捧苏修呢？原来他们有一个不可告人的政治目的。在他们那个见不得人的反革命政变纲领中，公然提出要和苏修秘密谈判，"借苏力量箝制国内外各种力量"，乞求"核保护伞"，短短几句话，活生生地勾画出林彪妄图丧权卖国的奴才丑相。林彪最后仓惶出逃，叛国投修，更充分暴露出他是苏修的忠实走狗。

林彪从诬蔑国内政治形势、经济形势到歪曲反修斗争的形势，贯穿着一个共同的反革命目的。他们要从根本上改变党的基本路线和政策。搞修正主义，搞分裂，搞阴谋诡计。在国内联合地、富、反、坏、右，实行地主买办资产阶级的法西斯专政；在国际，投降苏修社会帝国主义，反华反共反革命。这就是林彪反革命修正主义路线的实质，也是林彪诬蔑革命大好形势的反革命实质。

三、林彪歪曲诬蔑革命大好形势，是他资产阶级 世界观的彻底暴露

世界观问题，是个根本性的问题。它决定人们的政治态度和思想方法。不同阶级的世界观，观察问题有不同的立场、观点和方法。林彪的世界观，是地主资产阶级的世界观，他在估量形势问题上，必然是反动阶级的立场，唯心主义的观点和形而上学的方法。

林彪观察形势完全是地主资产阶级的立场。他是地主资产阶级在我们党内的代理人，反映着地、富、反、坏、右的利益和要求，他观察形势同我们无产阶级观察形势必然是根本对立的。我们认为"好得很"的，他就一定要看成"糟得很"。党的九届二中全会以后，明明是形势大好，他却诬蔑我们党是"危机四伏"；党的团结明明是进一步增强，他却诬蔑是"众叛亲离"；无产阶级专政明明是更加巩固，他却诬蔑为"政局不稳"；毛主席的革命路线明明是更加深入人心，他却诬蔑为"右派势力抬头"。阶级立场不同，对同一事物必然得出相反的结论。林彪把革命大好形势看得漆黑一团，完全是由他的阶级本性决定的。

　　林彪分析形势的观点完全是唯心主义和形而上学的。从历史上看，大革命失败以后，他只看到革命力量暂时弱小的表面现象，看不到也不愿意看到革命力量由弱变强的可能性和必然性；他只看到敌人暂时强大的表面现象，看不到也不愿意看到敌人由强变弱的可能性和必然性；他只看到革命暂时的低落现象，却看不到革命高潮会到来的可能性和必然性。他根本不了解由小变大，由弱变强，由失败变胜利，正是革命发展的客观规律。从林彪一伙炮制的反革命政变黑纲领《"571工程"纪要》来看，他又同一切反动派一样，总是过高地估计自己的反动力量，过低地估计人民的革命力量。林彪赖以孤注一掷的反革命武装政变力量，就是他们的所谓"舰队"和"联合舰队"。这分明是一支不堪一击的没落的、腐朽的、垂死的力量，而他却吹嘘为"正在崛起，蒸蒸日上，朝气勃勃"，说什么"经过几年准备，在思想上、组织上、军事上的水平都有相当提高。具有一定的思想和物质基础"，有"成功的把握"等等。真是蚍蜉撼大树，可笑不自量。林彪一伙对于他们反革命力量的主观主义估计，只不过是自欺欺人。其实，他们如同一切逆革命潮流而动的反动派一样，注定是要灭亡的。林彪已成为遗臭万年的叛徒、卖国贼，他们所谓的"联合舰队"，也早已沉没在中国人民的汪洋大海之中。

　　林彪一伙是彻头彻尾的历史唯心主义者。他们观察形势根本看不到人民群众的作用。在他们的反革命政变纲领中，吹嘘他们的优势力量之一，就是林彪的所谓"名望"、"权力"。把它列为搞政变的"最重要的条件"。其实，这只不过是林彪及其死党的自我陶醉。当林彪的反革命罪行被揭露后，全国人民义愤填膺，林彪这个

"庞然大物"，很快就成为人人喊打的过街老鼠。

"人民，只有人民，才是创造世界历史的动力。" 革命是千百万群众创造历史的伟大活动，人民群众总是实践的主体，它决定着时代的主要内容和时代发展的主要方向。林彪站在反动阶级的立场上，否定解放以来我国社会主义革命和社会主义建设的伟大成就，否定无产阶级文化大革命的伟大胜利，诬蔑社会主义制度。这实际上是抹煞了全国各族人民在毛主席革命路线指引下，经过努力奋斗所取得的伟大成果。林彪的这种反动观点，与他鼓吹的"天才论"、"英雄创造历史"是一脉相通的。在这里，他不仅仅是否定了人民群众的伟大作用，而且把人民群众当作任他摆布的"群氓"、"阿斗"，似乎只要他歪曲事实，造谣诬蔑，煽风点火，挑拨离间，广大人民群众，就可以跟着他跑，让他轻而易举地把历史的车轮拉向后退。这完全是白日做梦，痴心妄想。

从对林彪诬蔑革命大好形势的批判中，使我们深刻地认识到，估量形势必须站在无产阶级的立场上，用辩证唯物主义和历史唯物主义观点，对革命形势进行阶级的分析、辩证的分析、历史的分析，努力学会全面地看问题。这样，才能克服主观主义和形而上学，对形势得出正确的估量，不致上林彪和一切阶级敌人的当。

在毛主席革命路线指引下，经过广大人民群众的努力奋斗，我们的工作，成绩总是主要的，形势总是大好的，前进中的缺点是可以被克服的，困难是可以转化为顺利的。我们要满怀胜利信心，认清革命大好形势，宣传革命大好形势，进一步发展革命大好形势。

沿着毛主席的无产阶级革命路线胜利前进！

戳穿林彪的极"左"伪装
批 判 他 的 极 右 实 质

金 尔 青

林彪的路线，是一条彻头彻尾的反革命修正主义路线。他搞修正主义，不搞马克思主义；搞分裂，不搞团结；搞阴谋诡计，不搞光明正大。他叛党叛国，成了叛徒、卖国贼。他的罪恶目的，就是要从根本上改变党在社会主义历史阶段的基本路线和政策，颠覆无产阶级专政，复辟资本主义。他妄图把毛主席领导下的我党我军我国人民亲手打倒的地主资产阶级再扶植起来。在国内，他要联合地、富、反、坏、右，实行地主买办资产阶级的法西斯专政。在国际，他要投靠苏修社会帝国主义，反华反共反革命。这就是林彪修正主义路线的实质。但是，林彪为了掩盖他的反革命面目，在某些时候，以"左"的姿态出现，高喊一些"左"的口号，给人以假象，使一些人误认为他的路线是极"左"的。

毛主席指出："**我们看事情必须要看它的实质，而把它的现象只看作入门的向导，一进了门就要抓住它的实质，这才是可靠的科学的分析方法。**"我们必须善于运用马克思列宁主义、毛泽东思想的显微镜和望远镜，戳穿林彪的极"左"伪装，批判他的极右实质。

一、林彪路线的实质是极右的

林彪反革命修正主义路线的极右实质主要表现在以下几个方面：

在理论上，全面地背叛了马克思主义。对待马克思主义抱什么态度，坚持还是否定马克思主义的普遍真理，历来是识别马克思主义还是修正主义的试金石。林彪这个叛徒卖国贼，十分仇视并疯狂攻击马克思主义，千方百计地破坏学习马列主义、毛泽东思想的群众运动。他用唯心论的先验论，反对唯物论的反映论；用"英雄创造历史"的唯心史观，反对奴隶们创造历史的唯物史观；用形而上学，反对辩证法。林彪拼命鼓吹的"天才观"，是他向党进攻的理论纲领，是他的反革命修正主义路线的理论基础。

在政治上，他妄图谋害伟大领袖毛主席，分裂我党我军，用阴谋手段篡夺党和国家最高权力，背叛"九大"路线，从根本上改变党的基本路线和政策，用地主资产阶级的法西斯专政，代替无产阶级专政，投靠苏修，把中国变为苏修的殖民地。

在组织上，他拉山头，搞宗派，结党营私，拼凑反革命阴谋集团，建立资产阶级司令部。

从阶级内容上看，林彪路线所代表的是国内被打倒的地主资产阶级的利益，同无产阶级和广大人民群众的利益相对抗。在无产阶级专政条件下，被打倒的地主资产阶级对亡国、共产不甘心，他们必然要在我们党内寻找他们的代理人。林彪出身于地主资产阶级家庭，混入革命队伍，坚持剥削阶级立场。在他窃取了党和国家一部分权力后，推行的那条反革命修正主义路线，完全反映了地主资产阶级的利益和愿望。事实证明,林彪路线不仅在国内有地主资产阶级作为他的社会基础,而且还有他的国际背景。毛主席指出:**"只要世界上还存在着帝国主义和资产阶级,我国的反革命分子和资产阶级右派分子的活动,不但总是带着阶级斗争的性质,并且总是同国际上的反动派互相呼应的。"**这是阶级斗争的必然规律。我们党是一个伟大的马克思主义政党。我们的国家是一个伟大的社会主义国家。苏修社会帝国主义把我国看作是他们推行修正主义、霸权主义的最大障碍。在他们对我国进行经济上的破坏、外交上的孤立、军事上的侵略等阴谋活动被粉碎以后,便梦想在我们党内寻找他们的代理人。林彪一伙妄想变天,需要在国际上寻找靠山。在他们一伙炮制的反革命政变纲领中,公然要同苏修进行"秘密谈判",借苏修的力量,箝制国内外各种力量。一个需要走狗,一个需要靠山,共同的反革命利益必然把他们结合在一起。由此可见,在林彪叛党叛国,自我爆炸以后,引起国内外一小撮阶级敌人的哀鸣是不奇怪的。

二、极"左"的伪装是掩盖极右实质的一种手段

林彪是一个诡计多端、奸诈狡猾的政治骗子。他在推行极右路线的时候,所采取的手段是多变的,有时是极"左",有时是极右,根据他的反革命需要,"左"右交替使用。下面我们具体剖析林彪的种种"左"的手法,进一步认清在"左"的手法掩盖下的极右实质。

1、打着"颂扬"革命领袖的旗号,干着反革命的勾当。他当面甜言蜜语地"颂扬",背后极其恶毒地谩骂;他口头上说"一句

顶一万句"，实际上半句也不听；他表面伪装忠诚、拥护，暗中却拼凑一伙反革命打手，妄图谋害伟大领袖；他高喊"天才"、"顶峰"、"大树特树"，实则是抬高他自己，捞取反革命政治资本，为他抢班夺权制造反革命舆论。

2、接过革命口号，以假乱真，大刮反革命妖风。你要批判资产阶级反动路线吗？他的调子比谁唱得都响，提出批判什么"带枪的刘邓路线"的反动口号，妄图反党乱军。你要放手发动群众吗？他的调子唱得比谁都高，说什么"要弄得天翻地复"，要"大搅大闹"，"使得资产阶级睡不着觉，无产阶级也睡不着觉。"其险恶用心，就是要搅乱我们的阶级阵线，扭转斗争大方向，破坏毛主席的革命路线和政策。

3、摆出极"左"姿态，玩弄反革命花招。林彪有时摆出极"左"面孔，大喊"其他都要为政治让路"，"政治可以冲击其它"，"政治第一"，军事不能冲击政治。忽而就摇身一变，来了个一百八十度的大转弯，又说什么："最大的政治就是军事，军事就是政治"，"农民种田，工人做工就是政治"等等。同是一个林彪，一会儿"左"得出奇，一会儿右得要命，反革命花招不同，目的都是一个，就是推行他反革命修正主义路线。

4、煽动极"左"思潮，大造反革命舆论。林彪在某些时候，煽动极"左"思潮，也是为推行他的极右路线服务的。在无产阶级文化大革命中，广大革命群众，在毛主席的领导下，正在向刘少奇反动路线猛烈开火的时候，他别有用心地说："群众运动，它天然是合理的"。乍听起来，他多么相信群众，多么尊重群众，多么支持群众运动。其实，他是借此否定党的领导，否定毛主席的革命路线，鼓吹群众运动自发论，妄图把革命的群众运动引向邪路，纳入资产阶级反革命轨道。"群众运动天然合理"的谬论，同刘少奇鼓吹的"群众落后论"说法不同，其罪恶目的都是妄图以资产阶级思想腐蚀革命群众，扼杀真正的革命群众运动。

极"左"思潮是一种反动思潮，它腐蚀革命队伍，瓦解斗志，制造分裂，危害革命，严重干扰和破坏毛主席革命路线和政策的贯彻落实。林彪煽动和利用极"左"思潮，是为推行他的极右路线服务的。

5、披着"革命"的外衣，掩盖反革命的实质。早在井冈山斗争时期，林彪对革命前途悲观失望；在抗日战争时期，他追随王明路线，吹捧人民公敌蒋介石；解放战争时期，他多次违抗毛主席的指示，贻误战机；全国解放初期，他屈服于美帝国主义的核讹诈，反对出兵抗美援朝。他还参与高饶反党联盟的阴谋活动。然而，他却自我标榜什么"一贯紧跟"、"一贯高举"、"一贯正确"，披上"革命"的外衣，制造假象，欺骗群众，以便进行反革命勾当。

毛主席指出："**阳奉阴违，口是心非，当面说得好听，背后又在捣鬼，这就是两面派行为的表现。**"叛徒、卖国贼林彪惯用这样的反革命两面派手法。他所施展的一套极"左"把戏，不是目的，而是手段，不是实质，而是策略。一切反动阶级为了达到他们的反革命目的，在不同的历史时期，在不同的条件下，总是采取不同的反革命策略。反动阶级的反革命目的是不变的，它的策略是可变的。叛徒、卖国贼林彪为了颠覆无产阶级专政、复辟资本主义的罪恶目的，在某些时候，采取了极"左"的反革命策略，这是为了掩盖他的极右实质。我们要透过现象，认清他的极右实质。

三、敌人用假象掩盖真象是新形势下阶级斗争的特点

列宁指出："**马克思主义在理论上的胜利，逼得它的敌人装扮成马克思主义者，历史的辩证法就是如此**。"解放以来，在我们国家经过多次反对唯心主义、修正主义的斗争，马列主义、毛泽东思想日益深入人心，学习马列主义和毛泽东思想的群众运动更加广泛、深入；经过历次政治运动，打击了阶级敌人的猖狂进攻，我国的无产阶级专政空前巩固；经过党内两条路线斗争，毛主席的无产阶级革命路线不断取得新的胜利，广大群众的阶级斗争和路线斗争觉悟大大提高。我国的社会主义建设在毛主席奋发图强、自力更生的方针指引下，取得了伟大胜利，工业生产不断完成和超额完成国家计划，许多产品赶上和超过世界先进水平，农业生产连年获得丰收。由于经济建设的迅猛发展，我国已成为既无内债、又无外债的国家。在毛主席革命外交路线的指引下，打破了帝国主义、社会帝国主义对我国的封锁，和我国友好往来的国家日益增多。在毛主席的革命路线不断取得新胜利的条件下，我们的国内外形势一派大好，而且越来越好。

我们的胜利，意味着阶级敌人的灭亡。但是，被打倒的反动阶级，他们的人还在，心不死，总是梦想恢复他们失去的"天堂"。在强大的无产阶级专政面前，他们除了公开地进行反革命活动以外，还采取反革命两面派策略。叛徒、卖国贼林彪及其一伙正是这样，他们钻入党内，钻入革命队伍内部，披上"革命"的外衣，进行着反革命的勾当。

255

毛主席指出："**以伪装出现的反革命分子，他们给人以假象，而将真象荫蔽着。**"林彪及其一伙，就是以假象荫蔽真象，用"革命"外衣掩盖着他们的反革命真面目。这是在当前阶级斗争新形势下反映出来的特点。

我们对叛徒、卖国贼林彪的批判，一定要抓住他的极右实质，同时，对他所表现的极"左"面目，鼓吹的极"左"词句，采取的极"左"手法，也必须进行认真的分析和批判。只有如此，才能更加深入地揭露他的狡猾性、欺骗性和他的反革命两面派的真面目，进一步认清他的极右实质；同时，也能提高我们对过渡时期阶级斗争复杂性的认识，增强识别真假马克思主义的能力。

只有对林彪煽动极"左"思潮的批判，才能肃清其影响。在某些时候，林彪大肆散布的极"左"言论，煽动的极"左"思潮，给我们的工作造成了一定影响。经过对林彪反党集团的批判，可以使我们认清他的"左"的言词所掩盖的右的实质，进一步划清正确路线和错误路线的界限，使各项工作在毛主席的无产阶级革命路线指引下不断前进，夺取新的更大的胜利！

彻底批判林彪
妄图颠覆无产阶级专政的罪行

龚　安

无产阶级专政是无产阶级战胜资产阶级、社会主义战胜资本主义的强大武器。叛徒、卖国贼林彪疯狂攻击我国无产阶级专政，其罪恶目的就是妄图从根本上改变党在整个社会主义历史阶段的基本路线，颠覆无产阶级专政，复辟资本主义。

一、林彪鼓吹"阶级斗争熄灭论"，就是妄图取消　　无产阶级专政

"阶级斗争必然要导致无产阶级专政"。这是革命导师马克思提出的一个光辉论断。列宁进一步指出："**只有承认阶级斗争，同时也承认无产阶级专政的人，才是马克思主义者。**"坚持无产阶级专政，还是反对无产阶级专政，历来是马克思主义同一切修正主义斗争的一个焦点。巴黎公社的历史经验告诉我们，在无产阶级夺取政权以后，必须加强无产阶级专政，镇压阶级敌人的反抗。列宁亲手缔造的世界上第一个社会主义国家，所以蜕变为社会帝国主义，就是由于赫鲁晓夫——勃列日涅夫叛徒集团篡夺了党和国家的领导权，推行了一整套修正主义路线，背叛了无产阶级专政。伟大领袖毛主席总结了无产阶级专政正反两方面的历史经验，继承、捍卫和发展了马克思列宁主义关于无产阶级专政的学说，提出了在无产阶级专政下继续革命的

伟大理论,制定了党在整个社会主义历史阶段的基本路线,精辟地阐明了在社会主义历史阶段,坚持和加强无产阶级专政的必要性。

在国际共产主义运动史上,一切新老修正主义者,都恶毒地攻击马克思主义阶级斗争学说,攻击无产阶级专政。从巴枯宁、伯恩斯坦、托洛茨基、赫鲁晓夫到刘少奇,都毫无例外。林彪继承了新老修正主义分子的衣钵,疯狂地反对马克思主义阶级斗争的学说,大肆鼓吹"阶级斗争熄灭论",叫嚣:现在阶级敌人被"一网打尽了","几千年剥削阶级方面一切传统思想"被"扫除了",我们的国家是"毫无修正主义的这种气味"了。他还恶毒地诋毁毛主席《论人民民主专政》光辉著作,说什么:"记不大很清楚"了。这是明目张胆地宣扬"阶级斗争熄灭论",按照林彪的反动逻辑,在我国无产阶级和资产阶级两个阶级、社会主义和资本主义两条道路的斗争,已经"解决"了,无产阶级专政可以取消了。这完全是违背阶级斗争的客观现实,是直接对抗党在整个社会主义历史阶段的基本路线的。毛主席为我党制定的基本路线指出:**"社会主义社会是一个相当长的历史阶段。在社会主义这个历史阶段中,还存在着阶级、阶级矛盾和阶级斗争,存在着社会主义同资本主义两条道路的斗争,存在着资本主义复辟的危险性。"** 阶级斗争的现实充分证明了这一论断的英明和正确。被推翻的剥削阶级从来没有停止过他们的挣扎和反抗,时刻梦想恢复他们失去的"天堂";资产阶级还在继续按照自己的世界观改造世界;国际上的帝、修、反一直没有停止过对我国的颠覆和破坏。国内外阶级敌人总是千方百计地在我们党内寻找他们的代理人。社会上的阶级斗争必然要反映到党内来。阶级斗争的长期性,决定了党内两条路线斗争的长期性。混进党内的资产阶级代表人物，总是同国内的地、富、反、坏、右相联系，同国际上的帝、修、反相呼应。林彪阴谋发动反革命政变，叛党叛国，投靠苏修，正是国内国际激烈阶级斗争的表现。阶级斗争、路线斗争是长期存在的，每隔七、八年，牛鬼蛇神就要跳出来表演一次。这是不以人的意志为转移的客观规律。在社会主义整个历史阶段中，一些阶级敌人被镇压和某些反动资产阶级代表人物的垮台，并不等于整个反动阶级被彻底消灭；一次政治运动和路线斗争的胜利，并不等于阶级斗争和路线斗争的完全结束。正因为这样，在整个社会主义历史时期，无产阶级专政是绝对必要的，我们无产阶级的国家机器，不但不能削弱，而且必须强化。

林彪鼓吹阶级斗争"熄灭"的种种反动谬论，是对无产阶级专政学说的公开背叛。其罪恶目的，就是反对无产阶级专政，妄图改变党的基本路线。

二、林彪公开篡改无产阶级专政的性质，阴谋复辟地主、买办资产阶级的法西斯专政

林彪怀着对无产阶级专政的刻骨仇恨，在他臭名昭著的"五·一八讲话"中，居心叵测地鼓吹什么"政权就是镇压之权"，闭口不谈政权的阶级性质，不提那个阶级镇压那个阶级，肆意阉割马克思主义的国家学说，篡改无产阶级专政的性质。列宁指出：**"国家是一个阶级压迫另一个阶级的机器"**。任何形式的国家政权，都是做为阶级专政的工具而存在的。一切反动政权，都是镇压无产阶级和劳动人民，保护剥削阶级的；无产阶级政权则是镇压剥削阶级的反抗，保护无产阶级和劳动人民的。镇压和保护，专政和民主，都是国家政权

中相互依存的两个不可分割的方面，超阶级的国家，离开了路线的政权，是从来没有过的。只有镇压作用没有保护职能的政权，或者只有保护职能没有镇压作用的政权，也是根本不存在的。我国工人阶级（经过共产党）领导的以工农联盟为基础的人民民主专政，实质上就是无产阶级专政，是占全国人口百分之九十五以上的人民群众，对一小撮阶级敌人实行专政。毛主席指出：**"对广大人民群众是保护还是镇压，是共产党同国民党的根本区别，是无产阶级同资产阶级的根本区别，是无产阶级专政同资产阶级专政的根本区别。"** 建国二十多年来，我国无产阶级专政，保护了人民，人民拥护我们；镇压了敌人，敌人胆战心惊。**"这也是极大的好事。这种好事，也是几千年没有过"** 的。

林彪篡改无产阶级专政的性质，鼓吹"政权就是镇压之权"，完全露出了一副法西斯的狰狞面目。他所说的"镇压之权"就是对无产阶级的镇压之权。他所要保护的正是无产阶级的敌人。在林彪一伙炮制的反革命政变纲领《"571工程"纪要》中，凶相毕露地狂叫要"一网打尽"、"集中打击"和"严厉镇压"无产阶级革命者和广大革命人民。他们建立特务组织，进行特务训练，制造杀人工具，私设监狱，草菅人命，残酷迫害无产阶级革命者，甚至妄图谋害我们伟大领袖毛主席和党中央负责同志。而他们所要保护的，就是被我们打倒的地、富、反、坏、右以及那些垮了台的机会主义路线的头子。叫嚣要把这些牛鬼蛇神"一律给予政治上的解放"。世界上绝没有无缘无故的爱，也没有无缘无故的恨，林彪对广大的革命干部和群众如此仇恨，而对那些无产阶级的敌人又是如此关怀备至，这充分证明，他完全是站在了地主、资产阶级的反动立场，代表了地主、资产阶级的利益，集中反映了地、富、反、坏、右和帝、修、反在我国实行反革命复辟的愿望。

林彪鼓吹"政权就是镇压之权"的罪恶目的，就是妄图抹杀无产阶级专政和资产阶级专政的根本区别，变无产阶级专政为地主资产阶级的法西斯专政。如果他们的阴谋得逞，中国就将沦为苏修社会帝国主义的殖民地，地、富、反、坏、右一起上台，整个中国就要改变颜色，革命的共产党员、无产阶级、广大劳动人民，就要受到残酷屠杀，亿万群众就要吃二遍苦。然而这不过是林彪一伙的痴心妄想。在伟大领袖毛主席的英明领导下，经过无产阶级文化大革命的锻炼，我国的无产阶级专政空前巩固和强大，全党、全军和全国人民的坚强团结和高度警惕，已经粉碎了他们的反革命阴谋。林彪妄图篡改无产阶级专政性质的罪恶行径，遭到了历史的无情嘲笑。结果，不是他改变了历史，而是历史审判了他。

三、林彪否定无产阶级专政的伟大成果，就是煽动阶级敌人颠覆无产阶级专政

叛徒、卖国贼林彪为了颠覆无产阶级专政，诬蔑我国人民在伟大领袖毛主席领导下，在各条战线上取得的伟大胜利，把我国社会主义革命和社会主义建设的大好形势，诬蔑成漆黑一团，并且极力否定在毛主席革命路线指引下，公安战线上所取得的伟大成果。疯狂破坏我们的公安政法工作。林彪在一九六七年三月就胡说"毛主席的思想在公安政法系统没有占到统治地位"，一九七〇年又诬蔑"保卫工作根子不正"，"是保卫国民党的"。他的死党也疯狂地叫嚣"公安政法机关没干一件好事"。他们利用所篡夺的那

一部分权力，在个别地区公然拆除监狱，释放犯人，煽动地、富、反、坏、右翻案，向无产阶级进攻。他们处心积虑地妄图把公安政法机关从政治上搞臭，从思想上搞乱，从组织上搞垮。反革命气焰十分嚣张。

林彪疯狂攻击、破坏公安政法工作的矛头就是指向无产阶级专政。他用攻其一点、不及其余的反革命伎俩，以否定公安政法工作来否定我国无产阶级专政的伟大成果，为其颠覆无产阶级专政制造反革命舆论。

伟大领袖毛主席指出："**思想上政治上的路线正确与否是决定一切的。**"在毛主席革命路线的光辉指引下，我国公安、政法战线上取得了伟大成果。建国以来，我们经历了一系列的政治运动，每次阶级大搏斗，都是在毛主席、党中央的亲自领导下，**全党动员，群众动员**，一次又一次地打退了反革命势力的疯狂反扑，一次又一次地粉碎了阶级敌人妄图推翻无产阶级专政的罪恶阴谋。一九五〇年、一九五一年的镇反运动，严厉打击和镇压了国民党匪帮残余势力的颠覆、破坏活动，保卫了土改运动和抗美援朝的胜利。一九五二年的三反、五反运动，打退了资产阶级的猖狂进攻。一九五五年全国肃反运动，清除了一批暗藏在革命队伍内部的反革命分子。一九五七年反右派运动，又进一步打退了资产阶级的疯狂反扑，推动了社会主义革命和社会主义建设的蓬勃发展，出现了全国大跃进的大好局面。在无产阶级文化大革命中，伟大领袖毛主席高瞻远瞩，洞察一切，发动亿万人民群众，摧毁了以叛徒、内奸、工贼刘少奇为头子的资产阶级司令部。接着又领导全党彻底粉碎了叛徒、卖国贼林彪一伙的反革命政变阴谋，深入进行了批林整风运动，保卫和发展了无产阶级文化大革命的丰硕成果。经过和阶级敌人的反复较量，特别是经过和林彪一伙进行的这场颠覆反颠覆、夺权反夺权的惊心动魄的斗争，我国无产阶级专政得到空前的巩固和加强。

人民公安机关是无产阶级专政的国家机器的组成部分，是无产阶级专政的工具。在党的领导下，担负着镇压敌人、保护人民的光荣职责。毛主席、党中央历来非常重视和关怀公安政法工作，亲自为公安政法工作规定了正确的路线、方针和政策，并多次亲自领导召开了公安工作会议。这是公安政法战线取得胜利的根本保证。虽然有刘少奇、林彪的反革命修正主义路线的干扰，但是毛主席的无产阶级革命路线在公安政法战线上一直是占统帅地位的。广大公安干部在毛泽东思想哺育下，绝大多数是忠于毛主席革命路线的。在历次政治运动中，都发挥了他们的应有作用。在党的领导下，**"实行依靠广大人民群众和专门机关相结合的方针"**，有力地打击了阶级敌人的破坏活动，保障了人民生命财产的安全，维护了社会秩序，保卫了社会主义革命和社会义建设的顺利进行。经过无产阶级文化大革命的教育、锻炼，特别是通过批林整风，公安队伍更加纯洁，广大公安人员的阶级斗争和路线斗争觉悟有了很大提高。这些都是有目共睹的事实，林彪的攻击诬蔑，完全是无耻的捏造。

林彪所以拚命地攻击和诬蔑我们的公安政法工作，否定无产阶级专政的伟大成果，就是妄图把毛主席领导下我党我军我国人民亲手打倒的地主资产阶级再扶植起来，为其篡党夺权、颠覆无产阶级专政进行舆论和组织准备。

林彪疯狂攻击和破坏无产阶级专政的罪行，充分暴露了他所推行的路线是一条反革命修正主义路线。林彪的反革命政变阴谋虽然已被彻底粉碎，但是他的反革命修正主义路线还没有批深批透。他的反革命社会基础——地、富、反、坏、右和一切牛鬼蛇神，人还在，心不死，一遇到适宜气候，还要兴风作浪，进行反扑。阶级斗争仍然是尖锐、复杂的。从当前敌情看，一小撮阶级敌人利用林彪事件进行造谣破坏，他们散发反革命传单，张贴反动标语，组织反革命集团，为林彪扬幡招魂。林彪反党集团的后台苏修社会帝国主义，还在我国边境大量陈兵，阴谋对我国进行武装侵略，并不断派遣特务来我国进行颠覆破坏活动。我们**千万不要忘记阶级斗争**，千万不要丧失警惕。无产阶级专政这个**"护身的法宝"、"传家的法宝"**，绝不可须臾离开，万万不能弃置不用。我们一定要遵照毛主席的教导，牢牢掌握无产阶级专政这个武器。坚持以批林整风为纲，**"认真看书学习，弄通马克思主义"**，抓住林彪路线的实质，联系实际，深入持久地开展革命大批判，准确地划清正确路线与错误路线的界限。大力加强对敌斗争，严厉打击国内外阶级敌人的破坏活动，为进一步巩固和加强无产阶级专政努力奋斗！

我们掌握批林整风大方向的几点体会

河北区服装二厂

在批林整风中，必须执行毛主席关于**"首先是批林，其次才是整风"**的重要指示，才能牢牢掌握斗争大方向。在这个问题上，我们有正面的经验，也有反面的教训。正反两方面的经验告诉我们，在任何时候都必须把斗争的矛头紧紧对准林彪反党集团。

问 题 的 提 出

去年五、六月份，在全厂职工深入批判林彪一伙炮制的《"571工程"纪要》反革命政变纲领的基础上，厂党支部为了把批林整风引向深入，强调批林整风要紧密联系实际，但是，怎样联系实际，我们党支部领导成员对这个问题是不明确的。

当时，正赶上我们厂生产的衬衣，不断出现质量事故。经过分析研究，认为质量事故多的原因，是职工中存在着无政府主义。因此，就决定批判群众中的无政府主义。

这个安排布置下去后，在群众中立即出现了两种不同的看法：

有些同志赞成这样搞，于是就联系厂里的实际，摆无政府主义的表现，给闹无政府主义的人"画像"。

有些同志不同意这样搞，认为职工中确实有少数人不遵守纪律，工作吊儿郎当的，但这是属于人民内部矛盾，不能和林彪路线挂起来一起批。不然就会偏离斗争大方向。

面对着这种情况，在区委试点小组帮助下，我们给自己提出了一个问题：这样搞法究竟对不对？符合不符合**"首先是批林，其次才是整风"**的指示，是否偏离了斗争大方向？

争 论 的 实 质

问题提出后，为了统一认识，我们举办了有党支部委员和班组骨干参加的学习班。

学习班一开始，就争论得十分激烈。

有的说：批林必须和厂里存在的无政府主义一起批，才能"刹住歪风"。

有的同志不同意这种看法，认为生产上不去，质量事故多，主要是林彪修正主义路线的干扰和破坏。因此，必须首先批林，在批林中提高职工群众的觉悟，划清正确路线与错误路线的界限，才能解决问题。

在学习班上，各抒己见，两种看法，争论不休。

针对这种情况，我们组织大家反复学习毛主席关于批林整风的一系列重要指示，和关于正确处理人民内部矛盾的问题等有关论述，引导大家围绕着在批林整风中如何掌握斗争大方向的问题，进行学习讨论。

经过学习讨论，统一了认识，明确了方向。大家认识到，我们和林彪反党集团的斗争，是一场尖锐的阶级斗争。批林是解决敌我问题，整风是解决人民内部问题。只有坚持首先批林，把斗争的矛头紧紧对准林彪反党集团，才能团结群众，共同对敌。也只有抓住林彪路线的实质，深入批判林彪的谬论和罪行，才能准确地划清正确路线和错误路线的界限，提高广大职工的阶级斗争和路线斗争觉悟，才能有助于人民内部矛盾的解决。如果我们把批判的矛头指向群众，就违背了毛主席关于**"首先是批林"**的指示，就会偏离斗争大方向。

解 决 的 办 法

根据毛主席关于**"首先是批林，其次才是整风"**的指示精神，我们发动全厂职工，对林彪反党集团的罪行和谬论，开展了革命大批判。尤其是对他鼓吹的"政治可以冲击其它"的反动谬论，反复批判了多次。大家感到，厂里出现的质量事故多，纪律松弛，企业管理混乱等现象，主要是林彪"政治可以冲击其它"反动谬论的干扰。通过批判，大家进一步认清了林彪鼓吹"政治可以冲击其它"，就是妄图用资产阶级政治冲击无产阶级政治，反对无产阶级政治挂帅，破坏社会主义企业管理，瓦解社会主义经济基础。在批判中，大家还把林彪搅乱了的那些界限，重新划分清楚。划清了为革命抓好生产与"生产第一"；为革命学技术与"技术第一"；坚持必要的规章制度与"管、卡、压"等界限。在全厂很快出现了在政治统帅的前提下，领导上敢抓生产，职工积极钻研技术的生动局面，生产蒸蒸日上。

事实证明，批林是对群众进行的一次生动的阶级斗争和路线斗争教育，批林批得越深，群众受教育也就越大。要解决群众当中路线上是非界限不清的问题，必须从批林入手。

对群众中少数表现不好、组织纪律性很差的人，也不是说不管了，让其放任自流。我们对平时组织纪律性差、表现不好的十八个人，没有当作无政府主义的典型，和林彪路线挂起来进行批判，而是耐心地做政治思想工作。首先对他们逐个地进行了分析，找出他们表现不好的原因，然后对症下药去做工作，帮助他们转变。

青年女工×××。她曾私自占用房子，领导几次动员她也不腾。后来，我们就采取了强硬的办法让她搬出去，伤了感情，引起了她的不满，对立情绪很大。从那以后，她经常迟到早退，学习和政治运动都不参加，并说："我是能参加学习的，就是不参加，你们爱怎么办就怎么办！"经过对她进行全面地历史地分析，找出了她的思想症结。她原是班组的骨干，思想要求进步，还曾申请入党。现在所以表现这样不好，除她本人有思想问题以外，我们在处理房子问题上方法不当，也是使她产生消极抵触情绪的原因之一。

青年工人×××，经常迟到早退，有时无故旷工，有一次在工作时间去海河游泳，认为他是全厂的"刺头"，于是，把他当作无政府主义典型进行批判。经过分析，大家感到×××纪律松弛、工作不好好干，对他这些缺点应当进行严厉批评。但是不应当把他的问题，挂到林彪路线上一起批。

这样，通过一个人一个人的分析研究，找出了这十八个人组织纪律性差、表现不好的原因。这些职工的问题都是属于一般思想问题。只要抓紧教育，做过细的思想工作，是可以解决的。在弄清情况的基础上，我们遵照毛主席关于解决思想问题必须用**"民主的即说服的方法，而不是强迫的方法"**的教导，对这些同志，一个人一个人的做思想工作。经过一段艰苦细致的思想工作，在十八个人中，十个人有了明显的转变，其余的人也有了不同程度的进步。过去，被人认为无政府主义典型的×××和×××，通过多次个别谈心，解开了思想疙瘩，他俩有了突出的转变。×××主动检查了自己的缺点和错误，积极参加学习，努力生产，完成和超额完成了生产计划。他的转变也改变了群众的看法，同志们说："过去的包袱，现在成了财富。"

目前，全厂干部、职工刻苦攻读马列的书和毛主席的书，学习风气越来越浓，批林的斗志越来越旺，革命团结越来越好，革命促进了生产的发展。一九七二年产值计划提前四十五天完成。比一九七一年增长百分之二十点零四，产量超额完成年计划百分之三点八，产品质量稳步上升，合格率达到百分之九十九点八，原材料消耗有所下降，全年节约衣料八千二百三十公尺，劳动生产率提高百分之二十点零四。出勤率由去年最高的百分之八十八，上升为百分之九十四。今年一月以来，班班都超额完成计划，干群关系得到了改善，全厂出现一个团结进步的新局面。

受 到 的 启 示

一年来，随着批林整风运动的深入发展，逐步端正了批林整风的大方向，使我们受到的启示是：

一、必须充分认清林彪路线的极右实质，牢牢掌握斗争大方向。

过去我们曾一度认为，林彪是极"左"的代表，林彪路线是一条极"左"的路线。于是就把职工当中少数人迟到、早退，纪律松弛等问题，看成是林彪路线流毒的表现，和林彪路线挂在一起进行批判。结果，不但问题没得到解决，反而造成了对立情绪。

事实使我们认识到，对林彪煽动极"左"思潮的罪行要批判，但不能把林彪路线归结为极"左"，更不能以批判极"左"思潮代替对林彪修正主义路线的批判。对职工中少数人的无组织无纪律的现象，要进行教育，个别严重的还可以给予纪律处分。但不要把这些人的问题挂到林彪路线上去批判。我们同林彪反党集团的斗争，是解决敌我问题。只有坚持首先批林这个斗争大方向，紧紧把矛头对准林彪反党集团，才能团结一致，共同对敌，不断取得批林整风的胜利。

二、不同性质的矛盾用不同的方法去解决。

毛主席教导我们："**不同质的矛盾，只有用不同质的方法才能解决。**"对于敌我问题，就是要发动群众，开展革命大批判，进行坚决的斗争。对于人民内部矛盾问题，则要用学习党的路线，总结经验教训，坚持摆事实、讲道理，用说服教育的方法来解决。我们严格区分了两类不同性质的矛盾，抓住林彪路线实质进行批判，而对职工中的思想问题，要进行具体分析，一个人一个人地做艰苦细致的思想政治工作，收到了成效，尝到了甜头。

三、关键在于提高马列主义水平。

毛主席教导我们："**认真看书学习，弄通马克思主义，方能抵制王明、刘少奇、陈伯达一类骗子。**"从斗争的实践中，我们深刻体会到，在批林整风中，要牢牢掌握斗争大方向，正确地执行毛主席革命路线和政策，必须认真攻读马列的书和毛主席的书，才能在复杂的斗争中看清问题，分清是非，永远沿着毛主席的革命路线胜利前进。

我们是怎样抓住林彪路线的实质
开 展 革 命 大 批 判 的?

天 津 胶 管 厂

回顾一年多批林整风的情况，我们体会到，要把批林整风抓紧抓好，很重要的一条，就是要抓住林彪修正主义路线的实质，深入地进行批判。

一、批判林彪路线必须要抓住实质

林彪路线是一条反革命修正主义路线。经过一年多批林整风运动的实践，广大工人和干部对于林彪路线的实质认识得越来越清楚了。实践证明，只有抓住林彪路线的实质进行批判，才能击中要害，批深批透，从根本上提高广大职工的阶级斗争、路线斗争觉悟。批判时如果抓不住实质，不仅分不清路线是非，还会偏离斗争大方向。

去年，批判林彪鼓吹的"政治可以冲击其它"谬论时，由于我们没有引导大家从林彪路线的实质去分析批判，有的同志就误认为林彪搞的是"空头政治"，他的流毒就是光说不练，结果，对如何正确处理政治与业务的关系，思想上并没有搞清楚。也有的人说："过去是政治搞多了，业务搞少了，今后应该多搞点业务啦。"甚至有个别同志把学习、搞批判也看成是"空"的，认为只有抓好生

271

产，完成计划，才是"实"的。所以在一些部门中出现了"生产第一"、"技术第一"和某些偏离斗争大方向的苗头。

还有一种情况，那是在批判无政府主义问题时，开始我们没有注意引导群众集中对准林彪煽动无政府主义的罪行进行批判，结果把职工内部某些纪律松弛现象，统统作为无政府主义进行批判。有的班组批判会形成了检讨会，检查无政府主义在自己身上的反映。结果使批林搞得冷冷清清。

上述这些问题的发生，主要是由于我们没有牢牢地抓住林彪路线的实质进行批判造成的。只有把林彪鼓吹的谬论和他的反革命修正主义路线实质联系起来批判，才能批得准，批得深。比如林彪鼓吹的"政治可以冲击其它"的谬论，他的目的就是要用资产阶级政治冲击无产阶级政治，冲击社会主义经济基础，冲击无产阶级专政，这不是地地道道的右的货色是什么？同样，林彪煽动无政府主义，他并不是不要政府，只是不要无产阶级的政府，而是要他林家的政府，是要用地主资产阶级的法西斯专政来代替无产阶级专政。这同我们职工内部存在的某些纪律松弛现象在性质上是根本不同的。问题的症结找出以后，我们引导大家从林彪修正主义路线的实质上进行再批判，这样，火力集中了，矛头对准了，同志间团结了，思想明确了，运动就深入了。

二、怎样才能抓住林彪路线的实质

在批判中，许多同志对林彪鼓吹的谬论的反动性感到无比气愤，可是，却不能敏锐地抓住其要害，进行有力的批判。根本原因就是不能很好地运用马克思主义的立场、观点、方法去分析问题，驳斥敌人。为此，我们始终抓了**"认真看书学习，弄通马克思主义"**这个根本，教育职工学会运用马克思主义的立场、观点、方法去观察问题、分析问题。在怎样抓住实质深入批判上，我们有以下几点体会。

1. 掌握"三要三不要"的基本原则，揭露林彪路线的反动内容。

掌握了"三要三不要"的基本原则，识别真假马克思主义就有了明确标准，就能认清林彪路线的反动内容，并抓住其实质。例如，我们批判林彪兜售的唯心主义天才观时，大家用三条基本原则一对照，认识到：第一，林彪鼓吹的天才观是彻头彻尾的唯心论的先验论，是反马克思主义的货色。第二，林彪鼓吹的天才观，过去就受到毛主席的多次批判，"九大"通过的新党章就把"天才"的副词删去了。可是林彪在九届二中全会上又把这个问题重新搬出来，这是明目张胆的反对毛主席、反对党中央的罪恶活动。第三，林彪表面上装出"无限崇拜"的样子，"颂扬"毛主席是天才，暗地里却大树自己是"天才"，妄图谋害毛主席，这是典型的耍阴谋诡计。通过这样的分析、批判，就抓住了林彪鼓吹的唯心主义天才观的反动实质。

2. 把谬论和罪行结合起来批，揭露林彪路线的罪恶目的。

任何一条机会主义路线都有它的政治目的。尽管林彪不断变换手法，但他鼓吹的谬论都是为他极右路线服务的，都是为了达到颠覆无产阶级专政，复辟资本主义的罪恶目的。

如果不把他鼓吹的谬论和他的罪行结合起来批，不去从他的罪恶目的上分析，往往会批了半天也批不到要害，抓不住实质。拿"政治可以冲击其它"这个谬论来说，乍一看，貌似极"左"，其实是右的。联系林彪大量反革命罪行，就会看出，林彪在这里既不是"突出"无产阶级政治，也不是什么"空头政治"，而是要用资产阶级政治冲击无产阶级政治，冲击和破坏无产阶级专政的经济基础，是不折不扣的反革命政治。这同林彪过去鼓吹的"生产就是政治"，虽然形式不同，但在本质上是一路货色，其罪恶目的都是为了颠覆无产阶级专政，复辟资本主义。

3.坚持阶级分析方法，揭露林彪路线所代表的阶级利益。

根据马克思主义的阶级斗争观点，任何一条机会主义路线的产生都不是偶然的，而是有其深刻的阶级根源的。因此，坚持阶级分析的方法，看林彪鼓吹的那一套为哪个阶级服务，对哪个阶级有利，就能透过五光十色的假象抓住林彪路线的实质。

开始批判林彪诬蔑我国社会主义制度是"国富民穷"，并打出什么"民富国强"的旗号时，我厂广大群众用今昔对比、忆苦思甜的方法，痛斥了林彪的无耻谰言。但是，有些同志对林彪为什么要鼓吹"民富国强"，这一谬论同他所推行的修正主义路线是什么关系，从实质上批得不深。甚至有人认为，在这个问题上的两条路线斗争就是"国富民强"，还是"民富国强"，是把那个摆在前头的问题。为了使大家深刻地认识林彪鼓吹这一谬论的罪恶目的，我们引导大家运用阶级分析的方法集中分析了两个问题：一个是解放以后究竟哪个阶级"穷"了，哪个阶级富了？另一个是林彪叫嚷"民富国强"是要哪个阶级富起来？通过这样一分析，广大群众认识到林彪胡说什么"国富民穷"是替被打倒的地主资产阶级鸣冤叫屈；叫嚷什么"民富国强"是要鼓噪地主资产阶级登台复辟，对于林彪路线的实质认识得更加清楚了。

三、要克服深入批判的几个思想障碍

1、克服"差不多"思想，树立长期作战的思想。

有人认为批林搞得"差不多了"，"没嘛可批的了"。好象我们在深入批林方面可以松口气了，这显然是不对的。为了解决这个问题，我们召开了六个不同类型的座谈会，对全厂批林整风运动的形势做了调查研究。

从我们厂过去对林彪反革命修正主义路线的批判情况看，有些问题是抓住实质，批得比较深了；有些问题虽然批过了，但批得还不深，要批深批透，还要下一番功夫；有些问题虽然口头上讲也能划清正确路线与错误路线的界限，但实际上并没有分清楚；有一些问题则还没有触及。比如，对于林彪宣扬的"三十字方针"，有些同志还搞不清楚理论联系实际同资产阶级实用主义、必要的形式同形式主义的界限。这就说明，我们在深入批林方面不是"差不多"了，而是仍然需要艰苦的努力，还需要长期作战。

2、克服"远水不解近渴"的思想，做到纲举目张。

有人认为，抓住林彪路线的实质进行批判，这是对的，但就是"远水不解近渴"，不能解决目前生产上、工作上的具体问题。针对这种认识，我们及时组织大家进行分析研究。大家认为，抓住实质，深入开展批林整风，是关系到我们党和国家"**要搞马克思主义，不要搞修正主义**"，永远沿着毛主席革命路线胜利前进的大事。绝不是什么"远水解不了近渴"。如果只急于解决眼前的具体任务而忘掉头等大事，那就会成为盲目的不清醒的革命者。

大家还认识到，抓住林彪路线的实质，把他散布的谬论批深批

透，把被林彪搅乱的那些是非界限，从思想上、路线上划分清楚，清除其修正主义影响，这正是做好各项工作的重要保证。有这样一件事，使我们深受启发。我们厂有一种钢丝编织胶管，曾经根据一些同志建议，把斜纹胶布改成了直纹胶布，这样做减轻了劳动强度，提高了工作效率。但投产一段以后，用户反映这种产品弯曲柔软性不好，使用很不方便。主管这项工作的一位工程师，参照国内外的技术资料，打算提出一项新的改进方案，取消这层直纹胶布。可是他顾虑采用直纹胶布的建议是群众提出来的，如果自己提出取消它，会不会说自己压制群众的首创精神，挫伤群众的积极性，因此他没敢把方案拿出来。后来，他和大家一起批判了林彪鼓吹的"群众运动天然合理"的谬论，认识到林彪抛出的谬论，是要鼓吹"自发论"，否定党的领导，否定正确路线的决定作用，反对和破坏党领导下的革命群众运动。通过这样的分析、批判，使他认识到，对于群众的正确意见，要努力加以实现；而对群众中提出的不正确意见，则应当同群众一起加以改正。这样才符合广大群众的根本利益，正说明树立了群众观点。从而使他初步划清了群众路线和"群众运动天然合理"的界限，解除了思想顾虑，大胆提出了新的改进方案。结果在工人们的积极支持下投入了生产，不仅提高了产品质量，节省了劳动力，一年还为国家节约帆布三万多公尺。这件事说明，深入批林决不是"远水解不了近渴"。我们要完成各项工作，一定要按照毛主席的教导，做到**"纲举目张"**。

3、克服"简单化"思想，在不断深入上下功夫。

有人认为，林彪反革命修正主义路线的实质不就是那么几句话吗？只要在批判中挂上那几句话，就是抓住实质了。这是对抓住实质深入批林的错误理解。

今年中央两报一刊元旦社论中的一段论述，深刻指明了林彪路线的极右实质。但是，我们讲抓住实质，决不是说简单地搬上了这段话，就算抓住了实质。只有运用马克思主义的立场、观点、方法，对林彪的谬论和罪行进行深入分析和批判，才能抓住林彪路线的反动实质，才能批深批透。就拿我们厂批判林彪鼓吹的关于"政变"的反革命谬论来说，开始批判时，大家只认识到林彪不讲阶级和阶级斗争，不讲党的领导，不讲人民群众，专讲个人，专讲宫庭政变，这是反马克思主义、列宁主义、毛泽东思想的。那末，这种反动观点是从哪里来的，是哪个阶级的思想体系呢？大家运用辩证唯物主义和历史唯物主义的观点，又进一步进行批判，认识到林彪鼓吹"政变"，是他唯心史观的大暴露，进一步认清了林彪的思想体系是剥削阶级货色。那么林彪大讲"政变"要干什么呢？再进一步分析批判，这才挖到了林彪鼓吹"政变"的反动政治目的，原来就是为反党篡权制造舆论，妄想发动反革命政变，推翻无产阶级专政的社会主义制度，复辟资本主义。这就更加激发了大家对林彪的无比仇恨。可见，林彪的各种谬论不是一次就能批透的，而是逐步深入，经过反复批判，才能批深批透的。

№ 015058

·绝密·

革命大批判

第二十一期　　　　　一九七三年四月二十四日

天津市革命委员会政治部编印

毛 主 席 语 录

要搞马克思主义，不要搞修正主义；要团结，不要分裂；要光明正大，不要搞阴谋诡计。

思想上政治上的路线正确与否是决定一切的。

我并不是不要说天才，天才就是比较聪明一点，天才不是靠一个人靠几个人，天才是靠一个党，党是无产阶级先锋队。天才是靠群众路线，集体智慧。

政治是统帅，是灵魂，政治工作是一切工作的生命线。

"天才论"是林彪反党集团
复辟资本主义的反革命理论纲领

天津铁路分局大批判组

林彪一伙代表着国内被打倒的地、富、反、坏、右和国际上帝、修、反的根本利益，采取阴谋手段，进行各种罪恶活动，妄图篡夺党和国家的最高权力，从根本上改变党的基本路线和政策，颠覆无产阶级专政，复辟资本主义，执行的完全是一条极右的政治路线。

历史经验告诉我们，思想路线和政治路线是紧密联系在一起的。有什么样的政治路线，必然会有一条什么样的思想路线与之相适应。林彪拼命鼓吹的唯心论的"天才论"，这条反动的思想路线就是为实现其极右的政治路线服务的。

一、"天才论"是恶毒反对毛主席、反对毛泽东思想的反动理论

林彪竭力宣扬世界上有一种"无师自通"、"天生就会"、"天生就懂"的所谓"天才"、"全才"。林彪不但自己鼓吹，还指令他的死党也大力鼓吹"天才"。如果有谁怀疑，林彪就凶相毕露挥舞着"不忠"、"反党"等大棒把你置于死地。他还自我吹嘘是"天才"，是他妈给他生了一个好脑袋。

人的知识和才能是从那里来的？是先天就有的，还是后天才有

的问题，是马克思主义和修正主义一个根本分歧。马克思主义认为，人的思想是客观存在的反映，实践是认识的基础。列宁在《唯物主义和经验批判主义》一书中指出："**生活、实践的观点，应该是认识论的首先的和基本的观点。**"毛主席指出："**人的正确思想，只能从社会实践中来，只能从社会的生产斗争、阶级斗争和科学实验这三项实践中来。**"至于人脑在原始上有没有差别呢？马克思在批判蒲鲁东的唯心主义谬论时做了深刻的说明："**搬运夫和哲学家之间的原始差别要比家犬和猎犬之间的差别小得多，他们之间的鸿沟是分工掘成的。**"这就清楚地告诉我们，人们生理上的差别，是微不足道的，完全不是象林彪别有用心地自我吹嘘的那样，他的脑袋与普通工农群众的脑袋有什么"天壤之别"！人脑这种极小的差别，不过是才能发展的一种可能性，而人们才能的形成和发展，完全依赖于后天的社会实践。毛主席在《**我的一点意见**》中说："**主要的不是由于人们的天才，而是由于人们的社会实践。**"林彪极力鼓吹"天才论"，把人的知识和才能说成是生来就有的"天分"，把人们生理上的原始差别，无限夸大为才能大小的决定因素，完全背叛了马克思主义，暴露了林彪"天才论"的唯心主义本质。

林彪鼓吹"天才论"包藏着极其险恶的祸心。他把唯心论的"天才论"直接用来对待无产阶级的伟大领袖毛主席，妄图把唯心主义"天才"的帽子，强加于我们毛主席身上。他反复宣扬毛主席是"最伟大的天才"，让人们"要相信毛主席的天才"，还说什么"我们同毛主席那一点不同？一起搞斗争，有些人年龄比他老，我们没有他老，但经历的事也不少。书我们也读，但我们读不懂，或者不很懂，毛主席读懂了。"叛徒、卖国贼林彪表面上是颂扬毛主席，实际是孤立、贬低伟大领袖。他通过卑劣手法，妄图把伟大领袖毛主席几十年的革命实践活动一笔勾销，把毛主席的英明伟大完全归结于"个人天分"，把毛主席同党和人民群众的血肉联系完全割断，把亿万人民的革命领袖极度歪曲成了只有宗教那里才存在着的"神人"，林彪反对毛主席的狼子野心已经赤裸裸地暴露无遗了。

林彪恶毒歪曲革命领袖的形象，也就同时否定了毛主席的伟大思想。林彪胡说："毛主席这样的天才，全世界几百年，中国几千年才出现一个。"按照林彪的说法，毛主席之所以成为我们党的伟大领袖，并不是在长期的革命斗争实践中形成的，也不是在群众中出现的，而是早在几百年、几千年以前就已经注定了的，完全是上天的旨意，是造物主的安排罢了！林彪根本否定毛泽东思想是马列主义普遍真理与中国革命具体实践相结合的产物，把毛泽东思想恶意歪曲成为天才人物头脑中主观自生和先天固有的东西，歪曲成从天上掉下来的东西，这就歪曲了革命领袖的伟大形象，歪曲了伟大的毛泽东思想。

二、"天才论"是否定党和人民群众伟大历史作用的反动理论

用"天才论"来解释人类社会历史的发展，毫无疑问便陷进几千年来地主资产阶级和一切机会主义所宣扬的唯心主义历史观的泥坑。林彪用"天才论"宣扬英雄创造历史的唯心史观，是早已被马克思列宁主义驳倒了的陈腐的反动观点。

马克思主义认为，人类社会的历史是一部物质生产的发展史，是阶级斗争的历史。恩格斯指出："**全部历史都是阶级斗争的历**

史，即社会发展各个阶段上被剥削阶级和剥削阶级之间、被统治阶级和统治阶级之间斗争的历史。"毛主席说："阶级斗争，一些阶级胜利了，一些阶级消灭了。这就是历史，这就是几千年的文明史。"劳动人民是社会物质财富的创造者；是反对腐朽反动阶级的统治，使新的生产方式代替旧的生产方式，实现社会变革的决定力量；他们亲身参加三大革命实践，因而最聪明、最有智慧，是一切精神财富的创造者。这就是马克思主义关于奴隶们创造历史的观点。林彪却打着"天才论"的旗号，恶毒地丑化人民群众，对人民群众的伟大历史作用极尽诬蔑、诽谤之能事。胡说工人只不过要求"少做点工，多搞点钱"，把积极投入革命战争的广大群众，辱骂为只知道"恭喜发财""招财进宝""妻子儿女""油盐酱醋柴"的"群氓"；与此同时，林彪却把他所代表的地、富、反、坏、右都看成是高人一等的"先知"，把帝王将相、反动头目都捧为"创世英雄"。他把中国人民抗日战争的功绩，明目张胆地统统记在蒋介石国民党帐上，肉麻地为人民公敌蒋介石歌功颂德。在他那个专讲政变问题的"五·一八"讲话中，他这种反动的英雄史观更是达到了登峰造极的地步。他把一小撮历史渣滓美化为历史的主人，而把真正的历史主人却诬蔑为历史的"渣滓"，完全抹煞了人民群众进行斗争的历史功勋，对人类历史进行粗暴的歪曲和无耻的颠倒。

马克思主义在肯定群众创造历史的前提下，同时承认个人在历史上的作用。对于无产阶级的革命领袖，不仅一般地承认，而且还特别强调他们在历史上起着极其伟大的作用。每一个历史时代，每一个阶级都有自己的代表人物。先进阶级的代表人物，他们的思想和行动体现着时代的要求，反映着先进阶级的利益和愿望，符合社会发展的规律，起着加速历史进程的作用。但是任何先进阶级的代表人物都不是天生的，更不是自封的，而是在斗争中、在群众中涌现出来的。马克思指出：**"每一个社会时代都需要有自己的伟大人物，如果沒有这样的人物，它就要创造出这样的人物来。"** 从根本上说，任何英雄豪杰、领袖人物的天才都是群众智慧的结晶。从这个意义上说，天才也就是群众智慧的结晶。无产阶级的革命领袖，是在无产阶级和资产阶级之间的斗争已经成为主要矛盾的资本主义时代，是在帝国主义和无产阶级革命的时代出现的，是无产阶级这个历史上最先进阶级的代表，是无产阶级先锋队的代表。马克思、恩格斯和他们的学说，不能在封建主义时代，而只能在资本主义时代出现；同样，列宁和列宁主义，也不能在自由资本主义时代，而只能在帝国主义时代出现。原因就是，没有一定的历史条件，离开当时的革命斗争实践，就不能出现象马克思、恩格斯、列宁这样伟大的无产阶级领袖。

毛主席说：**"我幷不是不要说天才，天才就是比较聪明一点，天才不是靠一个人靠几个人，天才是靠一个党，党是无产阶级先锋队。天才是靠群众路线，集体智慧。"** 毛主席这个论述，不仅科学地说明了人的才能和实践的关系，而且说明了个人同群众、同党的关系。无产阶级的革命领袖是在历史上空前广阔、空前深刻的伟大革命斗争中，在无产阶级政党领导的人民革命斗争中产生的。无产阶级领袖的知识和才能是党的共同财富。绝不能割裂无产阶级领袖和无产阶级政党的关系，孤立地看待无产阶级领袖，个人的任何才能，必须依靠党的领导，依靠党的正确路线，才能充分发挥其作用。叛徒、卖国贼林彪鼓吹唯心论的"天才论"，片面夸大个人的历史作用，就是妄图利用无产阶级领袖的伟大历史功勋，抹煞阶级斗争的伟大实践，否定无产阶级政党和人民群众的历史作用，分裂领袖同党和人民的血肉关系，这是他鼓吹"天才论"的一个险恶用心。

三、"天才论"的要害是妄图复辟资本主义

林彪顽固地鼓吹唯心主义的"天才论"，是为他阴谋抢班夺权，复辟资本主义的政治目的服务的。林彪装作"高举"、"紧跟"的样子，把自己打扮成"宣传者"和"捍卫者"、"最忠实的学生"，在天才问题上挖空心思大作文章，是为了利用毛主席在群众中的崇高威望，在理论上搞欺骗，在政治上掩盖他反对毛主席的罪恶活动。在九届二中全会上，林彪打着"天才"的旗号，猖狂向党进攻，大搞宫庭政变就是证明。

毛主席洞察一切，粉碎了他们的阴谋诡计。林彪一伙不甘心失败，继续进行反革命活动。他们垂死挣扎，又炮制了反革命政变纲领《"571工程"纪要》，反革命狰狞面目终于最后显露出来。在他们一伙炮制的《"571工程"纪要》中，什么"天才"呀、"四个伟大"呀、"紧跟"、"高举"呀，等等虚伪的颂词被抛得一干二净，完全撕掉了一切伪装。他们颠倒黑白，捏造事实，对毛主席进行恶毒攻击，甚至丧心病狂地要用法西斯手段妄图谋害伟大领袖毛主席。事实证明，林彪歌颂毛主席是天才，完全是假的，是为其实现反革命政治阴谋制造的反革命舆论。

林彪鼓吹"天才论"，实际上是为了吹嘘自己，把他自己捧上天才人物的宝座，妄图篡夺党的领导权，复辟资本主义。马克思说过："**朗格先生竟对我大大地赞扬了一番，但目的是为了显示自**

己"。马克思、恩格斯在批判"天才论"的鼓吹者卡莱尔时尖锐地指出，搞天才崇拜的人，是想"**最后得出一个答案：应该由贵人、贤人和智者来统治**"。毛主席在批判林彪"天才论"时一针见血地指出："**什么'大树特树'，名曰树我，不知树谁人，说穿了是树他自己。**"事实上，林彪就是这样的坏家伙，他一方面鼓吹"天才论"，另一方面又拼命往自己脸上贴金，千方百计地标榜自己是什么"一贯正确"、"常胜将军"等等。他的死党黄、吴、叶、李、邱完全心领神会，默契配合，肉麻地帮腔。他们说：恩格斯、斯大林、林彪"三大助手"中，"林彪是最好的助手"、"最光辉的助手"，吴法宪、李作鹏鼓吹，发现天才的人也是天才，而林彪就是这样的天才。除此之外，他们一伙还对林彪的儿子大加吹捧，把个二十几岁一不会做工、二不会种田、三不会打仗的林立果，说成是什么"天生的全才"、"罕见之才"、"没有那一个能够和他比得上"。林彪就是这样通过鼓吹天才，为自己粉墨登台、为林家父子妄图在中国建立封建王朝制造舆论的。林彪还利用"天才论"打击、陷害党中央领导同志，以便为他复辟资本主义扫清障碍。林彪一伙在九届二中全会前，把召开四届人大看做是"权力再分配"的会议，是实现他们篡党夺权野心的最好机会。一方面他们顽固地对抗毛主席多次指示，坚持要设国家主席；一方面借口天才问题制造事端，积极策划向党进攻。在九届二中全会上，林彪死党加紧秘密活动，炮制称天才的材料，私拟国家主席一节宪法条文。他们四出活动，多方串连，组织力量，部署进攻。他们的反革命气焰嚣张一时，大有炸平庐山，停止地球转动之势。林彪打着天才的幌子，制造罪名，分裂党，打击陷害异己，妄图为自己抢班夺权、复辟资本主义铺平道路。

林彪一伙在九届二中全会上发动的反革命政变被粉碎以后，**他们拒绝毛主席、党中央的教育和挽救**，继续反对"九大"路线，反对毛主席圈去三个副词的指示，攻击毛主席**《我的一点意见》**这个马克思列宁主义的重要文献，抗拒对唯心论的先验论的批判。他们仍然顽固地坚持人的才能是先天就有的反动观点，胡说什么"天才论不等于先验论"，鼓吹"英雄和奴隶共同创造历史"的反动谬论；同时，他们躲在背后，更加拼命地策划反革命武装政变，妄图实现他们谋杀领袖另立中央的罪恶目的。然而，林彪一伙倒行逆施，根本违背历史发展规律，违抗我国人民的意志和愿望，其结果只能是落个粉身碎骨的下场。

林彪反党集团虽然已被我们党粉碎了，但是我们不要忘记，社会主义是一个相当长的历史阶段，在这个历史阶段中，还存在着阶级和阶级斗争，这种斗争必然要反映到党内来。政治路线上的斗争和思想路线上的斗争从来是紧密联系在一起的。唯物论和唯心论，唯物史观和唯心史观的斗争已经斗了两千多年，今后的斗争还将是长期的，只是在不同的历史条件下，表现形式不同而已。我们必须认识这种斗争的长期性和复杂性，一定要**"认真看书学习，弄通马克思主义"**，以毛主席提出的**"要搞马克思主义，不要搞修正主义；要团结，不要分裂；要光明正大，不要搞阴谋诡计"**三条原则，武装自己的头脑，不断提高识别真假马克思主义的能力。一定要彻底批判林彪唯心主义先验论，并肃清反动"天才论"给我们工作中带来的流毒和影响。克服"一贯正确论"、"领导高明论"和"骄傲有资本论"等错误思想，分清什么是马克思主义，什么是修正主义；什么是唯物论的反映论，什么是唯心论的先验论。不断改造世界观，洗刷唯心精神，掌握辩证唯物论的两分法，不断改进工作作风，树立群众是真正的英雄的观点，深入实际，作调查研究，不断提高路线斗争觉悟，发扬党的实事求是、群众路线、谦虚谨慎、艰苦奋斗的优良传统，更好地贯彻执行毛主席的革命路线，**"团结起来，争取更大的胜利"**。

从祖国医药发展
看唯心主义先验论的破产
——彻底批判林彪唯心主义"天才观"

魏　　文

辩证唯物主义的反映论同唯心主义的先验论是两条根本对立的认识路线，都是为各自的政治路线服务的。历史经验证明，所有机会主义路线都有一条与它相适应的反动哲学路线。马克思主义的革命路线和机会主义路线的斗争，总是伴随着一场唯物论和唯心论两种世界观的斗争。因此，在粉碎各种机会主义政治路线的时候，彻底批判它的反动哲学路线，摧毁它的理论基础，就是一项极其重要的任务。叛徒、卖国贼林彪一伙顽固地坚持唯心论的先验论，鼓吹"天才观"，宣扬"英雄创造历史"的唯心史观，就是为其篡党夺权、复辟资本主义的政治目的服务的。只有在彻底批判林彪的反革命政治纲领的同时，还要认真批判他的反动的理论纲领，才能从政治上、思想上、理论上把他的反革命修正主义路线批深批透，彻底粉碎林彪反革命阴谋集团。

天才问题，归根结底就是关于人的知识、才能是从哪里来的，是先天就有的，还是后天才有的问题。林彪一伙把天才说成是"个人天分"，是"生而知之"，是"天生有个好脑袋"等等，完全暴露了他反对马克思主义的反动立场。

马克思主义并不否认天才，天才无非就是比较聪明一些。马克思主义也从来不否认人的知识、才能有高低大小之分，但造成这种差异的原因，决不是"天生"的，不是由于什么人的"自然本质"决定的。也就是说，人们的知识、才能的差别，不是先天就有的，而是由于人们社会实践的不同形成的。毛主席指出：**"人的正确思想是从那里来的？是从天上掉下来的吗？不是。是自己头脑里固有的吗？不是。人的正确思想，只能从社会实践中来，只能从社会的生产斗争、阶级斗争和科学实验这三项实践中来。"** **"天才不是靠一个人靠几个人，天才是靠一个党，党是无产阶级先锋队。天才是靠群众路线，集体智慧。"** 林彪一伙狂热鼓吹"天才观"的罪恶目的，就是妄图否定社会实践，否定人民群众的历史作用，否定党的领导和党的正确路线，以唯心主义的先验论对抗唯物主义的反映论，反对马克思主义的认识论，从根本上否定无产阶级政党的理论基础，改变党在社会主义历史阶段的基本路线和政策，为其进行反革命政变，颠覆无产阶级专政，复辟资本主义制造舆论。

按照辩证唯物主义的观点，人的知识、才能来源于社会实践，而不是先天就有的，只能是学而知之，决不是"生而知之"。实践出真知，离开了社会实践，人的认识就成了无源之水，无本之木。正如毛主席指出的**"人的认识一点也不能离开实践"**，**"实践的观点是辩证唯物论的认识论之第一的和基本的观点。"** 我们祖国医药学发展的史实，完全证明这是一条颠扑不破的真理。

从我国的药学来说，古代对药物的发现，最初就是人们在寻找食物充饥的过程中，吃了某些有毒的植物或动物，而发生呕吐、腹泻、昏迷等症状，或者吃了某种食物而感到解除了一些痛苦。这样经过长期的体验、实践，逐渐积累了一些关于应用药物的知识，发现了大量药物。《淮南子》修务训记载："尝百草之滋味，水泉之甘苦，……。当此之时，一日而遇七十毒。"生动地描绘了尝药实践的过程。《本草纲目》中记载："砒霜、大毒。"只不过四个字，但却是经过毒死若干性命而后才认识的。这就充分地说明了人们对于中药的认识和应用，是一点也离不开实践的。我国的药学，是在人们的实践过程中，经过许多曲折和反复，付出很大代价，甚至牺牲许多生命，才产生出来的。

从祖国的医学来说，战国时代的著名民间医生扁鹊，通过他本人的行医实践，提出了望、闻、问、切四种传统的医学理论，直到今天还为中外医学界所重视和应用。三国时代的名医华佗，经过长期医疗的实践，发明了使用麻醉剂。针灸的应用，也是由于人们在生产劳动中，发现砭石、骨针、荆棘刺等碰到人体某一部位，引起了消除病痛的作用，而逐步有意识地将针刺用于医疗，形成了针灸疗法。以后，随着人们祖祖辈辈的不断实践和探索，又得到不断发展。解放以后，在毛主席的革命卫生路线指引下，针灸疗法在医疗上应用范围越来越广。革命医务人员经过反复的亲身实践，终于用小小银针，打开了聋哑禁区，使哑人说了话，使盲人重见光明，瘫痪病人走出家门，同时还开创了针刺麻醉的新篇章，为中国人民和世界人民做出了贡献。由此可见，中国医药学的发展，是经过了漫长的历史，是千千万万劳动人民斗争实践的丰硕成果。

马克思主义的认识论告诉我们：认识来源于实践，检验认识是否正确还是靠实践。林彪一伙否定社会实践对认识的作用，割裂认识对于社会实践的依赖关系，完全证明了他们顽固坚持唯心论的反动立场。他们任意颠倒是非，歪曲事实，妄图使人们相信他们的"天生之才"，为其建立林家王朝制造理论根据，其罪恶用心何其毒也。

"**是英雄创造历史，还是奴隶们创造历史**"，这是无产阶级与资产阶级两种根本对立的历史观，是马克思主义同新老修正主义的根本分歧。马克思主义者认为，社会历史是生产方式的发展史，是阶级斗争的历史。人民群众是从事生产和阶级斗争的主体，是推动历史前进的决定力量。广大劳动群众在长期的阶级斗争、生产斗争和科学实验中，积累了最丰富的实践经验，知识、才能产生于三大革命斗争的实践，群众是真正的英雄。正如列宁指出的："**天才在工人阶级和农民中间是无穷无尽的**"。毛主席也指出："**在某种意义上说，最聪明、最有才能的，是最有实践经验的战士。**"例如我市人民医院原是治疗骨、瘤的专科医院，过去由于受"爬行主义"、"洋奴哲学"等反革命修正主义路线的影响，对骨折损伤的处理，完全是按照"绝对固定"、"完全休息"的洋教条做的，采用骨髓针、钢板石膏做内、外固定，病人在医院要住上三、四个月。这种办法，一直沿用了近半个世纪。一九五八年，在毛主席制定的"**鼓足干劲，力争上游，多快好省地建设社会主义**"总路线的光辉照耀下，积极响应了毛主席关于"**中国医药学是一个伟大的宝库，应当努力发掘，加以提高**"的伟大号召，认真贯彻执行了"**古为今用，洋为中用。**""**推陈出新**"的伟大方针，掀起了西医学中医、中西医结合的群众运动热潮。十几年来，在党的领导下，通过一万多例的治疗实践，终于打破了骨折治疗上的形而上学观点，总结出一套中西医结合小夹板治疗骨折的新方法，取得了骨折愈合快、治疗时间短、功能恢复好、并发症少的显著效果。我市南开医院外科医务人员，采用中西医结合的"非手术疗法"，治疗过去一直被认为必须开刀的胃穿孔、阑尾炎、肠梗阻等急腹症，他们对手术与非手术疗法的选择、中医辩证论治、药味的剂量与服法以及中西医疗法的配合等方面，取得很大成果，开辟了治疗急腹症的新路。这就说明，知识、才能只能从社会实践中来，从群众中来，离开千百万群众的实践和智慧，任何天才都将一事无成。**"天才不是靠一个人靠几个人，天才是靠一个党，党是无产阶级先锋队。天才是靠群众路线，集体智慧。"**

从历史上看，任何科学家的发明创造，任何英雄人物的知识、才能，都不是"先知先觉"的，而是由于他们通过长期的艰苦劳动和反复实践，以广大群众的社会实践为基础，根据当时的社会历史条件产生的。我国明代李时珍，是闻名中外的药物学家，他在编写《本草纲目》的过程中，除精读了许多古书，接受前人的实践经验外，还不畏艰苦，亲身到田野、山林去走访群众，采集标本，从劳动人民中吸取智慧和知识，当时许多农民、樵夫、渔人、工匠等各行各业的人，都成了他的朋友和老师。历时三十多年，才完成了这部五十二卷、载药一千八百九十二种的中药学著作。这一事实充分说明了，科学上的每一成就，都是同群众的社会实践紧密联系在一起的。

林彪一伙否认人的社会实践，鼓吹"个人天分"。在他们一伙看来，人的知识和才能是天生固有的，是靠"天生的好脑袋"产生的，历史是由少数"先知先觉"的"英雄"创造的，而劳动人民不过是微不足道的、愚昧无知的"群氓"、阿斗"，完全抹煞了劳动人民创造历史的伟大贡献，这是对历史的恶毒歪曲。

林彪一伙拼命把自己打扮成创造历史的"英雄"、"天生的救世主"，顽固地坚持"英雄创造历史"的唯心史观，绝不是偶然的，是由于他的反动阶级本性决定的，是有其阶级根源的。地主资产阶级为了维护其剥削制度，总是把自己说成是超乎劳动人民之上的天才的高等人，使劳动人民相信他们的剥削合理性，以此欺骗、愚弄人民群众。林彪完全站在地主资产阶级的立场上，采用欺骗和愚弄的手法，妄图实现他们的反革命政变阴谋。但是，他们是永远不会得逞的，他们决不能扭转历史的车轮，而只能落得个被历史车轮轧得粉身碎骨的下场！

我们一定要坚持不懈地认真看书学习，弄通马克思主义，彻底批判林彪一伙的反革命修正主义路线的实质，肃清唯心主义"天才观"的流毒，把批林整风运动不断地推向前进，夺取更大的胜利。

坚持无产阶级政治挂帅

——彻底批判林彪"政治可以冲击其它"的反动谬论

田　京

"红与专、政治与业务的关系，是两个对立物的統一"，**"政治是統帅，是灵魂"**。毛主席的伟大教导，为我们正确处理政治和业务的关系指明了方向，这对我们贯彻执行毛主席的无产阶级教育路线，搞好教育革命，培养又红又专的无产阶级革命事业的接班人,造就无产阶级知识分子宏大队伍,具有极其重大的战略意义。叛徒、卖国贼林彪，出于颠覆无产阶级专政，复辟资本主义的罪恶目的，在政治与业务关系问题上散布种种谬论，他鼓吹"政治可以冲击其它"，拼命制造混乱，破坏毛主席的革命路线，破坏教育革命。对于林彪鼓吹的"政治可以冲击其它"的反动谬论，必须予以**彻底揭露**和批判。

一、"政治可以冲击其它"是地地道道反马克思
　　主义的谬论

马克思主义认为，红与专、政治与业务的关系是辩证的统一。**政治**与业务作为矛盾的双方，总是相比较而存在，相斗争而发展，**失去**一方，另一方就不复存在。在现实生活中,既没有完全脱离业务**的政治**，也没有不受政治统帅的业务，在政治与业务这一对矛盾**中**，政治总是矛盾的主要方面，总是起决定作用的，它决定着业务

发展的方向。正如列宁指出的："**一个阶级如果不从政治上正确地处理问题，就不能维持它的统治，因而也就不能解决它的生产任务。**"伟大领袖毛主席继承、发展了马克思主义关于政治与业务相互关系的学说，深刻地指出："**政治工作是一切经济工作的生命线。**""**政治是统帅，是灵魂**"，要"**又红又专**"。毛主席的教导，精辟地分析了政治与经济、政治与业务、红与专的辩证关系，为我们正确处理政治工作和其它工作的关系指明了方向。

叛徒、卖国贼林彪，为了实现其颠覆无产阶级专政、复辟资本主义的罪恶目的，极力鼓吹"政治可以冲击其它"的反动谬论，把统帅与被统帅的关系，主要矛盾方面和次要矛盾方面的关系，偷换为"冲击"与"被冲击"的关系。实际上，就是鼓吹政治可以任意挤掉业务，否定业务，就是把政治从一个统一体中，孤零零地抽出来，而使它失去存在的条件。这就否定了政治是统帅，否定了政治与业务是对立统一的这一马克思主义的基本原理。这种把统帅与被统帅的关系随意篡改为"冲击"和"被冲击"关系的恶劣手法，正是林彪反对对立统一的学说，反对马克思主义哲学的基本原理，散布资产阶级唯心主义和形而上学的大暴露。其罪恶目的就是要用资产阶级政治冲击无产阶级政治，用他的反革命修正主义路线，冲击毛主席的无产阶级革命路线，为其复辟资本主义制造反革命舆论。因此，"政治可以冲击其它"是地地道道的反马克思主义的谬论。

二、林彪鼓吹"政治可以冲击其它"的罪恶目的是为了颠覆无产阶级专政

正确处理政治与业务的关系，坚持政治挂帅，这是关系到社

会主义革命和建设的方向路线问题，关系到无产阶级革命事业能否沿着马列主义正确道路胜利前进的问题。我们讲政治，是指阶级的政治。世界上从来没有超阶级的政治，**"政治，不论革命的和反革命的，都是阶级对阶级的斗争"**。无产阶级要进行反对资产阶级的斗争，要建立和巩固无产阶级专政，就必须有一条正确的政治路线。如学校教育，从来都是阶级斗争的工具。在修正主义教育路线的统治下，学校成了资产阶级统治的工具。从这些学校出来的一些学生，严重"三脱离"，同工农兵格格不入。天津大学就有这样的事例。今天我们办的教育事业，则是在毛主席革命路线指引下，是为造就又红又专的无产阶级革命事业接班人服务的。鉴于过去的教训，我们遵照毛主席关于**"学校一切工作都是为了转变学生的思想"**的教导，坚持以阶级斗争为主课，始终把坚定正确的政治方向放在第一位。学校的全部活动，都要遵循毛主席的无产阶级教育路线，为了贯彻党的基本路线，达到巩固无产阶级专政、建设社会主义和共产主义这一根本目的服务的。我们讲无产阶级政治挂帅，就是用毛主席无产阶级革命路线统帅一切，这是政治的最本质的内容。而林彪宣扬的"政治可以冲击其它"，却把政治与业务的关系归结为"时间上谁让谁的问题"，荒谬地提出一切要"让给政治"，表面看好象他很强调政治，一切要为政治"让路"，实质上是在玩弄阴谋诡计，故意制造混乱，用时间比例，数量概念，破坏政治与业务的辩证统一的关系，模糊政治的本质。我们讲的政治统帅一切，就是指毛主席的革命路线在任何时候和任何地方都起统帅作用，而决不能把政治的统帅作用局限在某时某事上。我们还认为，在正确路线指引下，具体的政治活动时间和业务活动时间是应当作合理的安排，是要有一定比例的。就学校工作来说，各种活动必须保证培养出又红又专的无产阶级革命事业的接班人。如果纠缠政治与业务的关系只是在时间上谁多谁少，谁给谁"让路"，这就歪曲了政治对业务的统帅作用，也必然要割裂政治与业务的辩证统一关系，就会走到二元论的邪路上去。林彪所以把政治对业务的统帅关系，说成是"让路"关系，无非是玩弄一种反革命伎俩，借以破坏毛主席的革命路线，为其推行反革命修正主义路线制造反革命舆论。

马克思主义认为，政治是属于上层建筑的范畴，归根到底是为一定的经济基础所决定，并为一定的经济基础服务的。无产阶级的政治，必然要为巩固和发展社会主义经济基础服务，总是促进社会主义生产和业务发展的。历史上从来没有那个统治阶级利用自己的政治"冲击"自己的经济基础的，用自己的政治"冲击"自己的业务的。封建地主阶级没有过，资产阶级也没有过。无产阶级难道能容许自己的政治去冲击自己的经济基础和业务吗？显然不能。如果说"冲击"的话，也只能是或必然是用本阶级的政治力量（包括军事力量）去"冲击"敌对阶级的上层建筑及其经济基础，为本阶级的上层建筑及其经济基础的建立和发展开辟道路。文化大革命就是无产阶级涤荡一切剥削阶级遗留下来的污泥浊水，为巩固社会主义经济基础，发展社会主义生产力创造条件的。而资产阶级政治对无产阶级政治和社会主义业务的"冲击"，也是从来没有停止过的。林彪宣扬的"政治可以冲击其它"，把"统帅"关系偷换成"冲击"关系，它的实质就是要用地主资产阶级政治"冲击"无产阶级的政治、业务和全部事业。如果按照林彪的那一套去做，今天"冲"这个，明天"冲"那个，这样"冲"来"冲"去，就会把社会主义事业统统冲掉。因此林彪所说的"政治"，不是无产阶级政治，而是地主资产阶级的政治、修正主义的政治、反革命的政治。林彪大肆鼓吹"政治可以冲击其它"，就是用反革命政治来"冲击"党的马克思列宁主义路线，"冲击"社会主义经济基础，"冲击"无产阶级专政，为他们复辟资本主义的罪恶目的服务。

三、"政治可以冲击其它"是"业务挂帅"的翻版，完全是一路货色

在政治与业务关系问题上，两个阶级、两条道路、两条路线的尖锐斗争，始终围绕着是坚持无产阶级政治挂帅，还是反对无产阶级政治挂帅这样一个问题。刘少奇曾竭力鼓吹"先专后红"、"智育第一"、"业务挂帅"等谬论，妄图篡改毛主席的无产阶级革命路线，疯狂推行他的反革命修正主义路线，培植资产阶级接班人，复辟资本主义。林彪竭力宣扬"政治可以冲击其它"，猛一看，似乎他很强调政治；而刘少奇鼓吹"业务挂帅"，猛一看，似乎他是否定政治的作用。但是，只要我们运用马克思主义的立场、观点、方法，把这两个叛徒的谬论稍加剖析一番，就不难看出，虽然他们的说法有所不同，但其实质是完全一样的。刘少奇鼓吹"业务挂帅"，就是要用资产阶级政治挂帅。林彪鼓吹"政治可以冲击其它"，就是要用资产阶级政治冲垮无产阶级政治，以便用他们的反革命政治去占领一切业务阵地，妄图使各项业务工作变成他篡权复辟的工具，最后达到"冲垮"社会主义江山的反革命目的。由此可见，林彪的"政治可以冲击其它"同刘少奇的"业务挂帅"，完全是一路货色。

　　总之，林彪鼓吹的"政治可以冲击其它"，在理论上是十分荒谬的，在政治上是极端反动的。林彪鼓吹这一反动谬论，是为他的反革命修正主义路线服务的。"政治可以冲击其它"这个反动谬论在我们教育战线上，流毒广，影响深，干扰破坏大，必须给予彻底的批判，肃清其流毒。我们要坚持无产阶级政治挂帅，运用马列主义、毛泽东思想的立场、观点、方法，彻底批判林彪的反革命修正主义路线和谬论，通过批判提高认识，划清**"政治是統帅"**同"政治可以冲击其它"的界限，划清为革命钻研业务与"业务挂帅"的界限，坚持政治上高标准，业务上严要求。在毛主席革命路线指引下，沿着又红又专的道路不断前进。

叛徒、卖国贼面目的总暴露

——彻底批判林彪投靠苏修的卖国路线

天津市对外贸易局大批判组

叛徒、卖国贼林彪炮制的《"571工程"纪要》反革命政变纲领，是国内地、富、反、坏、右和国际上帝、修、反的反华反共反人民各种反动观点的大杂烩，是林彪及其死党叛党卖国罪恶的铁证。在这个臭名昭著的法西斯反革命政变纲领中，他们恶毒攻击我党反对苏修霸权主义和强权政治的伟大斗争是什么"整苏联"，叫嚣要"借苏力量钳制国内外各种力量"，并乞求苏修"核保护伞"，这赤裸裸地暴露了林彪一伙叛徒、卖国贼的嘴脸。他们妄图改变我党在社会主义历史阶段的基本路线和我国的革命外交路线，颠覆无产阶级专政，复辟资本主义，把独立自主的社会主义新中国，变为苏修社会帝国主义的殖民地。这是一条反革命修正主义路线，也是投降苏修社会帝国主义，反华反共反人民的卖国路线，必须彻底批判。

林彪一伙捏造一个所谓"整苏联"的谬论，妄图把破坏和分裂国际共产主义运动的罪名，加在我党和我国人民头上，为其卖国投修制造反革命舆论，以达到他们取消伟大的反修斗争，颠覆无产阶级专政，复辟资本主义的罪恶目的。

我党同以苏修叛徒集团为中心的现代修正主义的斗争，是马克思列宁主义同现代修正主义的斗争，是无产阶级同资产阶级的斗争，是革命同反革命的斗争。这是一场国际范围内的两个阶级、两条道路、两条路线的大搏斗。

这场斗争是由苏修叛徒集团挑起来的。苏修叛徒集团背叛马克思列宁主义，全面复辟了资本主义，断送了十月革命的伟大成果，对内，实行法西斯专政，对外，推行霸权主义的强权政治，分裂、破坏国际共产主义运动，镇压各国人民的革命运动。苏修叛徒集团打着"社会主义"旗号，实际上是社会帝国主义。为了捍卫马克思列宁主义，保卫十月革命的伟大成果，我们党对苏修叛徒集团的罪行作无情的揭露和批判，完全是天经地义的。

苏修叛徒集团曾施展了一系列反革命伎俩，对我们伟大的社会主义祖国进行颠覆破坏活动。一九五八年提出要和我们搞"联合舰队"，妄图控制我国领土。一九六四年在布加勒斯特会议上，对我党发动了突然袭击。在我国经济暂时困难时期，单方面地撕毁合同、撤走专家，妄图从经济上扼杀我们。近几年来，又不断进行军事冒险，挑起边界事端，制造流血事件，还在中苏、中蒙边界陈兵百万，对我国进行战争威胁，等等。对苏修叛徒集团的种种罪恶行径，我们进行揭露和批判，是理所当然的。

苏修叛徒集团妄想对我国进行殖民统治，绞尽脑汁地在我们党内寻找他们的代理人，他们利用叛徒王明对我党进行恶毒攻击，又不惜一切手段支持高岗、彭德怀、刘少奇、林彪之流。对苏修叛徒集团的反革命阴谋进行揭露和批判，是我们义不容辞的责任。

显而易见，我们同苏修叛徒集团的斗争，完全是他们挑起的。林彪一伙攻击我们"整苏联"，是毫无根据的。只能证明他们在国际上两个阶级、两条道路、两条路线的斗争中站在修正主义一边，站在苏修社会帝国主义一边。林彪一伙攻击我们"整苏联"，是为他们卖国投修制造舆论，妄想在他们的反革命政变一旦成功，好得到苏修叛徒集团的支持。

林彪一伙在其反革命政变纲领中，大肆叫嚣要和苏修搞"秘密谈判"，"借苏力量钳制国内外各种力量"，甚至厚颜无耻地跪倒在苏修脚下，乞求"核保护伞"，这就暴露了林彪这个苏修叛徒集团的奴才的可耻面目。

"核保护伞"是帝国主义和苏修社会帝国主义阴谋控制和奴役别国的侵略手段，苏修一贯伙同美帝，大搞核垄断、核讹诈，力图用"核保护伞"对别国实行殖民统治。林彪一伙求救于苏修"核保护伞"，就是妄图要"保护"地主资产阶级重新上台，继续残酷地镇压、剥削、奴役中国人民，就是要"保护"林彪这个在苏修卵翼下的儿皇帝，对中国人民实行地主买办资产阶级的法西斯专政，把中国变为苏修社会帝国主义的殖民地。

伟大领袖毛主席在同美国友好人士斯诺的谈话中指出：**"修正主义是有国际性的。在中国搞修正主义，不联合国际上的修正主义不行。"**叛徒、卖国贼林彪同苏修叛徒集团有着共同的思想体系、共同的阶级利益，他们妄图颠覆无产阶级专政，在我国复辟资本主义，必然要和苏修搞联合、搞"谈判"。况且，林彪所代表的地主资产阶级只占我国人口的极少数，为实现其反革命目的，也必然要求助于国际上的修正主义。因此，林彪和苏修搞"秘密谈判"、乞求"核保护伞"，是他们的阶级本能所决定的。

借助国际上的反动力量，实现对国内人民的统治，是一切反动派惯用的诡计。袁世凯为了"登基"当皇帝，复辟封建王朝，与日本帝国主义签订了卖国条约"二十一条"。蒋介石为了维持他的反动统治，投靠美帝国主义，靠美帝出钱出枪，屠杀中国人民。林彪一伙，为了改变党的基本路线，颠覆无产阶级专政，建立林家父子的封建法西斯王朝，自然也要联合国际上的修正主义，乞求"核保护伞"。历史上的一个个汉奸、卖国贼都受到了历史的惩罚，林彪一伙也必然落得个同样的可耻下场。

林彪一伙的卖国路线和叛党投敌的罪恶行径，从反面教育了我们，使我们更加懂得了，为了捍卫马列主义和无产阶级国际主义，捍卫我国无产阶级专政和社会主义制度，捍卫中国人民和世界人民的根本利益，必须高举反修斗争的大旗，坚持同苏修进行针锋相对的斗争。如果放弃反修斗争，就会使林彪的卖国路线得逞，我们就会亡党亡国，独立自主的社会主义新中国，就会变为苏修社会帝国主义的殖民地，中国人民就会沦为新沙皇的奴隶。这是中国人民和世界人民坚决不答应的！

我们同林彪反党集团的斗争，是中国共产党及其领导下的广大革命人民群众同国民党反动派长期斗争的继续，是无产阶级同资产阶级阶级斗争的继续。我们坚决遵照毛主席关于**"认真看书学习，弄通马克思主义"**的教导，认真读马列的书，认真读毛主席的书，深入开展革命大批判，把林彪反革命修正主义路线的极右实质批深批透。我们要更加紧密地团结在以毛主席为首的党中央周围，坚决执行党的"九大"团结胜利的路线，坚决执行毛主席的革命外交路线，把反对以苏修叛徒集团为中心的现代修正主义的斗争进行到底！

·绝密·

№ 015060

革命大批判

第二十二期   **一九七三年五月二十九日**

天津市革命委员会政治部编印

毛 主 席 语 录

社会主义社会是一个相当长的历史阶段。在社会主义这个历史阶段中，还存在着阶级、阶级矛盾和阶级斗争，存在着社会主义同资本主义两条道路的斗争，存在着资本主义复辟的危险性。要认识这种斗争的长期性和复杂性。要提高警惕。要进行社会主义教育。要正确理解和处理阶级矛盾和阶级斗争问题，正确区别和处理敌我矛盾和人民内部矛盾。不然的话，我们这样的社会主义国家，就会走向反面，就会变质，就会出现复辟。我们从现在起，必须年年讲，月月讲，天天讲，使我们对这个问题，有比较清醒的认识，有一条马克思列宁主义的路线。

要搞马克思主义，不要搞修正主义；要团结，不要分裂；要光明正大，不要搞阴谋诡计。

毛 主 席 语 录

看一个青年是不是革命的，拿什么做标准呢？拿什么去辨别他呢？只有一个标准，这就是看他愿意不愿意、并且实行不实行和广大的工农群众结合在一块。愿意并且实行和工农结合的，是革命的，否则就是不革命的，或者是反革命的。

知识青年到农村去，接受贫下中农的再教育，很有必要。要说服城里干部和其他人，把自己初中、高中、大学毕业的子女，送到乡下去，来一个动员。各地农村的同志应当欢迎他们去。

世界是你们的，也是我们的，但是归根结底是你们的。你们青年人朝气蓬勃，正在兴旺时期，好象早晨八、九点钟的太阳。希望寄托在你们身上。

彻底批判林彪一伙
妄图改变党的基本路线的罪行

河东区革命委员会大批判组

叛徒、卖国贼林彪一伙搞修正主义，搞分裂，搞阴谋诡计，策划反革命政变，叛国投敌的罪恶目的，就是妄图从根本上改变党的基本路线和政策，颠覆无产阶级专政，复辟资本主义。彻底批判林彪妄图改变党的基本路线的罪行，对于我们提高路线斗争觉悟，坚持党的基本路线和政策，搞好工作，有着极其重要的意义。

一、党的基本路线是马克思主义路线

伟大领袖毛主席运用马克思列宁主义的普遍真理，深刻地总结了无产阶级革命和无产阶级专政的历史经验，科学地分析了我国社会主义历史阶段阶级斗争的客观规律，为我党制定了整个社会主义历史阶段的基本路线。这条路线，系统地回答了我国在生产资料所有制的社会主义改造基本完成以后，社会主义社会的阶级、阶级矛盾和阶级斗争的问题。指出在整个社会主义历史阶段，无产阶级和资产阶级之间的阶级斗争，各派政治力量之间的阶级斗争，无产阶级和资产阶级之间在意识形态方面的阶级斗争，还是长期的，曲折的，有时甚至是很激烈的。并指明了党在整个社会主义历史阶段的总任务和总目标，是要彻底推翻资产阶级和一切剥削阶级，用无产阶级专政代替资产阶级专政，用社会主义战胜资本主义，为将来过渡到共产主义准备条件。这条路线符合社会主义社会发展的客观规律，代表了无产阶级和广大人民群众的根本利益和要求，是一条马克思列宁主义路线。

无产阶级革命和无产阶级专政学说，是马克思主义的精髓。林彪一伙为了改变党的基本路线，颠覆无产阶级专政，复辟资本主义，竭力攻击无产阶级专政。承认不承认阶级斗争，承认不承认无产阶级专政，承认不承认在无产阶级专政条件下继续革命，从来就是马克思主义同一切修正主义的分水岭。早在一八七五年，马克思在同拉萨尔机会主义斗争中就明确指出：**"在资本主义社会和共产主义社会之间，有一个从前者变为后者的革命转变时期。同这个时期相适应的也有一个政治上的过渡时期，这个时期的国家只能是无产阶级的革命专政。"**列宁在十月革命时期也指出：**"只有承认阶级斗争、同时也承认无产阶级专政的人，才是马克思主义者。……必须用这块试金石来测验是否真正了解和承认马克思主义。"**历史上的一切机会主义者在马克思主义这面照妖镜面前，统统现出了原形。第一国际时代的阴谋家巴枯宁、拉萨尔，第二国际时代的叛徒伯恩施坦、考茨基，第三国际时代的野心家托洛茨基，这些国际共产主义运动的叛徒都有一个共同点，就是竭力反对通过暴力革命，建立无产阶级专政，反对依靠无产阶级专政，完成从资本主义向共产主义过渡。现代修正主义者，从根本上背叛了马克思列宁主义，他们极力反对阶级斗争，反对无产阶级专政，反对无产阶级专政下继续革命。赫鲁晓夫叛徒集团大肆鼓吹"阶级斗争熄灭论"，竭力兜售"全民国家"、"全民党"，炮制了"和平过渡"、"和平竞赛"、"和平共处"等一整套反革命修正主义 路线，把列宁和斯大林缔造的世界上第一个社会主义国家，蜕化为社 会 帝 国 主义。

刘少奇与赫鲁晓夫一脉相承，遥相呼应，他在我国基本完成生产资料所有制的社会主义改造以后，大肆鼓吹"阶级斗争熄灭论"，妄图颠覆无产阶级专政，复辟资本主义。

林彪一伙继承了新老修正主义的反动衣钵，采取了更加阴险、更加狡猾的手段继续散布"阶级斗争熄灭论"，疯狂攻击无产阶级专政和无产阶级专政下继续革命。**他们炮制反革命政变纲领《"571工程"纪要》，阴谋策划反革命政变，妄图改变党的基本路线，颠覆无产阶级专政，复辟资本主义。**林彪一伙拼命反对党的基本路线，这就充分证明，林彪是无产阶级的可耻叛徒，是无产阶级和劳动人民最凶恶的敌人。

二、林彪妄图改变党的基本路线就是复辟资本主义

在社会主义历史时期，党内两条路线斗争始终围绕着是坚持还是反对党的基本路线展开的。林彪一伙对党的基本路线进行全面、疯狂的攻击，充分表明了他们对党的基本路线的仇恨和恐惧，暴露了他们妄图用反革命修正主义路线来代替我们党的基本路线，复辟资本主义的狂妄野心。

林彪一伙为了改变党的基本路线，复辟资本主义，竭力攻击无产阶级专政。他们疯狂咒骂无产阶级专政是"互相残杀，互相倾轧的绞肉机"，把最广大人民群众对一小撮反动分子的专政诬蔑为"独裁"、"专制"。林彪一伙的叫嚣，集中反映了国内被打倒的地

主资产阶级和国际帝、修、反的利益及其反革命复辟的愿望。党的基本路线指出：在社会主义这个历史阶段中，还存在着阶级、阶级矛盾和阶级斗争，存在着社会主义同资本主义两条道路的斗争，存在着资本主义复辟的危险性。无产阶级要完成由社会主义过渡到共产主义的历史任务，就必须依靠无产阶级专政。只有不断地巩固和加强无产阶级专政，对内镇压反动阶级和一切反革命分子对社会主义的破坏和反抗；对外防御帝国主义、社会帝国主义的颠覆和侵略，才能保证全国人民顺利进行社会主义革命和建设，巩固和发展革命的成果。无产阶级专政是无产阶级战胜资产阶级，社会主义战胜资本主义的根本保证。没有巩固的无产阶级专政，社会主义革命和社会主义建设就不能取得胜利。

伟大领袖毛主席指出：**"混进党里、政府里、军队里和各种文化界的资产阶级代表人物，是一批反革命的修正主义分子，一旦时机成熟，他们就会要夺取政权，由无产阶级专政变为资产阶级专政。"** 林彪一伙恶毒地咒骂无产阶级专政，就是妄图建立林家父子的地主买办资产阶级的法西斯专政，来代替无产阶级专政。为此，他们极力地破坏党的"九大"团结胜利路线，在党内拉山头，搞分裂，拼凑资产阶级司令部，组织所谓"联合舰队"，建立法西斯反革命武装，采取各种卑鄙毒辣的阴谋手段，破坏无产阶级专政，以便实现他们篡党夺权的反革命目的。林彪一伙为了对广大人民实行地主买办资产阶级的法西斯专政，猖狂叫嚣要把被我们打倒的地、富、反、坏、右"一律给予政治上的解放"，别有用心地抹煞国家的阶级性质，叫嚷什么"政权就是镇压之权"。现在看得很清楚，他所说的"镇压之权"，就是妄图给那些要重新扶植起来的地主资产阶级以镇压革命之权，以便镇压无产阶级和广大劳动人民。这就是林彪妄图改变党的基本路线，颠覆无产阶级专政的罪恶目的。

林彪一伙为了改变党的基本路线，复辟资本主义，竭力攻击无产阶级专政下继续革命的理论。党的基本路线指出了整个社会主义历史阶段的主要矛盾是无产阶级同资产阶级的斗争，是社会主义道路同资本主义道路的斗争。这个主要矛盾，只能用无产阶级专政下继续革命的理论和实践来解决。被打倒的地主资产阶级不甘心他们的灭亡，总是梦想夺回他们已经失去的"天堂"，随时都想把复辟的希望变成复辟的行动。因此，资产阶级复辟与无产阶级反复辟的斗争，就成为社会主义历史阶段中两个阶级、两条路线斗争的主要内容。而且这种斗争是长期的、复杂的。毛主席指出：**"天下大乱，达到天下大治。过七八年又来一次。牛鬼蛇神自己跳出来。他们为自己的阶级本性所决定，非跳出来不可。"** 这是不以人的意志为转移的阶级斗争的客观规律。阶级敌人每受到一次沉重打击以后，并不甘心失败，他们要重新聚集力量，研究新的反革命策略，寻找新的进攻时机，从而使阶级斗争出现"高一阵、低一阵"的曲折情况。表面上"低一阵"的时候，只是阶级敌人的隐蔽状态，绝不是阶级斗争停止，更不是消失。在以刘少奇为头子的资产阶级司令部被摧毁以后，不到六年时期，林彪一伙又跳了出来，就是这种规律性的有力证明。我们只有坚持无产阶级专政下继续革命，才能不断总结阶级斗争经验，掌握阶级斗争规律，提高警惕，粉碎一小撮资产阶级代表人物的阴谋活动，不断地从政治、思想、经济、文化等各条战线上打退资产阶级的猖狂进攻。林彪一伙在他们见不得天日的反革命政变纲领里，用最恶毒的语言，诬蔑无产阶级专政下继续革命的理论是什么"托洛茨基的不断革命论",妄图用谣言和咒骂来推翻伟大的真理。他们同一切新老修正主义一样，否认和歪曲阶级斗争，借以反对无产阶级革命，反对无产阶级文化大革命，反对党所领导的历次政治运动。林彪一伙鼓吹种种抹煞和歪曲阶级斗争的谬论，但是他们的罪恶行径证明，他们并不是不要阶级斗争，而是不许无产阶级对资产阶级进行斗争，只许他们纠集一切反革命势力向无产阶级进攻。这充分暴露出林彪一伙是无产阶级专政下继续革命的凶恶敌人。

林彪一伙为了改变党的基本路线，复辟资本主义，竭力攻击社会主义制度。坚持党的基本路线，归根到底，就是坚持社会主义道路，防止资本主义复辟，最终实现共产主义。毛主席指出："**只有社会主义能够救中国。社会主义制度促进了我国生产力的突飞猛进的发展，这一点，甚至连国外的敌人也不能不承认了。**"在旧社会深受地主资产阶级的压迫和剥削的中国人民，所以能有今天这样美好的生活；贫穷落后的旧中国，所以能有今天的繁荣昌盛，都是因为我们在毛主席革命路线指引下，坚持进行社会主义革命和社会主义建设，沿着社会主义道路奋勇前进的结果。林彪一伙从地主资产阶级的反动本性和阶级愿望出发，恶毒地攻击我国社会主义制度，疯狂地诬蔑我国社会主义建设的伟大成就，胡说什么"十多年来国民经济停滞不前"，"人民生活水平下降"，"农民缺吃少穿"等等，他们诬蔑社会主义革命的大好形势，抹煞我国各项社会主义建设事业的伟大成就，目的就是否认社会主义制度的优越性，为其复辟资本主义制造反革命舆论。林彪一伙为了改变我国的社会主义制度，打出了"民富国强"的反革命口号，戳穿了，他所谓的"民富"，就是让资本主义自由泛滥，重新使被打倒的地主资产阶级发财致富；他所谓的"国强"，就是投降苏修社会帝国主义，把我们伟大的社会主义祖国，变成苏修的附属国和殖民地。

林彪一伙为了改变党的基本路线，复辟资本主义，竭力破坏党的总政策。党的基本路线规定的总政策就是必须严格区分和正确处理敌我矛盾和人民内部矛盾。根据党的基本路线和总政策，党又规定了一系列的具体政策。只有坚持并正确执行党的政策，才能团结一切可以团结的力量，调动一切积极因素，有力地打击一小撮阶级敌人，巩固无产阶级专政，防止资本主义复辟，建设社会主义，保证党的基本路线的贯彻执行。

毛主席教导我们：**"谁是我们的敌人？谁是我们的朋友？这个问题是革命的首要问题。"**林彪一伙为了改变党的基本路线和政策，极力歪曲社会主义社会的阶级关系，混淆两类不同性质的矛盾。他胡说什么"一切非无产阶级的人还存在，他们随时准备复辟。"他和老机会主义者拉萨尔一样，把无产阶级以外的其他劳动群众都当作"反动的一帮"来看待。他们操纵"五·一六"反革命集团，反党乱军，挑动群众斗群众，极力混淆阶级阵线，妄图破坏无产阶级文化大革命。他们费尽心机对党的干部政策、知识分子政策、对敌斗争政策、经济政策及其它各项政策进行歪曲、干扰和破坏，其险恶用心就是妄图搅乱我们的阶级阵线，抹煞无产阶级同资产阶级的根本区别，否定党的基本路线。

总之，林彪一伙疯狂反对党的基本路线，就是为了要推行他的反革命修正主义路线，颠覆无产阶级专政，复辟资本主义，妄图把历史车轮倒转。但是，他们一伙是违背历史发展规律的，只能落得粉身碎骨自取灭亡的可耻下场。

三、为保卫党的基本路线而斗争

毛主席教导我们：**"思想上政治上的路线正确与否是决定一切的。"** 在整个社会主义历史阶段，无产阶级要战胜资产阶级，社会主义要战胜资本主义，取决于我们能不能贯彻执行党的基本路线和政策。坚决保卫和认真执行党的基本路线和政策，是每个共产党员和革命群众的光荣任务和神圣职责。

为了保卫党的基本路线，必须正确执行毛主席关于**"首先是批林，其次才是整风"** 的重要指示，把粉碎林彪反党集团的斗争进行到底。批林整风是一项长期任务，决不是搞一阵子就行的。这是因为一条错误路线的形成，决不是一时的偶然现象，而是反映了社会上一切反动势力的政治愿望已经达到了十分强烈的程度，并且在其政治代表身上形成了根深蒂固的思想体系和成套的政治主张。所以要肃清一条错误路线的流毒和影响，就需要经过长期的斗争。林彪反革命修正主义路线的流毒很广，危害极大，我们对它的批判才只有一年多的时间，还有许多问题没有批深批透，决不可以松懈自己的战斗意志。

为了保卫和执行党的基本路线，必须刻苦攻读马列的书、毛主席的书，经常进行思想和政治路线方面的教育。马列主义、毛泽东思想是制定革命路线的理论基础，只有认真看书学习，弄通马克思主义，才能加深对党的基本路线的理解，提高保卫和执行党的基本路线的自觉性。

为了保卫和执行党的基本路线，在任何时候都不可以忘记阶级、阶级矛盾和阶级斗争。要充分认识社会主义历史时期阶级斗争的长期性和复杂性，严格区分和正确处理敌我矛盾和人民内部矛盾，团结一切可以团结的力量，调动一切积极因素，最大限度地孤立和打击一小撮阶级敌人，巩固无产阶级专政。

为了保卫和执行党的基本路线，就要认真执行党的各项工作路线和具体政策。各项工作路线和具体政策是体现党的基本路线精神的，如果我们不认真执行，基本路线的要求就不能实现。但是，在执行各项工作路线和具体政策时，又必须牢牢记住党的基本路线，不这样，就会迷失方向。**"路线是个纲，纲举目张"**，认真执行党的基本路线，才能使各项工作沿着正确的方向胜利前进。

让我们高举马克思主义、列宁主义、毛泽东思想的旗帜，为保卫和执行党的基本路线而斗争！

彻底批判林彪反革命修正主义
路线的极右实质

天津市第一商业局大批判组

林彪路线是一条彻头彻尾的反革命修正主义路线。他们搞修正主义，不搞马克思主义；搞分裂，不搞团结；搞阴谋诡计，不搞光明正大。他们叛党叛国，成了叛徒卖国贼。他们的罪恶目的就是要从根本上改变党在社会主义历史阶段的基本路线和政策，颠覆无产阶级专政，复辟资本主义。他们妄图把毛主席领导下我党我军我国人民亲手打倒的地主资产阶级再扶植起来。在国内，他们要联合地、富、反、坏、右，实行地主买办资产阶级的法西斯专政。在国际，他们要投降苏修社会帝国主义，反华反共反革命。这就是林彪路线的实质。对林彪路线的极右实质，必须彻底批判。

（一）

任何一条路线，都有一定的阶级基础，代表着一定的阶级利益。林彪路线也毫不例外。林彪反党集团的出现决不是少数个人的行为，而是国内国际激烈阶级斗争的尖锐表现和必然产物。毛主席指出："只要世界上还存在着帝国主义和资产阶级，我国的反革命分子和资产阶级右派分子的活动，不但总是带着阶级斗争的性质，并且总是同国际上的反动派互相呼应的。"国内被打倒的地主买办资产阶级不甘心他们的失败，总是企图复辟；国际上帝国主义、社会帝国主义和一切反动派，总是千方百计地妄图对我国进行颠覆和破坏。国内国际的阶级敌人通过各种复杂的渠道，在我们党内寻找代理人。林彪反党集团就是适应这种需要而产生的。在国内，他们要把毛主席领导下我党我军我国人民亲手打倒的地主买办资产阶级再扶植起来，实行地主买办资产阶级的法西斯专政。在国际，他们要投降苏修社会帝国主义，反华反共反革命。他们在我们党内制造分裂，组织资产阶级司令部，拼凑反革命力量。秘密组织和训练特务，建立法西斯组织，阴谋进行反革命政变。他们大造反革命舆论，颠倒是非，混淆黑白，恶毒攻击并妄图谋害伟大领袖毛主席，肆意诬蔑我们党在毛主席领导下半个世纪的革命历史，一笔抹煞全国人民英勇奋斗所取得的伟大胜利，否定无产阶级文化大革命的伟大成果，把国内外大好形势说得漆黑一团。他们所用的语言是地、富、反、坏、右和帝、修、反多年来反华、反共、反人民的各种反动观点的大杂烩。他们的反革命行动，表达了一切反动阶级的反革命复辟愿望。很清楚，林彪路线是一条修正主义路线，这条路线集中反映了国内被打倒的地主资产阶级和国际帝、修、反的利益及其反革命复辟的愿望。

（二）

任何一条路线都有一定的政治目的。林彪反党集团的反革命罪恶目的，就是要分裂我们党，用阴谋手段篡夺党和国家的最高权力，背叛"九大"路线，从根本上改变党在整个社会主义历史阶段的基本路线和政策，颠覆无产阶级专政，复辟资本主义。

　　党在社会主义历史阶段基本路线的核心，是坚持在无产阶级专政下继续革命，彻底解决无产阶级战胜资产阶级的历史任务。这必然要引起资产阶级及其代理人的反抗。林彪反党集团代表地主资产阶级利益，对于无产阶级反对资产阶级的斗争极端仇视。所以就拼命地攻击毛主席关于无产阶级专政下继续革命的伟大理论是什么"托洛茨基的不断革命论"，肆意诽谤我国的无产阶级专政是"互相残杀，互相倾轧的绞肉机。"恶毒诬蔑我们进行的两个阶级、两条道路、两条路线的斗争是什么"拉一股力量，打另一股力量"，叫嚷要"解放一大片"。其目的就是为历次机会主义头子翻案，联合地、富、反、坏、右和帝、修、反，组织他们的"联合舰队"，向无产阶级发动猖狂进攻，以实现他们的反革命黄粱美梦。

　　妄图改变党在社会主义历史阶段的基本路线和政策，是林彪修正主义路线的要害。毛主席教导我们："**思想上政治上的路线正确与否是决定一切的。**"毛主席的无产阶级革命路线，是我党的生命线。我党的历史和国际共运的历史反复证明了这样一个真理："**党的路线正确就有一切，沒有人可以有人，沒有枪可以有枪，沒有政权可以有政权。路线不正确，有了也可以丢掉。**"我国长期革命斗争的实践，我党十次路线斗争的实践都充分说明了这个真理。我国新民主主义革命的胜利，社会主义革命和建设事业的蓬勃发展，无产阶级文化大革命所取得的伟大胜利，所有这些都是在毛主席革命路线指引下，战胜一切机会主义路线的结果。毛主席为我党制定的党在社会主义历史阶段的基本路线和政策，是指引无产阶级战胜资产阶级和一切剥削**阶级**的根本保证。林彪非常懂得，不改变党的基本路线，就不能实现**他**们篡权复辟的反革命目的，所以他们要想把我国的社会主义巨轮拉向后退，就必然要用他们的反革命路线同党的基本路线相对抗。毛主席指出：**"要搞马克思主义，不要搞修正主义；要团结，不要分裂；要光明正大，不要搞阴谋诡计。"**这是我们进行党内斗争的三条基本原则。党内历次路线斗争，归根到底，是搞马克思主义，还是搞修正主义的问题。林彪反党集团就是搞修正主义，搞分裂，搞阴谋诡计。他们抛出的反党理论纲领和政治纲领，炮制的《"571工程"纪要》反革命政变纲领，就是妄图按照他们一伙的地主买办资产阶级的利益来改变我党的理论、路线、方针、政策，用他们的反革命修正主义路线代替党在社会主义历史阶段的基本路线和政策，从而达到他们改变我国无产阶级专政的社会主义制度，复辟资本主义的反革命目的。

（三）

判断一条路线是正确的还是错误的，是革命的还是反革命的，还要看它的理论基础。任何一条政治路线都有一条与它相适应的认识路线。毛主席的革命路线，是建立在马克思主义的辩证唯物论和历史唯物论的基础之上，是从中国革命的客观实际和中国人民的革命需要出发的。与此相反，林彪路线的理论基础是反马克思主义的，是反动的资产阶级唯心主义和形而上学。

林彪代表地主资产阶级的利益，坚持资产阶级的世界观，继承老牌唯心主义者马赫、杜林之流"从思想和感觉到物""从原则出发"的衣钵，大肆鼓吹"天资"、"天赋"，极力宣扬"精神可以代替物质"，办事情"从主观到客观"等谬论。他们站在地主资产阶级的反动立场上，从唯心论的先验论出发，总是错误地估计我国革命的客观形势，站在历史前进的对立面，颠倒黑白，把光明说成黑暗，把革命说成反动，把前进说成倒退。广大人民群众认为"好得很"的事情，他们却诬蔑为"糟得很"。

林彪反党集团从唯心史观出发，总是过高地估计他们自己的力量，过低地估计人民的力量。把他们一伙说成"正在崛起，蒸蒸日上，朝气勃勃"，"'首长'的权力势力，目前是占绝对优势"，而把我们党、无产阶级和革命人民的力量则诬蔑为"政局不稳""危机四伏"，就是基于这种错误估计。他们一伙认为篡党夺权的条件成熟，时机已到，于是就迫不及待地在党的九届二中全会上，采取突然袭击，煽风点火，发动反革命政变，妄图篡夺党和国家最高权力。伟大领袖毛主席高瞻远瞩，洞察一切，及时识破了他们的阴谋诡计，写了《我的一点意见》这一光辉文献。指出："**是英雄创造历史，还是奴隶们创造历史，人的知识（才能也属于知识范畴）是先天就有的，还是后天才有的，是唯心论的先验论，还是唯物论的反映论，我们只能站在马、列主义的立场上，而决不能跟陈伯达的谣言和诡辩混在一起。**"一针见血地戳穿了林彪反党集团的反动的资产阶级唯心论，驳斥了他们的谣言和诡辩，胜利地粉碎了林彪反党集团策动的反革命政变阴谋。

林彪一伙并不甘心自己的失败，九届二中全会后，更加变本加厉，继续策划反革命政变阴谋。他们恶毒攻击毛主席的《**我的一点意见**》这一马克思列宁主义的光辉文献，抗拒对他们唯心论的先验论的批判，玩弄二元论的手法，改头换面，继续贩卖"英雄创造历史"的反动观点，胡说什么"应是英雄和奴隶共同创造历史"，叫嚣"我们要承认天才、学习天才、宣传天才、保护天才"，顽固地坚持唯心主义天才观。他们把自己看成历史的主宰，似乎他们那"超天才"的林家父子只要登高一呼，就可以实现他们颠覆无产阶级专政，复辟资本主义的反革命愿望。这不过是这伙历史唯心主义者的如意算盘。真正死心踏地跟着他们搞反革命政变的只是一小撮。他们代表的是没落腐朽的帝国主义和被打倒了的地主资产阶级，他们是反动的，是没有前途的，是注定要灭亡的。**"帝国主义、国內反革命分子以及他们在我们党內的代理人，等等，都不过是垂死的力量，而我们则是新生的力量，真理是在我们方面。对于他们，我们从来就是不可战胜的。"**林彪反党集团阴谋推翻以毛主席为首的党中央，实行反革命复辟，只能是痴心妄想！

总之，林彪路线是：它的阶级基础是地主买办资产阶级；它的反革命目的是颠覆无产阶级专政，复辟资本主义；它的思想理论基础，是资产阶级唯心论和形而上学；它的组织路线是分裂党，拉山头，搞宗派，招降纳叛，结党营私，打击无产阶级革命力量，它的策略手段是反革命两面派，搞阴谋诡计。毛主席指出：**"修正主义，或者右倾机会主义，是一种资产阶级思潮"**，这就清楚地表明，林彪路线的实质是极右的，是右倾机会主义的。我们要在批林整风运动中，更加自觉地攻读马列的书、毛主席的书，提高识别真假马克思主义的能力，抓住林彪反革命修正主义路线的实质，进行深入批判，把反对林彪反党集团的斗争进行到底。

坚定地走和工农相结合的道路

——痛斥林彪一伙破坏知识青年上山下乡的罪行

天津市湾兜中学团总支

叛徒、卖国贼林彪及其一伙，为了颠覆无产阶级专政，复辟资本主义，炮制了《"571工程"纪要》反革命政变纲领。在这个反革命政变纲领中，疯狂地反对青年走和工农相结合的道路，把知识青年上山下乡诬蔑为"变相劳改"。对此，我们必须给以彻底批判，肃清其流毒。

（一）

青年是祖国的未来，毛主席对青年一代十分关怀，并寄于很大希望。解放初期，毛主席就指出："**工农青年、知识青年和部队中的青年，他们英勇积极，很有纪律，没有他们，革命事业和建设事业就不能胜利。**"后来，又进一步指出："**你们青年人朝气蓬勃，正在兴旺时期，好象早晨八、九点钟的太阳。希望寄托在你们身上。**"国际上的帝、修、反和国内被打倒的反动阶级以及他们在党内的代理人，时刻妄图颠覆我国无产阶级专政，复辟资本主义，他们总是把复辟的希望寄托在我国青年身上。帝国主义的预言家们曾不打自招地说，希望我国的第三代、第四代能够"和平演变"。可见，两个阶级争夺青年的斗争非常尖锐激烈。

毛主席、党中央引导青年走革命道路，把青年培养成为无产阶级革命事业的接班人。在民主革命时期，毛主席就指出："**看一个青年是不是革命的，拿什么做标准呢？拿什么去辨别他呢？只有一个标准，这就是看他愿意不愿意、并且实行不实行和广大的工农群众结合在一块。愿意并且实行和工农结合的，是革命的，否则就是不革命的，或者是反革命的。**"在社会主义革命和社会主义建设时期，毛主席指出："**知识分子既然要为工农群众服务，那就首先必须懂得工人农民，熟悉他们的生活、工作和思想。我们提倡知识分子到群众中去，到工厂去，到农村去。**"在无产阶级文化大革命期间，毛主席又进一步指出："**知识青年到农村去，接受贫下中农的再教育，很有必要。**"与此相反，一切剥削阶级及其在我们党内的代理人，都拉拢青年走和工农相脱离的道路，为他们的反革命目的服务。叛徒、内奸、工贼刘少奇引诱青年走"读书作官"的道路，胡说什么知识青年下乡劳动三、五年以后，可以当县长、中央委员等等。刘少奇鼓吹的一套，是"下乡镀金"的黑货。叛徒、卖国贼林彪恶毒攻击知识青年上山下乡是什么"变相劳改"。由此可见，引导青年走什么道路，是走和工农相结合的道路，还是走和工农相脱离的道路，是无产阶级和资产阶级两个阶级、社会主义和资本主义两条道路、毛主席的革命路线和反革命修正主义路线斗争的一个重要问题。

狂犬吠日无损于太阳的光辉。林彪一伙的攻击，无损于我们的一根毫毛，只能证明毛主席提出的青年走和工农相结合的道路十分正确，我们广大青年在毛主席革命路线指引下走得对。林彪一伙的攻击，只能暴露了他们妄图拉拢青年为其颠覆无产阶级专政、复辟资本主义罪恶目的服务的狂妄野心。

（二）

知识青年上山下乡干革命，不仅是巩固无产阶级专政、建设社会主义的需要，也是广大知识青年锻炼成长的正确途径。广大知识青年在农村广阔天地锻炼成长的大量事实，给林彪一伙的恶毒攻击以有力的回击。我校赴山西省平陆县毛家山插队落户的知识青年茁壮成长的生动事迹，就是一个最好的证明。

一九六八年，毛主席发出**"知识青年到农村去，接受贫下中农的再教育，很有必要"**的伟大号召，我校三十名学生立即组成了赴毛家山长征队，他们豪迈地提出："吃小米，爬大山，哪里需要哪里去，哪里艰苦哪安家。"他们顶风冒雪，历尽艰难，徒步两千里来到了平陆县的毛家山安家落户。他们说："刀在石上磨，人在苦中炼，毛泽东时代的青年决不做温室里的花朵，要做暴风雨中的雄鹰。"在他们的革命行动带动下，七一届的毕业生又组成了第二支赴山西毛家山长征队。他们的雄心壮志是："城市不留，工矿不恋，放弃评议，坚决上山"。以大无畏的革命精神，坚决走毛主席指引的革命道路，继续上了毛家山。

知识青年到了毛家山，牢记伟大领袖毛主席的教导，积极投入三大革命斗争实践，虚心接受贫下中农再教育，努力改造世界观。在"一打三反"运动中他们"杀"上阶级斗争的第一线，在党组织领导下，和贫下中农一道经过反复的内查外调，弄清了二十四年前杀害我三个农会干部的案件，使凶手受到了应有的惩处。在**"农业学大寨"**运动中他们和贫下中农一起艰苦奋斗，自力更生，"白天门上一把锁，晚上地里一片灯"，苦战一冬春，终于修成三十亩大寨式的梯田。他们还和贫下中农一起大搞科学种田，实行玉米坑种，使玉米平均亩产达到五百六十斤，比同样条件的地块亩产量提高百分之三十。四年多来，在广大贫下中农和知识青年的辛勤劳动下，使毛家山的面貌发生了可喜的变化：今天的毛家山，条条山梁上电杆矗立，家家安上了电灯，户户安上广播喇叭；今天的毛家山三百六十米的石洞已经凿通，上千米的明渠即将完成，河水将从山沟流到几百米高的山顶，浇灌二百亩良田；今天的毛家山已经初步实现了机械化。更令人兴奋的是，毛家山的粮食总产量翻了一番，已达每人千斤粮，是历史上最高的水平。

山变水变人也变，知识青年在改造客观世界的同时，改造着自己的主观世界。长征队到了毛家山投进了贫下中农的怀抱，贫下中农把这些青年当作自己的亲人一样。他们给知识青年讲家史、村史、社史，让他们永远站稳无产阶级立场，永远保持劳动人民的本色。贫下中农对知识青年政治上当接班人培养，生产上当骨干力量使用，生活上当亲生儿女对待。知识青年不辜负贫下中农对他们的期望，他们在农村这座革命的大熔炉里锻炼成长。他们说："多年宿愿已实现，胸怀壮志到毛山，山沟种田干革命，扎根农村心不变。"

广阔天地育新人，一代新人在成长。知识青年迟德发一到毛家山就爱上了这里的山山水水，誓把青春的力量完全倾注在这块土地上。他苦里磨，难中练，有一分热就发一分光。抗旱担水，他一个人担四桶水，贫下中农让他少担些，他说："毛主席教导**'担子拣重的挑'**，有两个肩膀就要挑两付担。"毛家山安上了电磨，让他管磨房，他就把三个人的活儿一人包下来。有时白天黑夜连轴转，贫下中农什么时候要磨面，他就什么时候给磨。他说：“磨房就是改造世界观的战场，开电磨就是学习为人民服务的课堂。”有一次，他干了一夜又多半天，刚关上磨房门，正巧来了一个老贫农要磨面，看到这种情况说：“不巧，正赶上门。”迟德发说，“磨房的门能关，为人民服务的门不能关。”说着开了门，又磨起来。迟德发同志常说：“打进攻仗，明知是苦，偏在苦中练，要在苦中磨掉资产阶级思想，要从苦中练出无产阶级感情。”迟德发虚心接受贫下中农的再教育，认真改造世界观，得到了贫下中农的好评。一九七一年，迟德发光荣地加入了中国共产党，从此他在革命化大道上跑得更欢了。

知识青年张振忠，被选送参加中国人民解放军，贫下中农劝他回家看看，他说“毛家山就是我的家，我就从毛家山出发。”临走时，把自己积攒下来的八十元钱交给了生产队，激情满怀地说：“这八十元钱交给生产队买果树苗，栽在毛家山的土地上，让果树在毛家山扎根、开花、结果。”现在五百多棵树苗正和毛家山知识青年一样茁壮成长。

四年多来，在毛泽东思想哺育下，在当地党组织的领导下，在贫下中农的亲切教育下，在毛家山插队的知识青年中有三人加入中国共产党，十六人加入共青团，五人当了公社、大队的共青团、妇女、民兵干部。另外还有的参了军，有的上了大学，有的被选送到工矿、财贸战线。知识青年的代表还参加了国庆观礼，幸福地见到了我们的伟大领袖毛主席。

知识青年上山下乡是“变相劳改”还是“大有作为”，铁一般的事实给予最有力、最正确的回答。实践证明，知识青年上山下乡，走和工农相结合的道路是唯一正确的道路。农村广阔天地是知识青年大有作为的用武之地。林彪一伙对我们知识青年的恶毒诬蔑和诽谤，完全是无耻谰言。

（三）

叛徒、卖国贼林彪恶毒攻击知识青年上山下乡、走和工农相结合的道路是什么"变相劳改"，是有其不可告人的反革命目的的。

第一、是对劳动和劳动人民的攻击和诬蔑。林彪一伙诬蔑知识青年上山下乡是"变相劳改"，按照他们的反动逻辑，终身从事劳动的工人阶级、贫下中农就更是"劳改"啦。马克思主义认为，人类社会的历史，是生产的发展史，是阶级斗争的历史，广大劳动群众是从事生产斗争的主体，是进行阶级斗争、推动社会前进的动力。马克思、恩格斯指出："**历史活动是群众的事业**"。毛主席也指出："**人民，只有人民，才是创造世界历史的动力。**"林彪一伙出于他们的反动阶级立场和唯心史观，把他们自己说成是具有"理智头脑"的"天才"，把广大劳动群众说成是"群氓"。由此可见，林彪诬蔑知识青年上山下乡是"变相劳改"，是对劳动和劳动人民的恶毒攻击，是对马克思列宁主义、毛泽东思想的无耻背叛。

第二、是离间广大青年和党的关系。领导我们事业的核心力量是中国共产党，党的正确路线是我们一切工作的指针。广大知识青年在党的正确路线的指引下，走和工农相结合的道路，不断改造世界观，就可把自己锻炼成为无产阶级革命事业的接班人，就可坚持无产阶级专政下继续革命，缩小三大差别，以便向着共产主义的方向胜利前进。广大青年在党的正确路线的指引下胜利前进，这意味着时刻梦想变天的阶级敌人日趋灭亡，意味着他们妄图颠覆无产阶级专政、复辟资本主义的狂妄野心的彻底破产。因此，林彪一伙对广大青年在党的正确路线指引下走和工农相结合的道路怕得要死、恨得要命。他们不遗余力地攻击党的路线，攻击知识青年上山下乡是"变相劳改"，这纯粹是离间青年和党的关系，妄图使广大青年离开党和毛主席指引的走和工农相结合的道路，妄想把广大青年拉上他们的反革命修正主义道路，用心何其毒也！

第三、是为了颠覆无产阶级专政，复辟资本主义。地主资产阶级虽然被推翻了，但是他们对无产阶级专政和社会主义制度怀着刻骨的仇恨，总是以十倍的努力，百倍增长的仇恨心，妄图颠覆无产阶级专政，恢复他们失去的"天堂"。因此，他们自失败那一天起，总是一次又一次的和我们进行较量，但总是以他们的垮台和失败而告终。尽管他们的人马越来越少，但是这些反动透顶的家伙，总希望他们的反革命事业传宗接代、与人民为敌后继有人，因此，他们总是千方百计地与我们争夺青年。叛徒、卖国贼林彪诬蔑知识青年走和工农相结合的道路是"变相劳改"，就是他们和我们争夺青年的一种表现。他们妄图以此来蒙蔽青年，拉拢青年上当受骗，这也是他们进行复辟活动的一个反革命措施。我们对林彪一伙这种罪恶目的必须揭露和批判。我们决不辜负毛主席他老人家对我们青年一代的殷切期望，坚定地走和工农相结合的道路，风吹不动摇，浪打不回头，为社会主义祖国做出新贡献。

毛 泽 东 思 想
哺育红卫兵茁壮成长

——批判林彪诬蔑红卫兵运动的谬论

天津市中学红代会常务委员会

在无产阶级文化大革命中，全国红卫兵在毛主席无产阶级革命路线的指引下，高举"**对反动派造反有理**"的大旗，大造了修正主义路线的反，把革命的烈火燃遍全国，写下了我国青年运动史上雄伟壮丽的新篇章。而叛徒、卖国贼林彪，怀着不可告人的罪恶目的，竭尽诽谤、诬蔑之能事，大肆攻击红卫兵运动，胡说什么："红卫兵初期受骗被利用，充当炮灰，后期被压制变成了替罪羔羊"。这是对毛主席革命路线的恶毒攻击，也是对我们红卫兵的极大诬蔑。林彪一伙的这些反革命叫嚣，反映了社会上被打倒的地、富、反、坏、右对红卫兵的刻骨仇恨，是同苏修叛徒集团攻击我国无产阶级文化大革命的无耻谰言如出一辙，必须给予彻底的批判。

红卫兵的历史功勋不准抹煞

在无产阶级文化大革命急风暴雨中诞生的红卫兵，成为运动中勇敢的闯将，他们在两个阶级、两条路线的大搏斗中，立下了不可磨灭的历史功勋。

当红卫兵这一新生事物刚刚出现在东方地平线上的时候，我们伟大领袖毛主席就给以坚决的支持。他老人家在给清华附中红卫兵的一封信中亲切地说：**"我向你们表示热烈支持。"** 接着，毛主席先后八次接见了来自全国各地一千三百万红卫兵和其他革命群众。在党和毛主席的亲切关怀、热情支持下，红卫兵运动如春潮一般，汹涌澎湃，席卷全国。

千百万红卫兵冲出学校，高举**"对反动派造反有理"**的大旗，发扬了敢想、敢说、敢干、敢闯、敢革命的大无畏精神，荡涤着旧社会遗留下来的一切污泥浊水，向地主、资产阶级及其在党内的代理人发起了猛烈进攻。

红卫兵是无产阶级文化大革命的先锋。红卫兵象革命的火种，在毛主席革命路线的指引下，和革命的主力军广大工农群众结合起来，就在全国迅速掀起了大规模的轰轰烈烈的革命群众运动。把隐藏在党内几十年的叛徒、内奸、工贼刘少奇以及混进革命队伍中的一小撮叛徒、特务、死不改悔的走资派和其他反革命修正主义分子揪了出来。

红卫兵是革命的闯将。红卫兵的大字报，如一把利剑，击中了敌人的要害，大长了革命人民的志气，大灭了阶级敌人的威风。

红卫兵横扫四旧，使剥削阶级的旧思想、旧文化、旧风俗、旧习惯遭到沉重打击，无产阶级的新思想、新文化、新风俗、新习惯得到大大发扬。

红卫兵最听毛主席的话。当毛主席号召实现革命大联合的时候，红卫兵立即响应，坚决照办。我市延安中学红卫兵响应毛主席的伟大号召，和革命师生一道，以教学班为基础，实现了全校革命大联合。伟大领袖毛主席对他们的经验做了光辉的"三·七"批示。这是我市红卫兵和广大革命青年的光荣。

红卫兵无限热爱伟大领袖毛主席，我们是为保卫毛主席，保卫党中央，捍卫毛主席的革命路线而战斗，我们是为巩固无产阶级专政，防止资本主义复辟，建设社会主义和共产主义而斗争。我们红卫兵从事的是人类历史上最壮丽的革命事业，这怎么能说是"受骗被利用"呢？这又怎么谈得上是"充当炮灰"呢？！

革命的群众运动·社会上的新生事物，总是反映着历史发展的趋势，代表着推动社会前进的力量，一切腐朽的力量或迟或早都将被革命的群众运动所摧毁，都将被新生事物所代替。无产阶级同一切剥削阶级对待革命群众运动和一切新生事物，从来都是持根本相反的态度。无产阶级是热情歌颂，全力支持的；而一切剥削阶级则是恶毒攻击，疯狂反对。林彪一伙诬蔑红卫兵是"被利用"，"当炮灰"，只能暴露他们地主资产阶级的反动立场，只能说明他们所代表的是地主买办资产阶级的利益。

林彪一伙为了在我国颠覆无产阶级专政，复辟资本主义，极力保护被打倒的剥削阶级，他们结党营私，招降纳叛，组织资产阶级司令部。红卫兵在毛主席革命路线指引下，横扫了一切牛鬼蛇神，挖了他们反革命的社会基础，直接打击了林彪一伙妄图进行资本主义复辟的愿望。因此引起林彪一伙对红卫兵这样切齿的咒骂，这是毫不奇怪的。不管林彪一伙对红卫兵如何咒骂，红卫兵的历史功勋是抹煞不了的。

红卫兵继续革命的步伐不可阻挡

经过无产阶级文化大革命大风大浪的锻炼，广大红卫兵不断成长壮大。对此，林彪一伙怕得要死，恨得要命，竭力阻挡红卫兵继续革命的步伐，恶毒地射出一支支毒箭。胡说什么："红卫兵后期被压制变成了替罪羔羊。"这纯粹是无耻谰言。在无产阶级文化大革命中，广大红卫兵积极响应毛主席**"知识青年到农村去"**的伟大号召，掀起上山下乡的热潮，自觉地走和工农相结合的道路。大批知识青年在农村这个广阔天地里锻炼成长。他们虚心接受贫下中农的再教育，努力改造世界观，成为建设社会主义新农村，建设边疆、保卫边疆的一支新生力量。几年来，我市有二十五万红卫兵和中学毕业生上山下乡。他们中有一千九百多人光荣地加入了中国共产党，有一万八千多人加入了共青团，还有六千二百多人被选进各级领导班子，并且有十六人参加了首都国庆观礼，幸福地见到了伟大领袖毛主席。在我市上山下乡的知识青年中涌现出一大批先进人物，张勇、孙连华就是突出的代表。他们为了革命事业，为了人民的利益，"笑把青春献给党"。他们是我们红卫兵和广大青年学习的榜样。上山下乡知识青年的光辉事迹，广大青年茁壮成长的事实，给林彪一伙的无耻谰言以有力的驳斥。我们红卫兵和广大革命青年，是毛泽东思想哺育下成长起来的无产阶级革命战士，是革命事业的接班人，这怎么能说是"替罪羔羊"呢？

当前，在党的正确领导下，红卫兵运动正蓬蓬勃勃地向前发展，红卫兵的队伍日益壮大，广大红卫兵战士奋发向上。在学校中，红卫兵已成为教育战线一支不可缺少的重要力量。他们认真学习马列主义、毛泽东思想，努力学好社会主义文化课，积极参加学工、学农、学军活动，积极参加无产阶级教育革命。在批林整风运动中，他们冲锋在前，勇敢战斗，继续发扬红卫兵的战斗作风。这一切一切给了林彪一伙诬蔑红卫兵的反动叫嚣一记响亮的耳光！

林彪一伙制造红卫兵"被压制变成了替罪羔羊"的反动谬论，是有其不可告人的罪恶目的的。其罪恶目的之一，就是妄图离间红卫兵和党的关系。我们广大红卫兵战士是在毛主席和党中央的培养教育下，提高了阶级斗争和路线斗争觉悟，在文化大革命中冲锋陷阵，发挥一定的革命作用，并在革命和生产的各条战线上发挥出应有的积极作用。总之，只有经过党的培养教育，经过文化大革命的锻炼，我们才健康地成长起来。林彪一伙无中生有地说我们"被压制"，是什么"替罪羔羊"，完全是捏造。他们妄图通过造谣来达到离间我们红卫兵和党的关系，挑起我们红卫兵对党不满，这完全是枉费心机的。其罪恶目的之二，就是要阻止我们广大红卫兵在革命的道路上继续前进。毛主席指出：**"知识分子既然要为工农群众服务，那就首先必须懂得工人农民，熟悉他们的生活、工作和思想。我们提倡知识分子到群众中去，到工厂去，到农村去。"**我们广大红卫兵遵照毛主席的指示，上山下乡，插队落户，接受贫下中农的再教育，彻底改造世界观，以便把自己培养成无产阶级革命事业接班人。这是党的需要，人民的需要，革命的需要，这是天大的好事。林彪一伙竟颠倒黑白地说我们红卫兵"被压制"、变成"替罪羔羊"，并妄图通过谣言动摇我们的革命意志，阻止我们在党和毛主席的领导下继续革命，这完全是徒劳的。

林彪一伙大叫红卫兵后期受压的另一个阴谋，就是妄图把混进红卫兵队伍里的一小撮坏人，同广大红卫兵相提并论，给我们红卫兵的脸上抹黑。这也是枉费心机的。对于混进红卫兵队伍里的一小撮坏人，我们就是要揭露，要批判，要打击。林彪一伙把揭露和清除混进红卫兵队伍里的一小撮阶级敌人叫作红卫兵"受压"，戳穿了，就是为一小撮反革命分子鸣冤叫屈，这就充分暴露了林彪是反革命阴谋集团总后台的真面目。

革命新人，风华正茂。不管林彪一伙对我们红卫兵如何攻击咒骂，丝毫也动摇不了我们广大红卫兵和革命青年紧跟毛主席革命到底的决心，阻挡不住我们继续革命的步伐，我们要永远沿着毛主席指引的革命方向胜利前进！

林彪诬蔑红卫兵运动的实质是反对
毛 主 席 的 革 命 路 线

伟大领袖毛主席教导我们：**"世上决没有无缘无故的爱，也没有无缘无故的恨。"** 林彪一伙为什么用如此恶毒的语言诬蔑红卫兵运动，让我们来剖析林彪这一反革命罪恶企图吧。

红卫兵的战斗历程，每一步都是毛主席亲自指引的。是伟大领袖毛主席领导我们打碎了修正主义教育路线的精神枷锁，使我们坚定了正确的政治方向；当我们受到以刘少奇为头子的资产阶级司令部压制的时候，是伟大领袖毛主席写了《炮打司令部》这一光辉文献，敲响了资产阶级司令部的丧钟，把我们从资产阶级反动路线的压制下解放出来；当红卫兵这一新生事物刚刚出现的时候，是伟大领袖毛主席给以热情的支持；在两个阶级、两条路线斗争的关键时刻，毛主席对党的各级干部指示：**"对红卫兵要进行教育，加强学习。要告诉革命造反派的头头和红卫兵小将们，现在正是他们有可能犯错误的时候。要用我们自己犯错误的经验教训，教育他们。对他们做思想政治工作，……"** ；在文化大革命深入发展的后期，毛主席又发出了**"知识青年到农村去，接受贫下中农的再教育，很有必要"**的伟大号召，为广大红卫兵和革命青年走和工农群众相结合的道路进一步指出了正确的方向。

回顾这战斗的历程，使我们深深地体会到，是毛泽东思想哺育我们成长，是毛主席的革命路线指引我们前进。党和毛主席对我们红卫兵和广大青年无比关怀，对我们青年一代寄予无限希望。林彪一伙如此仇恨红卫兵，攻击红卫兵运动，其实质是反对毛主席，反对毛主席的革命路线，妄图以此来否定无产阶级文化大革命，以达到其颠覆无产阶级专政，复辟资本主义的罪恶目的。林彪一伙真是利令智昏，他们以为用什么红卫兵"充当炮灰"、"受压"之类的鬼话，就能离间红卫兵和党的关系，让红卫兵上他们的当，受他们的骗，成为他们发动反革命政变的所谓"借用力量"，为他们的反革命修正主义路线服务。真是白日做梦，痴心妄想！我们红卫兵心最红，眼最亮，在无产阶级文化大革命中，紧紧团结在以毛主席为首的党中央周围，为保卫毛主席，捍卫毛主席的革命路线而英勇战斗。现在我们仍然要在毛主席的革命路线指引下，继续和广大工农兵一道，坚决同林彪一伙斗争到底，彻底批判林彪的反革命修正主义路线和各种谬论，肃清其一切流毒和影响。让我们继续发扬大无畏的革命精神，沿着毛主席指引的道路胜利前进！

內部刊物　注意保存

革命大批判

第 二十三 期　　　　　　　一九七三年七月二十日

天津市革命委员会政治部编印

毛 主 席 语 录

要搞马克思主义，不要搞修正主义；要团结，不要分裂；要光明正大，不要搞阴谋诡计。

无产阶级不但要解放自己，而且要解放全人类。如果不解放全人类，无产阶级自己就不能最后地得到解放。

千万不要忘记阶级斗争。

应当向工会同志和工人群众进行教育，使他们懂得，决不可只看到眼前的片面的福利而忘记了工人阶级的远大利益。

工会必须狠抓阶级斗争

——批判刘少奇、林彪鼓吹的"阶级斗争熄灭论"

建筑工程局工人批判组

工会是在无产阶级同资产阶级的斗争中建立起来的工人群众组织，是阶级斗争的产物。因此，工会必须牢记党的基本路线，狠抓阶级斗争，坚持把无产阶级革命进行到底，巩固和加强无产阶级专政，为实现工人阶级的伟大历史使命而奋斗。否则，工会就失去了它存在的意义，甚至会把工人运动引到邪路上去。

在坚持工会必须狠抓阶级斗争问题上，马克思主义和机会主义一直存在着激烈的斗争。一切新老机会主义为了反对无产阶级对资产阶级的阶级斗争，反对无产阶级革命和无产阶级专政，都大肆鼓吹"阶级斗争熄灭论"，刘少奇是这样，林彪也是这样。林彪胡说什么"无产阶级是生产阶级"、"工人做好工，就是政治"等，他的罪恶目的就是反对工会向资产阶级进行斗争，麻痹工人阶级的斗志，使工会成为他们一伙推行修正主义路线的工具。因此，对刘少奇、林彪一伙散布的"阶级斗争熄灭论"，必须进行彻底批判。

无产阶级是伟大的革命阶级

叛徒、卖国贼林彪出于反动阶级的本性，胡说什么："无产阶级是生产阶级"，这是对无产阶级伟大历史作用的恶毒诬蔑。林彪鼓吹这个谬论，是为反对无产阶级革命，维护资本主义的反动统治制造舆论。

无产阶级是人类历史上最伟大的一个革命阶级。早在一百多年前，马克思、恩格斯在《共产党宣言》一书中，深刻地分析了资本主义社会中各阶级的地位，科学地阐明了历史所赋予无产阶级伟大的历史使命，指出：**"无产阶级是真正革命的阶级"**，是资本主义的掘墓人。

伟大领袖毛主席对我国无产阶级在革命中的历史作用，作过精辟的分析。毛主席指出：**"中国无产阶级身受三种压迫（帝国主义的压迫、资产阶级的压迫、封建势力的压迫），而这些压迫的严重性和残酷性，是世界各民族中少见的；因此，他们在革命斗争中，比任何别的阶级来得坚决和彻底。"** 又指出：**"工业无产阶级是我们革命的领导力量"**，是**"中国革命的最基本的动力"**，**"是一个最有觉悟性和最有组织性的阶级"**。

从革命导师的上述论述中可以看出，无产阶级决不是"生产阶级"，而是一个最伟大的革命阶级。因为无产阶级是作为资产阶级的对立面而存在的，无产阶级的存在是和它反对资产阶级的斗争同时开始的，一部工人阶级运动史，也就是一部无产阶级反对资产阶级的斗争史。无产阶级的伟大历史使命，决不是象林彪所胡说的那样是个"生产阶级"，仅仅是为了"搞生产"，无产阶级的伟大历史使命是，在未取得政权以前，就要团结一切可以团结的力量，为推翻资产阶级的统治，建立无产阶级专政而斗争；在取得政权以后，就是为加强巩固无产阶级专政，建设社会主义，为最终实现共产主义，解放全人类而斗争。历史已经证明，我国无产阶级一走上政治舞台，就在中国共产党的领导下，前扑后继，和阶级敌人展开了英勇不屈的斗争，取得了民主革命的胜利，又取得了社会主义革命和社会主义建设的伟大胜利。我国无产阶级在革命中的伟大作用，是任何人抹煞不了的。

林彪一伙鼓吹"无产阶级是生产阶级"的反动谬论，其罪恶目的，就是要无产阶级在没有夺取政权以前，不要起来革命，不要搞武装斗争，不要推翻资产阶级的统治，以便听任资产阶级的残酷剥削和压迫；在无产阶级夺取政权以后，不要再继续革命，而听任资本主义复辟。这完全暴露了林彪一伙出卖无产阶级利益，破坏工人运动，为资产阶级效劳的丑恶面目。

无产阶级是"生产阶级"，还是革命的阶级？从旧社会过来的工人，是有切身体会的。工人阶级吃过旧社会的苦，也尝到了新社会的甜，新旧社会是两重天。工人阶级最懂得什么是阶级压迫，也深知今天的幸福生活是从那里来的。工人阶级所以能够从"自在阶级"发展成为"自为阶级"，靠的是马克思主义的武装，决不是只埋头生产的结果。我们建筑工人旧社会被人叫做"臭泥瓦匠"，一天累得臭死，一座座大楼盖起来了，而那些身不动、膀不摇、吃得肥头大耳的资本家摇摇晃晃住进去了，可是工人还是住"锅伙儿"，成年累月当牛做马，忍受着重重剥削。过去，资本家说工人是天生的穷命，是不好好干活就受穷。林彪胡说"无产阶级是生产阶级"，实际是和资本家一个鼻孔出气，一个心肠，妄想永远让工人忍受剥削。但是，马列主义、毛泽东思想给工人阶级指明了斗争的方向，在以毛主席为首的中国共产党领导下，工人阶级和全国人民推翻了压在我们头上的三座大山，走上了社会主义康庄大道。从实践中深深体会到，工人阶级必须搞阶级斗争，经常进行反对资产阶级的斗争，必须加强无产阶级专政，把社会主义革命进行到底，只有这样，才能完成历史所赋予我们工人阶级的伟大使命。作为工人阶级群众组织的工会，一定要把完成工人阶级的历史使命作为自己的根本任务，决不上林彪鼓吹的"工人阶级是生产阶级"反动谬论的当。

单纯做工决不能代替政治

马克思主义告诉我们，无产阶级夺取政权后，阶级斗争并没有结束，在整个社会主义时期，仍然存在着尖锐复杂的阶级斗争。工会作为工人阶级的群众组织，在无产阶级夺取政权后，它的首要任务，必须是按照党的基本路线的要求，继续发动和组织工人阶级向资产阶级和一切剥削阶级进行斗争。只有这样，才能保持工会组织的革命性。叛徒、卖国贼林彪，为了颠覆无产阶级专政，复辟资本主义，却胡说什么"工人做好工，就是政治"，妄图以"阶级斗争熄灭论"来模糊工人阶级的阶级斗争观念，歪曲工人运动的方向，把工会引向修正主义邪路上去。

政治，是阶级对阶级的斗争，单纯做工决不能代替政治。在社会主义社会里，地主资产阶级虽然被推翻，但是，他们决不甘心于自己的失败，仍要同我们作拼死的斗争，梦想重新骑在我们头上。因此，工会要继续组织工人向资产阶级进行斗争，教育工人时刻不要忘记自己伟大的历史使命。如果不是这样，而是单纯只求做好工，那么，被打倒的地主资产阶级就会兴风作浪，到那个时候，你要搞社会主义生产，发展社会主义经济，就成了一句空话。很清楚，林彪宣扬"工人做好工，就是政治"的反动谬论，就是妄图使工人放弃马列主义原则，不搞阶级斗争，不问国家大事，只去埋头干活，听任地主资产阶级复辟资本主义，叫工人阶级重新回到暗无天日的旧社会。这是万万办不到的！

阶级斗争的无数事实告诉我们，只有用无产阶级政治统帅工会工作，狠抓阶级斗争，才能使工人阶级得到锻炼，才能发挥工会的无产阶级专政坚强柱石的作用。解放以后，我们在党的领导下，开展了轰轰烈烈的民主补课运动。一九五一年。结合镇压反革命运动，开展了反对封建把头的斗争，把那些残酷压迫剥削工人的封建把头打得落花流水。一九五二年。不法资本家大搞"五毒"，挖社会主义墙角，在毛主席和党中央正确领导下，开展了轰轰烈烈的"三反""五反"运动，广大工人群众团结在党的周围，英勇地打退了资产阶级的猖狂进攻，彻底清算了那些不法资本家拉拢腐蚀干部、行贿、漏税、偷工减料的"五毒"罪行。一九五七年，资产阶级右派跳出来兴风作浪，工人阶级和全国人民再一次把他们打了下去。一九五八年，工人阶级斗志昂扬，以极大的革命积极性投入到社会主义大跃进中去。此后，在社会主义教育运动和无产阶级文化大革命中，又取得了伟大的胜利，进一步为我国社会主义革命和建设的迅速发展贡献了力量。工人阶级正是在与资产阶级的激烈斗争中不断地提高了阶级斗争和路线斗争觉悟；正是在与资产阶级的反复较量中，才发展了革命大好形势，保卫了胜利果实。如果按照林彪鼓吹的"工人做好工，就是政治"的谬论去做，那岂不是要我们工人放弃对资产阶级的斗争，把自己成天埋在一堆堆的砖、瓦、灰、砂、石里，两耳只听机器隆隆响，不听阶级敌人磨刀霍霍声。如果是这样,那我们怎么能保卫革命先烈用鲜血换来的红色政权?又怎么能完成工人阶级的伟大历史使命呢?

当然,我们并不否认工人要做好工,但是,在阶级社会里,生产斗争不可能离开阶级斗争而孤立存在,生产斗争和阶级斗争是联系在一起的。我们必须在正确路线指引下,狠抓革命,才能搞好生产。正如伟大导师列宁指出的:**"一个阶级如果不从政治上正确地处理问题,就不能维持它的统治,因而也就不能解决它的生产任务。"** 林彪鼓吹"工人做好工,就是政治"的反动谬论,揭穿了,就是不要工人搞阶级斗争,不要工人搞革命,而忘掉解放全人类的远大目标,以便他们可以肆无忌惮地进行反革命复辟活动,这完全是他们一伙的痴心妄想,工人阶级决不上他们一伙的当。

坚持无产阶级专政下的继续革命

伟大的无产阶级文化大革命,给了地、富、反、坏、右一切牛鬼蛇神以沉重的打击,挖了林彪反党集团的反革命社会基础。可是,林彪一伙不甘心失败,跳了出来,大肆散布"阶级斗争熄灭论",胡说什么这次无产阶级文化大革命"把资本主义百多年来,封建主义几千年的影响,一扫而光"了,"叛徒、特务、走资派、一网打尽"了等等。林彪一伙妄图用"阶级斗争熄灭论"来欺骗工人阶级,麻痹工人阶级的斗志,这完全是痴心妄想。林彪散布的"阶级斗争熄灭论",是对党在整个社会主义历史阶段基本路线的无耻背叛。

党的基本路线指出了整个社会主义历史阶段的主要矛盾是无产阶级同资产阶级两个阶级的斗争,是社会主义同资本主义两条道路的斗争,并且指出了这种斗争的长期性和复杂性。阶级斗争的长期性，决定了在无产阶级专政条件下必须继续革命，决定了工会必须教育工人群众把社会主义革命进行到底。如果按照林彪的反动逻辑，既然"一扫而光"了，"一网打尽"了，那不等于说，只要经过一次文化大革命，无产阶级同资产阶级、社会主义同资本主义谁胜谁负的问题已经解决了，无产阶级专政可以取消了，党内两条路线斗争不必要了，工会更没有必要再搞阶级斗争了，这充分暴露了林彪鼓吹"阶级斗争熄灭论"的反动本质。

在无产阶级专政条件下，工会必须教育工人为实现党在整个社会主义历史阶段的基本路线而斗争，这就是要彻底推翻资产阶级和一切剥削阶级，用无产阶级专政代替资产阶级专政，用社会主义战胜资本主义，为将来过渡到共产主义准备条件。

无数事实说明，在社会主义社会这个历史阶段中，阶级斗争是长期存在的，只不过时起时伏，高一阵低一阵罢了。牛鬼蛇神为他们的反动阶级本性所决定，每过几年非跳出来表演一次不可，他们跳出来，我们就把他们打倒。但是，揪出一两个反革命分子不等于再没有阶级敌人了，一次路线斗争的胜利，也不等于路线斗争的结束。

在无产阶级文化大革命取得伟大胜利的关键时刻，毛主席及时告诫我们："**现在的文化大革命，仅仅是第一次，以后还必然要进行多次。革命的谁胜谁负，要在一个很长的历史时期内才能解决。如果弄得不好，资本主义复辟将是随时可能的。全体党员，全国人民，不要以为有一二次、三四次文化大革命，就可以太平无事了。千万注意，决不可丧失警惕。**"这是对林彪一伙鼓吹的"一扫而光"、"一网打尽"反动谬论的最有力地批判。事实完全证实了毛主席的英明预见。就是这个大肆鼓吹"阶级斗争熄灭论"的林彪，却躲在阴暗的角落里策划反革命的武装政变，妄图篡夺党和国家的领导权。由此可见，他的所谓"一扫而光"完全是为了掩盖他们一伙颠覆无产阶级专政、复辟资本主义罪恶阴谋施放的烟幕弹。

"**思想上政治上的路线正确与否是决定一切的。**"路线正确，工会就能把工人群众团结起来，充分发挥工人阶级主力军的作用，成为巩固无产阶级专政的战斗组织。路线不正确，工会就要走到邪路上去。在整个社会主义历史时期内，工会必须以党的基本路线为纲，狠抓阶级斗争，坚持社会主义革命和无产阶级专政。当前，要继续抓紧抓好批林整风这件头等大事，发动和组织广大职工深入批判林彪的修正主义路线，提高执行毛主席革命路线的自觉性。我们一定要牢记党的基本路线，正确区别和处理两类不同性质的矛盾，团结一切可以团结的力量，不停顿地向阶级敌人开展斗争，为在地球上消灭人剥削人的制度，实现共产主义的崇高理想，完成工人阶级光荣的历史使命而奋斗。

坚持工人运动的正确方向

——批判刘少奇、林彪鼓吹的"经济主义"谬论

第一轻工业局工人批判组

用眼前的福利，诱使工人群众离开马列主义、毛泽东思想的轨道，出卖工人阶级的根本利益，这是一切修正主义惯用的反革命伎俩。叛徒、卖国贼林彪胡说工人**就**是为了"多拿一点"、"多分一点"等。林彪叫嚷的这一套反动谬论，完全是"经济主义"的黑货，其罪恶目的，就是妄图使工人阶级只顾眼前利益，不顾长远利益，只追求经济生活的改善，不进行政治斗争，忘记实现共产主义的伟大理想，把工人运动引到修正主义邪路上去。对林彪鼓吹的"经济主义"谬论，必须彻底批判。

（一）

在我国工人运动中，长期以来一直存在着两条路线的激烈斗争。是把工会搞成**"广大工人群众学习共产主义的学校"**，加强巩固无产阶级专政的工具；还是把工会搞成"福利组织"，单纯为工人搞福利呢？这是工会工作中两条路线斗争的一个重大问题。刘少奇、林彪之流和历史上的一切机会主义一样，顽固地推行一条反革命修正主义工运路线，他们大肆鼓吹"经济主义"，以此反对毛主席的无产阶级工运路线。叛徒、内奸、工贼刘少奇早在民主革命时期，反对武装夺取政权，推行投降主义路线，宣扬什么"职工运动

347

之方针，应做各种经济斗争"，胡说什么"经济要求是群众的目的"。在社会主义革命时期，他又极力反对无产阶级专政，反对无产阶级专政下继续革命，反对把实现工人阶级的伟大历史使命作为工会的根本任务，而宣扬什么"社会主义建成后，就靠物质刺激走向共产主义"，胡说什么"保护职工群众的物质和民主权利"是工会的"独特任务"。叛徒、卖国贼林彪也叫嚷工人就是为了"多分一点"、"多拿一点"，表面上看，他们多么"关心"工人的生活，其实，完全是骗人的把戏。他们鼓吹的这一套反动谬论，是破坏工人运动，腐蚀工人阶级的糖衣炮弹。

革命导师马克思指出："**不管工会的最初目的如何，现在它们必须学会作为工人阶级的组织中心而自觉地进行活动，把工人阶级的彻底解放作为自己的伟大任务。……工会应该向全世界证明，它们绝不是为了狭隘的利己主义的利益，而是为了千百万被压迫者的解放进行斗争。**"革命导师的这一教导，深刻地阐明了工会的性质和任务。工人阶级的伟大历史使命，就是要用无产阶级专政代替资产阶级专政，用社会主义战胜资本主义，在地球上最后消灭一切人剥削人的制度，最终实现共产主义。为了实现这一崇高的远大目标，无产阶级在夺取政权以前，必须在党的领导下，在无产阶级革命路线指引下，团结广大人民，拿起枪杆子，用革命暴力推翻资产阶级的统治，建立无产阶级专政。无产阶级夺取政权以后，必须继续革命，要在党的领导下，在无产阶级革命路线指引下，在各条战线上开展对资产阶级的斗争，巩固和加强无产阶级专政，防止资本主义复辟，为最后实现共产主义而奋斗。为实现工人阶级的伟大历史使命而奋斗，这是工人阶级的最根本的长远利益，也是工人运动的根本任务。

伟大导师列宁在批判俄国经济主义者时指出：**"无产阶级的基本经济利益只能经过用无产阶级专政代替资产阶级专政的政治革命来满足。"**这是一条千真万确的真理。无产阶级与资产阶级进行阶级斗争的目的，是要从根本上消灭人剥削人的资本主义制度。在无产阶级反对资产阶级的斗争中，经济斗争虽然是需要的，不过是初级阶段的斗争形式，它只是以无产阶级的眼前局部利益为目标，只能增加几个工钱，改善一点工人劳动的条件，减轻一点劳动强度而已，这种经济斗争不会触动资本主义剥削制度，不能从根本上推翻资产阶级的统治，使无产阶级真正从政治上经济上得到解放。所以，正确的工运路线必须引导无产阶级把政治斗争放在首位，把经济斗争和政治斗争结合起来，使经济斗争服从于政治斗争。政治斗争是以武装斗争为最高形式，以推翻资产阶级反动统治，建立无产阶级专政为目标的斗争，无产阶级只有进行政治斗争才能实现自己的远大目的。如果按照刘少奇、林彪鼓吹的那一套去做，工人运动只顾眼前的暂时利益，单纯为了提高工资"多分一点"、"多拿一点"，只进行经济斗争，不进行为夺取政权、用无产阶级专政去代替资产阶级专政的政治斗争，不用暴力推翻资产阶级的统治，那么，工人阶级就得不到解放。正如列宁尖锐指出的那样：**"因为经济斗争而忘掉了政治斗争，那就是背弃了全世界社会民主运动的基本原则，那就是忘掉了全部工人运动史所教导我们的一切。"**

（二）

党的基本路线表明：在社会主义这个历史阶段中，还存在着阶级、阶级矛盾和阶级斗争，存在着社会主义同资本主义两条道路的斗争，存在着资本主义复辟的危险性。无产阶级专政的建立，不是阶级斗争的结束，而是阶级斗争在新形势下的继续。斗争的焦点是夺权与反夺权，复辟与反复辟的斗争。这种斗争决定了工会在无产阶级条件下继续存在的必要性，也决定了工会必须以党的基本路线为纲，把抓阶级斗争放在一切工作的首位，带领工人群众向阶级敌人发动永不停顿的进攻。刘少奇、林彪之流鼓吹"经济主义"谬论，反对无产阶级专政下继续革命的伟大真理，反对工人阶级继续向阶级敌人展开斗争，而要工人去追求生活享受，搞"多分""多拿"，以此来麻痹工人的斗志，解除思想武装，妄图让地、富、反、坏、右牛鬼蛇神一齐跑出来，进行反革命复辟活动。刘少奇、林彪之流鼓吹"经济主义"谬论，反对社会主义积累，破坏社会主义建设，瓦解社会主义经济基础。如果按照他们的谬论去做，只顾"多分"、"多拿"，不顾积累，把劳动人民创造的物质财富统统分光吃光，这样不仅不能进行社会主义扩大再生产，就连简单再生产也无法进行，必然导致社会主义经济基础的瓦解。"多分"、"多拿"的结果，必然是自由竞争，两极分化，资本主义势力重新抬头。正如恩格斯在批判杜林时一针见血地指出的那样：**"积累完全被遗忘了。更坏的是：……直接要求社员去进行私人的积累，因而就导致它自身的崩溃"**，**"它除了重新产生金融巨头以外，再没有其他目的"**。刘少奇、林彪之流鼓吹的"经济主义"谬论，完全是腐蚀工人阶级灵魂，瓦解工人革命意志的一剂毒药，我们必须给以彻底批判并肃清其流毒。

（三）

伟大领袖毛主席教导我们：**"无产阶级不但要解放自己，而且要解放全人类。如果不能解放全人类，无产阶级自己就不能最后地得到解放。"** 马克思主义认为，世界各国人民的革命斗争，从来都是互相支持的。一个国家无产阶级革命事业的最后胜利，不但需要本国无产阶级和广大人民群众的努力，而且有待于世界革命的胜利，有待于在整个地球上消灭人剥削人的制度。这是因为资本主义是一种国际势力，资本对劳动者的剥削从来都是国际性的。因此，一个社会主义国家在进行革命和建设，为实现无产阶级伟大目标的斗争过程中，除了遇到本国被推翻了的剥削阶级反抗以外，还会遇到外国帝国主义、社会帝国主义的侵略和颠覆，如果没有国际革命力量以各种不同方式的援助，无产阶级要取得自己的最后胜利是不可能的。

我们中国工人阶级在长期的革命斗争中，始终得到全世界无产阶级和各国人民的支持，得到全世界马克思列宁主义兄弟党兄弟组织的支持。今天，我国工人阶级已经获得解放，走上社会主义康庄大道，但是，世界上还有三分之二的人民处于帝国主义、社会帝国主义的剥削奴役之下，当前，国家要独立，民族要解放，人民要革命已成为历史的潮流。因此，支持和援助兄弟国家的革命斗争，支持和援助被压迫民族的解放斗争，正是我们中国工人阶级责无旁贷的国际主义义务。刘少奇、林彪之流鼓吹"经济主义"，妄图将工人运动引向资产阶级民族利己主义、社会沙文主义的道路上去，反对工人阶级发扬无产阶级国际主义精神，分裂世界无产阶级的国际团结，破坏世界革命。为果按照刘少奇、林彪那一套"经济主义"谬论去做，只要本国人民自己吃好、穿好、住好、享受好就行了，什么国际主义，什么支援别国人民的革命斗争，统统变成多余的了。照这样发展下去，还可能为了本民族的私利，以"援助"为名，行剥削之实，走上苏修社会帝国主义大肆扩张掠夺的道路上去，这是同工人阶级的伟大历史使命水火不相容的，是违背工人阶级的根本利益的。

"经济主义"是把工人运动引向修正主义邪路的反革命理论，必须坚决反对。但是，不要把关心职工群众的生活与"经济主义"等同起来。我们反对"经济主义"，但这决不是说，工会可以不关心职工的生活了。关心职工生活是伟大领袖毛主席的一贯教导，毛主席谆谆教导我们：**"要得到群众的拥护么？要群众拿出他们的全力放到战线上去么？那末，就得和群众在一起，就得去发动群众的积极性，就得关心群众的痛痒，就得真心实意地为群众谋利益，解决群众的生产和生活问题，盐的问题，米的问题，房子的问题，衣的问题，生小孩子的问题，解决群众的一切问题。"** 无论在革命战争的艰苦岁月，还是在社会主义革命和社会主义建设时期，党都十分关心群众的生活。解放以来，工人阶级和劳动人民不仅在政治上翻了身，而且在生产发展的基础上，几次调整了工资，增加了收入，提高了生活水平。现在是看病有公费医疗，病假有劳保待遇，所有这些都充分体现了党和毛主席对工人阶级和劳动人民无微不至的关怀。工会一定要按照毛主席的教导经常关心职工的生活。可是，工会作为共产主义学校，决不能只单纯搞生活福利，而忘记教育工人实现工人阶级的伟大历史使命。毛主席指出："**应当向工会同志**

和工人群众进行教育，使他们懂得，决不可只看到眼前的片面的福利而忘记了工人阶级的远大利益。"工会首先要积极组织职工认真学习马列著作和毛主席著作，不断提高阶级斗争和路线斗争觉悟，教育工人群众为把社会主义革命进行到底，巩固和加强无产阶级专政，最终实现共产主义而奋斗。刘少奇、林彪之流煽动"经济主义"妖风，腐蚀工人阶级，破坏工人运动，为他们一伙篡党夺权、复辟资本主义作舆论准备。我们决不上刘少奇、林彪一伙"经济主义"谬论的当。

（四）

国际共产主义运动的历史经验告诉我们："经济主义"是机会主义者用来反对无产阶级革命和无产阶级专政的破烂武器。一切机会主义分子、修正主义分子都鼓吹"经济主义"，来破坏工人运动，维护资本主义剥削制度。当年第二国际叛徒考茨基曾提出"社会主义的内容是人人都有自由和面包"的"经济主义"口号。俄国的"经济主义者"则宣传过一个臭名远扬的谬论，胡说什么工人运动的座右铭是"为改善经济状况而斗争"，胡说什么"对每一个卢布工资的增加一个戈比要比任何社会主义和任何政治都更加切实而可贵"。刘少奇、林彪鼓吹的"多分一点"、"多拿一点"的"经济主义"黑货，不过是老机会主义的故技重演而已。

伟大导师列宁有一段精辟的话，深刻揭露了机会主义的实质："临时应付，迁就眼前的事变，迁就微小的政治变动，忘记无产阶级的根本利益，忘记整个资本主义制度、整个资本主义演变的基本特点，为谋取实际的或可以设想的一时的利益而牺牲无产阶级的根

本利益"。一切资产阶级走狗、工贼都利用"经济主义"来破坏工人运动。刘少奇、林彪如此起劲地鼓吹"经济主义",其罪恶目的就是妄图把工人运动引向只搞福利的"经济主义"邪道,用小恩小惠腐蚀工人阶级队伍,麻痹工人阶级的革命斗志,反对工会抓阶级斗争和路线斗争,将工会这个进行阶级斗争的工具改变为"福利组织",变为反党俱乐部,成为他们一伙推行修正主义路线,颠覆无产阶级专政,复辟资本主义的工具。但这不过是他们一伙的痴心梦想。伟大领袖毛主席总结了国际工人运动正反两个方面的历史经验,提出了无产阶级专政下继续革命的伟大理论,给无产阶级专政下工人运动指出了正确方向,工人运动必将在党的领导下,在毛主席的革命路线指引下胜利前进,最终实现工人阶级的伟大历史使命。

工会必须服从党的领导

——批判刘少奇、林彪一伙鼓吹的工团主义谬论

河北区革命委员会大批判组

在工人运动中，历来存在着两条路线的斗争。一条是马克思列宁主义路线，这条路线是坚持用马克思列宁主义武装工人阶级，指导工人运动，由马克思列宁主义政党来领导工人阶级的群众组织——工会，为工人阶级的远大目标——共产主义事业而奋斗。这条路线以马克思、恩格斯、列宁、斯大林、毛主席为代表；一条是反革命修正主义路线，这条路线是反对用马克思列宁主义武装工人阶级，指导工人运动，主张工人运动的自发性，反对由马克思列宁主义政党领导工会组织，主张工会组织的独立性，诱惑工人只顾眼前利益，放弃远大的斗争目标，这就是工团主义路线。这条路线以第一国际的叛徒、第二国际的叛徒和俄国的托洛茨基、布哈林之流为代表的。

刘少奇、林彪一类骗子继承新老修正主义的衣钵，在我国兜售工团主义的黑货。他们叫嚷："工会高于一切"，群众运动"天然是合理的"，"一切群众工作，群众斗争，统一群众团体领导"，工会是"独立的"，一切"经过工会"，党对工会"只能协助，不能领导"，等等。

刘少奇、林彪一类骗子散布的这些反动谬论，归结起来，就是反对党对工会的领导。对刘少奇、林彪所鼓吹的工团主义的种种谬论，必须给以彻底的批判。

工会必须以马列主义为指导思想

毛主席教导我们：**"指导我们思想的理论基础是马克思列宁主义。"** 工会要置于党的领导下，从根本上来说，就是要以马克思列宁主义、毛泽东思想为指导。马列主义、毛泽东思想是无产阶级的世界观，是无产阶级用来改造旧世界、建设新世界的强大思想武器。马克思指出：**"哲学把无产阶级当作自己的物质武器，同样地，无产阶级也把哲学当做自己的精神武器"**。无产阶级运用马克思列宁主义这一强大的思想武器，才能由"自在的阶级"变为"自为的阶级"，才能掌握社会发展的客观规律，对革命的胜利充满信心，自觉地认清本阶级所肩负的伟大历史使命，并为此而奋斗。无产阶级用马列主义、毛泽东思想作指导，才能根据客观形势制定正确的路线、方针、政策，取得对资产阶级斗争的胜利。这样，无产阶级才能完全自觉地为彻底消灭人剥削人的制度，为实现共产主义而奋斗。

刘少奇、林彪一伙鼓吹工人运动"自发论"、"天然合理论"，按照他们的反动逻辑，就是说，工人阶级可以不掌握马列主义，工人运动可以不要党的领导，也是"合理"的，这是十分荒谬的。马克思列宁主义是国际工人运动经验的总结。工人运动只有在马克思列宁主义指引下，才能沿着正确的道路前进。工人阶级本身不能自发地产生马克思列宁主义，只能由无产阶级政党用马克思列宁主义理论向工人阶级"灌输"。工人阶级只有掌握了马克思列宁主义,才能深刻理解资本主义社会的本质,理解社会阶级的剥削关系,理解无产阶级的历史任务,这时他们就由一个"自在的阶级"变成了一个"自为的阶级"。"天然合理论",就是反对工人阶级掌握马克思列宁主义,反对党对工人运动的领导,反对工人阶级进行革命,使工人阶级永远处于受资本家剥削和压迫的奴隶地位。

列宁指出:**"自发的工人运动本身只能造成(而且必然造成)工联主义"**。从列宁的教导可以看出,反对党的领导的工团主义,是来源于"自发论"的。"自发论"是工团主义的理论基础。叛徒、卖国贼林彪鼓吹的"自发论"、"天然合理论",是反对马克思列宁主义,反对毛泽东思想的谬论。

工会必须接受党的领导

伟大领袖毛主席指出:**"工、农、商、学、兵、政、党这七个方面,党是领导一切的。"**共产党是由无产阶级先进分子所组成,是无产阶级的先锋队组织,是无产阶级组织的最高形式,是无产阶级的战斗司令部。工会是工人阶级的群众组织,是党联系广大工人群众的纽带。党体现了工人阶级的意愿,代表着工人阶级的利益。因此,党和工会的关系,是领导与被领导的关系,工会只有在党的领导下,才能发挥组织工人、团结工人、教育工人的作用。

刘少奇、林彪一伙极力反对党对工会的领导,大肆鼓吹"工会独立",党对工会"只能协助,不能领导"的反动谬论,妄图使工会摆脱党的领导。实际上,脱离政党领导的工会是根本不存在的。工会是阶级斗争的工具,它是为一定阶级服务的。不是接受无产阶级政党的领导，就是受资产阶级政党的控制，不是为工人阶级服务，就是替资产阶级效劳，二者必居其一。刘少奇、林彪一伙鼓吹"工会独立"，就是要使工会从组织上脱离党的领导，"独立"到资产阶级一边，去迎合资产阶级一党的私利，就是要把工会变成他们复辟资本主义的工具。

工会要为实现共产主义的远大理想而斗争

马克思、恩格斯在《共产党宣言》中明确指出：共产党人的最近目的是**"使无产阶级形成为阶级，推翻资产阶级的統治，由无产阶级夺取政权。"**共产党人的最终目的是消灭私有制，消灭阶级，实现共产主义。马克思还指出：**"工会应该向全世界证明，它们绝不是为了狭隘的利己主义的利益，而是为了千百万被压迫者的解放进行斗争。"**马克思和恩格斯的伟大教导，为工会组织指明了正确方向，提出了根本任务。就是说，工会组织要教育工人牢牢记住自己的伟大历史使命，为推翻资产阶级和一切剥削阶级的统治，建立无产阶级专政，最后实现共产主义、解放全人类而奋斗。

刘少奇、林彪一伙在工人运动中极力鼓吹"经济主义"，其罪恶目的在于使无产阶级只搞经济斗争，不进行政治革命。列宁曾经指出：**"无产阶级的基本经济利益只能经过用无产阶级专政代替资产阶级专政的政治革命来满足。"**这就是说，无产阶级要取得经济上的翻身，必先进行政治革命。无产阶级通过政治革命，推翻资产阶级和一切剥削阶级的统治，建立自己的政权——无产阶级专政，才能获得政治上的解放，经济上的翻身。如果按照刘少奇、林彪一伙鼓吹的"经济主义"那一套去做，无产阶级不进行推翻资产阶级的政治革命,只顾眼前的经济利益,单纯为提高工资,改善生活状况,改进劳动条件等进行斗争,那么,资产阶级的反动统治不会被推翻,无产阶级只能永远在政治上受压迫,经济上受剥削。毛主席指出:**"应当向工会同志和工人群众进行教育,使他们懂得,决不可只看到眼前的片面的福利而忘記了工人阶级的远大利益。"** 刘少奇、林彪一伙鼓吹"经济主义",以此来蒙蔽工人群众,妄图使工人阶级只看眼前的片面的福利,忘记远大理想。使工人运动离开马克思列宁主义路线的轨道,走到修正主义邪路上去。

翻开国际工人运动史,我们便可以清楚地看出,打起工团主义破旗,反对党的领导,破坏无产阶级革命和无产阶级专政,是一切机会主义惯用的伎俩。第一国际的巴枯宁、伯恩斯坦之流曾叫嚣"打倒权威",鼓吹无政府主义的"自治原则",反对党对工人运动的领导。苏联在列宁领导下,建立了无产阶级专政的政权以后,布哈林、托洛茨基一伙抛出了所谓"工会运动单一性和独立性"的口号,主张党不应该领导工人阶级为巩固无产阶级专政而斗争,而只配跟在工人运动后边做事件的记录员。刘少奇、林彪一伙鼓吹工团主义,是妄图改变党在社会主义历史阶段的基本路线和政策,颠覆无产阶级专政,复辟资本主义。

刘少奇、林彪一伙张口一个"工会独立",闭口一个"自发斗争",难道他们真的主张工会不要任何政党的领导吗?绝对不是。我们把他们的言行对照一下便可以看出,当刘少奇大吹大擂"党不能直接领导群众团体"的时候,他却自封为工人运动的"领袖"、中国的"刘克思"。当林彪大喊大叫"群众要怎么办就怎么办"的时候,他们藏在暗地里纠集死党，炮制《"571工程"纪要》反革命政变纲领，梦想篡夺党和国家的最高权力，颠覆无产阶级专政，建立林家父子的法西斯王朝。可见，刘少奇、林彪一伙鼓吹工团主义，完全是他们妄图篡党夺权而玩弄的反革命"骗人术"。实际上，他们反对的是无产阶级政党的领导，反对的是毛主席革命路线的领导，以便由他们篡夺工人运动的领导权，推行他们那一套修正主义工运路线。我们要识破他们的诡计，彻底批判他们鼓吹的工团主义的反动谬论。

内部刊物　注意保存

革命大批判

第二十四期　　　　　　　　**一九七三年八月四日**

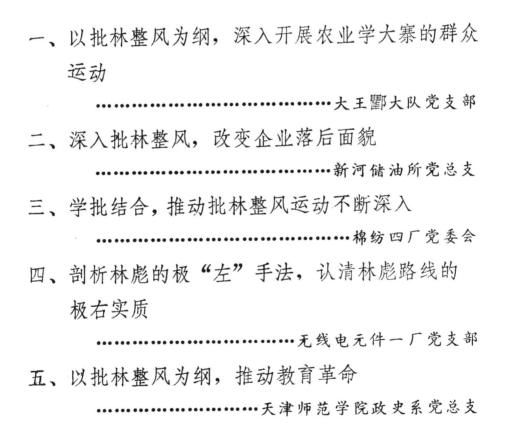
天津市革命委员会政治部编印

毛 主 席 语 录

要搞马克思主义，不要搞修正主义；要团结，不要分裂；要光明正大，不要搞阴谋诡计。

首先是批林，其次才是整风。

在批林整风运动中，在历史的旧帐上纠缠，容易走偏方向。

要认真总结经验。

把马克思列宁主义的理论和中国革命的实践密切地联系起来，这是我们党的一贯的思想原则。

以批林整风为纲
深入开展农业学大寨的群众运动

大王鄮大队党支部

在批林整风运动中，我们遵照毛主席关于批林整风的一系列重要指示，组织广大干部和群众认真学习马克思列宁主义、毛泽东思想，抓住林彪路线的极右实质，紧密联系农村两个阶级、两条道路和两条路线斗争的实际，开展革命大批判，把批林整风运动不断引向深入。广大干部和社员进一步提高了阶级斗争、路线斗争和无产阶级专政下继续革命的觉悟，激发了更大的社会主义积极性，促进了**"农业学大寨"**群众运动的深入发展，革命和生产的形势越来越好。去冬今春，在"天大旱，人大干"的革命精神鼓舞下，抢种秋麦、春麦共八百二十亩，占全大队粮食耕地面积百分之八十。今年夏收，粮食总产量较去年增加百分之六十五，平均亩产达到四百四十斤，一季上了《纲要》。现在，大田作物长势喜人，林、牧、副、渔各业也都有了新的发展。

深入批判林彪妄图复辟资本主义的罪行
坚持走社会主义道路

几年来，我们在市、区委领导下，做出了一些成绩。在这种情况下，有的干部认为，大队的方向、路线问题已经基本上解决了，从思想上对两条道路的斗争有所忽视。

去年夏收后，大队派出四十多名壮劳力进城搞副业，每天收入几百块钱。将近"三秋"大忙季节，大队党支部提出把这些劳力抽回来，投入抢收抢种。但是，有的干部想不通，说"农业丢了，副业找，大旱年再不抓点钱还行？抽回劳力，不是把摇钱树砍倒了吗！"这个问题引起了党支部的注意。早在一九七〇年，大队就总结出"丰年不转向，灾年不动摇"的经验，现在遇到了灾年，为什么又出现这种想法呢？这说明，方向、路线问题并不是已经解决了。于是，我们引导大队全体干部回顾了历史的经验教训：一九六一年，在叛徒、内奸、工贼刘少奇刮起的"三自一包"、"四大自由"黑风的影响下，大队出现重副轻农，造成粮食大减产，集体经济受到损害；一九六四年以来，坚定不移地走"**农业学大寨**"的光辉道路，坚持社会主义方向，使粮食产量迅速增长，集体经济日益巩固和发展。同时，组织大家认真学习党的基本路线，批判林彪宣扬的"阶级斗争熄灭论"，鼓吹的"一网打尽"、"一扫而光"、"毫无修正主义气味"等反革命谬论。大家说，林彪鼓吹的这一套就是要否定社会主义社会的阶级斗争，从根本上改变党的基本路线。通过学习、批判，大家深刻认识到，农村的事情，说一千，道一万，归结到一点，就是个走社会主义道路，还是走资本主义道路的问题。这种斗争还是长期的，曲折的，有时甚至是很激烈的，它将贯穿整个社会主义历史时期。我们决不能丧失警惕，一定要自觉地坚持党的基本路线。

在干部提高觉悟的基础上，向社员群众进行了路线教育。在政治夜校里，大讲毛主席关于"**以粮为纲，全面发展**"的方针，批判林彪妄图复辟资本主义的罪行。广大群众进一步提高了路线觉悟，明确了方向，克服了少数人中的资本主义倾向。贫下中农坚定地说："社会主义是金光大道，资本主义是死路一条，林彪一伙要拉我们走回头路，我们坚决不答应！"

通过学习、批判，进一步摆正了农业和副业的关系。在指导思想上，坚持以粮为纲，领导干部的主要精力放在大办农业上；在劳力调配上，首先满足农业生产的需要；在时间安排上，农忙时，副业服从农业，农闲时，适当多搞些副业；在经营项目上，充分利用当地资源，多搞基础副业和为农业服务的副业，不赤手空拳到城里揽活干。

觉悟提高了，认识统一了。外出搞副业的劳力，迅速回到农业生产第一线，投入了紧张的"三秋"战斗，不仅提前完成了收割打轧任务，而且一鼓作气，打响抢播秋小麦的战斗。在播麦中，我们克服了许多困难。在严重干旱的情况下，扩大了复种面积，抢播小麦五百二十亩，相当于头年的六倍，提前完成了种麦任务。同时，在搞好农业的前提下，进行统筹安排，积极开展了多种经营。去秋以来，我们大队先后扩建了养猪场、养鸡场、农机具修配厂，还办起了糖稀厂，试搞了坑塘养鱼，扩大了植树造林的面积，农、林、牧、副、渔全面发展，有力地促进了农业学大寨的群众运动。

深入批判林彪破坏党的政策的罪行
进一步落实党的政策

前一时期，在林彪路线的干扰和破坏下，大队在评工计酬上存在着平均主义倾向，使党的按劳分配的政策不能很好地落实，挫伤了社员群众的积极性。

为了改变这种情况，党支部书记到第一生产队进行调查研究，发现政策落实不下去的主要原因，是一些干部对党的政策缺乏深刻的理解，划不清正确路线和错误路线的界限。有的人说：群众为革命种田的劲头很足，一心为集体的好人好事很多，按劳分配政策落实不落实没啥要紧。也有人怕落实按劳分配政策再走"工分挂帅"的老路。

针对这些思想，大队党支部举办了干部学习班，组织大家认真学习毛主席关于**"主张绝对平均主义的思想，它的性质是反动的、落后的、倒退的"**伟大教导和党的有关政策，联系本大队实际，狠批林彪一伙破坏党的政策的罪行，使大家进一步认识到，政策是路线的具体体现。我们党在农村的现行经济政策，是毛主席和党中央运用马列主义的立场、观点、方法，科学地分析了农村的阶级关系、农业生产力水平和农民群众的觉悟程度而制定的，是完全符合我国当前社会主义农业发展的客观规律的；如果违背了它，就会偏离毛主席的革命路线。因此，形势越好，群众觉悟越高，越要一丝不苟地落实党的政策。林彪一伙大肆鼓吹平均主义，叫嚷什么要"割私有制的尾巴"，"跑步进入共产主义"，否定社会主义按劳分配的原则，破坏党的政策，他们的罪恶目的就是妄图瓦解社会主义经济基础，破坏农业生产，复辟资本主义。正如一些干部所说：林彪一伙恨的是社会主义，搞的是资本主义，挂的是马列主义招牌，卖的是修正主义黑货。他们要"割资本主义的尾巴"是假，要砍掉社会主义是真；"跑步进入共产主义"是假，要复辟资本主义是真。我们绝不能被林彪一伙"左"的词句所迷惑，要透过现象看本质。通过批判，大家进一步认清了林彪破坏党的政策的反革命咀脸，进一步划清了按劳计酬和"工分挂帅"的界限。认识到按劳分配是在无产阶级政治统帅下，鼓励社员为革命积极劳动，发展农业生产，为国家多做贡献·走的是社会主义道路；"工分挂帅"是引诱人们不顾集体，只为个人争分争酬，单纯用工分去刺激群众的"生产积极性"，走的是资本主义道路。从而，加强了政策观念，进一步增强了贯彻执行毛主席的革命路线和政策的自觉性。

在这个基础上，大队党支部遵照毛主席关于"**我们的政策，不光要使领导者知道，干部知道，还要使广大的群众知道**"的伟大教导，在政治夜校里，组织广大社员群众进行认真学习。还召开了老农、青年、妇女和整、半劳力等各种座谈会二十多次，干部和群众一起认真研究分析，如何搞好按劳计酬。群众人多智广，一下子就提出了许多条建议。经过自下而上，上下结合的反复讨论，最后订出了一套劳动定额和评工记分相结合的方法：大部分农活实行定额，不易定额的农活实行评工记分。通过试点，证明了新办法既坚持了政治挂帅，又做到了合理计酬，较好地落实了男女同工同酬的政策，简便易行，群众欢迎，很快就在全大队普遍推广了。新办法实行后，极大地调动了社员群众的社会主义劳动积极性，特别是妇女们为革命种田的劲头更足了。今年，"三夏"季节，干部、社员上下一条心，坚持大干苦干，起早贪黑，一心扑在抢收抢种上，没有一个人叫苦喊累。三队青年妇女自动组织了"铁姑娘队"，和男社员摽着膀子干，那里艰苦那里去，吃大苦，流大汗，工效高，质量好。其他队的青年妇女也不甘心示弱，紧跟着成立了"燕子队"、"山鹰队"。这样，你追我赶，争分夺秒，掀起了社会主义劳动竞赛热潮。由于落实了党的按劳分配和男女同工同酬政策，进一步调动了社员的积极性，加快了夏收进度。八百多亩麦子，仅用十天时间就全部收割完了，较往年提前十天左右。大家高兴地说："批林整风觉悟高，落实政策干劲大。"

深入批判林彪鼓吹的唯心论的先验论
用唯物论的反映论指导科学种田

我们大队学大寨已经坚持了八年，粮食亩产一年上《纲要》，两年过"黄河"，五年跨"长江"，去年又下降回到《纲要》上。为什么产量高低不稳，时而飞跨"江南"，时而又爬在"江北"呢？一九七二年大旱，才使我们对这个问题有了比较清楚的认识。

去年的干旱是几十年罕见的，连续二百多天没有下一场透雨。由于大队领导班子的一些成员，总认为"春旱秋涝"是汉沽地区的老规律，变不了，没有不下雨的天。因此，咀里喊着"改稻种旱"，心里却老想着"种稻高产"。尽管领导上一再强调丢掉幻想，坚持抗旱。我们却仍然不顾客观实际，用机井抽水保稻芽子。结果，水稻没栽上，大田种晚了，造成了粮食大幅度减产，亩产一下就从一九七一年的千斤下降为四百斤。

大旱年为什么打了败仗呢？在批林整风中，大队党支部引导广大干部、群众学习马列和毛主席的有关著作，认真总结经验教训，深入开展群众性的革命大批判，狠批林彪鼓吹的唯心论的先验论，批判林彪叫嚷的"办事情的过程，是从主观到客观，从思想到实际"的反动谬论。通过批判，大家深有感触地说，头脑中有唯心论的残余，大旱年才受了"老天"欺。只有坚持唯物论的反映论，按照实际情况决定工作方针，不单纯凭老经验办事，才能把夺取丰收建立在可靠的客观基础上，为国家多产粮食、多作贡献。大家坚定地表示：我们要彻底批判唯心论的谬论，抛掉"老皇历"，大振革命精神，大鼓革命干劲，按照客观实际，改变生产条件，立足于种旱夺高产！

种旱夺高产这一仗到底怎么打？大队干部遵照马克思主义的认识路线，深入实际，调查研究，到群众中汲取智慧和力量。干部和群众一起总结经验教训，进一步认识到：土是基础，水是命脉，抓土不抓水，大旱吃大亏，水土一齐抓，旱涝都不怕。几年来，只注意改土，没有在抓水上下功夫，去年就摔了大跤。要彻底解决干旱问题，就得大力挖掘地下水，同时，加深加宽沟渠，做到井沟相通，能蓄、能灌、能排。党支部经过反复研究，在集中群众正确意见的基础上，制定出了一九七三年规划，重新安排了全大队的土地。

广大干部和社员洗刷了唯心精神，更加牢固地树立了唯物论的反映论，焕发出冲天的革命干劲，很快就掀起了兴修水利的热潮。战斗中，全体干部冲在头里，既当指挥员，又当战斗员，和群众心贴心地扑下身子干，遇到困难，挺身而出，争挑重担。在干部的带动下，社员们顶风雪，战严寒，起五更，睡半夜，坚持大干。大家说："天寒，我们心里热，地硬，我们决心强，就是钢块铁板，也要敲碎它！"有时平地积雪一尺多深，突击队的青年们打冻方，每人每天挖土二十多方。通过大干、苦干，去冬今春全大队完成了原计划两年完成的土方任务，据统计：挖新沟二十三条，挑老沟五百多条，整修大渠四条，动土六万多方。同时，还平整土地八百多亩，新打大口径机井三眼。现在，七十个小时左右就可以把水送满沟渠。做到所有土地同时开泵浇水。今年在严重干旱的情况下，由于条件的改变，麦田普遍浇灌了五至七遍水，对增产起了很大作用。广大社员说：“这些成果，是靠唯物论，靠大寨精神，靠战天斗地的干劲得来的。”

通过去冬今春以来的实践，我们深刻体会到，联系实际深入批林，要树立长期作战的思想。林彪修正主义路线的产生和形成，具有深刻的历史根源、社会根源和思想根源，它在各个领域里的流毒甚广，不是批判一次或几次就能够解决问题的。只有联系实际，反复批判，才能彻底清算林彪的反革命修正主义路线，戳穿其谣言和诡辩，从路线上分清是非，从思想上肃清流毒。我们还体会到，联系实际深入批林，主要是联系领导班子方向、路线上的问题。**“思想上政治上的路线正确与否是决定一切的。”**批林整风，就是要正确解决思想政治路线问题，从根本上提高广大干部的路线觉悟，不断增强执行毛主席革命路线和政策的自觉性，把农业学大寨的群众运动不断推向深入。

深入批林整风，改变企业落后面貌

新河储油所党总支

我们新河储油所，是天津市一个较大的水陆装卸转运油库。一九五四年建库以来，在毛主席革命路线指引下，随着工农业生产的飞跃发展，油库不断扩建，吞吐量增长了十倍。去年实际吞吐量达一百二十万吨。

但是，近几年来，由于林彪反革命修正主义路线的影响，企业管理混乱，事故接连发生，成了一个后进单位。去年下半年以来，在上级党委的领导下，我们狠抓了批林整风运动，紧密联系本单位路线斗争的实际，深入批判林彪路线的极右实质，提高了干部、职工的阶级斗争和路线斗争觉悟，激发了革命热情，逐步改变了企业落后面貌。过去，制度混乱，现场杂乱，各种事故不断出现，去年一至八月份，每月平均发生六起事故；现在，建立健全了合理的规章制度，基本上杜绝了隐患，连续十个多月没有发生重大事故。油品吞吐量，今年上半年比去年下半年增加了百分之十五，劳动效率提高了百分之二十三，人员减少了百分之二十，实现了增产又减人，革命、生产形势一派大好。

我们单位的落后面貌是在批林整风的推动下改变过来的。以前，批林整风没有和本单位的阶级斗争、路线斗争挂起钩来，批是批，干是干，企业的落后面貌没有发生显著变化。去年下半年，党总支组织大家认真学习了毛主席关于批林整风一系列重要指示，认识到,所以存在那么多问题,原因是多方面的,但归根结底还是批林整风这个纲没有抓好,思想上、政治上的路线是非划分不清。因此,要改变企业的落后面貌,必须紧紧抓住批林整风运动这个纲,做到敢于联系实际,善于联系实际。同时,我们还认识到,批判林彪反党集团的罪行是联系实际;排除林彪路线对各项实际工作的干扰和破坏,肃清其流毒,也是联系实际的重要方面。这两者是不可分的。在提高认识的基础上,我们紧紧抓住了以下几个方面:

一、狠批林彪路线极右实质，联系本单位阶级斗争实际，加深对党的基本路线理解

过去,我们所的一些领导干部,对本单位为什么这么乱,主要原因是什么?思想上很不明确。只看到群众中存在着一些纪律松弛和极端民主化的现象,便和林彪煽动和利用极"左"思潮、无政府主义的罪行挂在一起,搞"上挂下联"。结果,无组织、无纪律的现象减少了,而群众的社会主义积极性并没有调动起来。今年中央两报一刊元旦社论发表后,我们进一步学习毛主席关于**"首先是批林,其次才是整风"**的指示,认识到,前一段运动由于对林彪路线的实质认识不清,没有分清两类不同性质的矛盾,因而没有抓住问题的本质。于是,我们反复学习党在社会主义时期的基本路线,以毛主席提出的"三要三不要"的基本原则为武器,抓住林彪路线的极右实质,深入开展革命大批判,狠批林彪一伙妄图从根本上改变党的基本路线和政策,宣扬"阶级斗争熄灭论"等罪行。通过批判,进一步认识到社会主义时期阶级斗争的长期性、复杂性,提高了警惕,注意了阶级斗争在本单位的反映,注意了意识形态领域的阶级

斗争在新形势下的新动向。针对一些青年不安心工作，讲吃讲穿，追求资产阶级生活方式，打架斗殴，不愿参加政治活动等现象，在区委的统一部署下，在青年中进行反腐蚀的教育。发动群众，摆敌情，议动向，揭露出一个混在职工队伍中传播黄色小说，讲淫乱故事、散布毒素、腐蚀毒害青年的坏分子。活生生的阶级斗争事实，使领导班子更清楚地认识到，过去企业乱，就乱在没有狠抓阶级斗争这个纲。从而，把批判林彪路线的极右实质同抓本单位阶级斗争的实际紧密地联系起来，进一步批判了林彪散布的什么"一扫而光"

"一网打尽"、"我们的国家毫无修正主义气味"等谬论，既批了林彪路线，又狠抓了本单位的阶级斗争，把巩固无产阶级专政的任务落实到基层，对改变企业落后面貌起了很大作用。

二、狠批林彪鼓吹的唯心论的先验论，联系领导的
思想实际，进一步端正认识路线

前几年，在林彪路线的影响下，制度乱砍，设备乱拆，计划乱改，一度管理严重混乱。油池区杂草丛生，杂物满院，各种事故经常发生。仅一九七二年三、四月间，就连续发生三次重大混油事故，其中一次就损失六万七千多元。同年八月份，又发生油库要害部位轻油泵房着火的严重事故。当时我们认为，库老、人老、设备老，任务成倍增长，供应范围由国内扩大到援外出口，而文化大革命以来，人员没有增加，活多人少，手忙脚乱，忙中有错，在所难免。要解决乱的问题，必须增加职工。为此，我们向上级提出了一个最少增加一百三十五人的方案。但是，上级不但无人可给，还要抽人支援新建单位。结果，要人要不来，抽人抽不走，管理混乱也得不

到解决。后来,我们在批判林彪唯心论的先验论和唯心史观时,学习了《唯物主义和经验批判主义》、《人的正确思想是从那里来的?》等马列著作和毛主席著作,自觉地联系思想实际,认识到,是坚持唯物论的反映论,还是用唯心论的先验论指导工作,是充分相信群众、依靠群众,还是靠少数人,这是两条根本对立的认识路线,也是能不能管理好企业的根本问题。任务增加了,是不是一定要增人?乱是不是人少造成的?要正确回答这个问题,就要深入实际,发动群众,进行周密的调查研究。

认识统一了,领导干部深入到车间、班、组,向群众做调查。群众向我们反映了大量分工不当、职责不清、忙闲不均和勤懒不分的情况。群众说:"有的干,有的转,有的看。开错截门,发生混油事故,是值班人员睡觉造成的,能怨人少吗?着火事故是设备漏油加上合理的规章制度被砍掉造成的,能怨人少吗?乱不乱不在人多人少,而在领导思想路线正不正。不依靠群众,工作抓不到点子上,光想增人,活越少越散,人越多越乱。"这些意见对领导成员启发很大。党总支经过研究,集中群众的正确意见,先后四次调整了劳动组织,充分依靠群众管理企业,并建立健全了合理的规章制度,调动了广大群众的社会主义积极性,迅速扭转了混乱局面。原来打算增加一百三十五人,现在,不但一人没增,反而从原有五百多名职工中,陆续调出了九十七人支援兄弟油库,任务完成的更好了。

设备漏油是储油所的一个老大难问题,既浪费油料,又容易着火。怎样才能消除隐患,做到设备不漏油?过去,我们认为,这个问题技术复杂,把希望寄托在少数"行家"身上,搞过多次也没有解决。这次通过批判林彪鼓吹的唯心论的天才观,进一步树立了实践出真知、依靠群众的观点。发动群众，自己动手，大胆革新。领导干部、群众和技术人员结合在一起，集思广益，反复实践，终于制成了二硫化钼耐油橡胶的防漏皮件，初步解决了设备漏油的重大课题。从此改变了建库以来油污满地、油气呛人的状况，既节约了油料，又消除了隐患，油库面貌发生了显著的改变。

三、狠批林彪破坏党的"九大"路线的罪行，联系落实党的政策实际，加强革命团结

文化大革命以来，我们单位团结的主流是好的。不少干部通过下放劳动，三大觉悟有了很大提高。但是，由于林彪路线的流毒没有肃清，党的政策没有得到完全落实。比如，在一百零三名管理干部中，有五十四人没做适当安排；有的老技术工人被免去班组长职务，有的调离了原工种。群众说："政策不落实，积极性调动不起来，工作没法干好。"

在批林整风中，我们学习了毛主席在"九大"提出的团结胜利路线和党的干部政策，批判了林彪分裂党、分裂军队、分裂工人阶级队伍，破坏"九大"路线、破坏党的政策的罪行，联系本单位实际。认识到，党的政策落实不快，主要是领导班子政策观念不强，路线是非界限不清。怕政策落实错了，犯"重用坏人"的错误；怕勾起派性不好收拾；怕意见不一致，影响领导班子的团结，等等。总之，是政策观念不强，私字作怪。在提高认识的基础上，我们发动群众对没有落实政策的干部和老技术工人逐个进行分析，发现有的是文化大革命中犯有一般错误，后来有了认识；有的是历史上有一般问题，早已结论，工作表现较好；还有的是派性造成的。经过分析，认识

到，政策不落实，影响着干部和群众的积极性，障碍着毛主席革命路线的贯彻，也是工作搞不好，处于后进状态的一个重要因素。

在思想统一、认识提高、政策观念增强的基础上，我们陆续安排了四十多名下放干部，对一些老技术工人也分别做了适当安排。政策的落实，大大调动了干部、职工的社会主义积极性。过去是"等活干"，现在变成了"找活干"。洗桶车间被重新安排作车间管理工作的几位老职工，和青年工人一起刻苦钻研，把碱洗池的人力撇油改为自动抽油，把酸洗池的坛子加酸改为管道作业，还自制了烘干箱，提高了洗桶效率。去年上半年，这个车间四十八人洗了二万多只桶，今年头五个月，三十八人就洗了近三万只桶。原化验室负责人被重新安排工作后，心情舒畅，积极参与商业部《石油商品学》的编写工作。为了解决润滑油含水问题，他不辞辛苦，三下大连炼油厂，同工人一起，一个环节一个环节地调查了解，终于找到了油品含水原因，改进了装卸、运输方法，收到了良好效果。

四、狠批林彪割裂政治与业务关系的罪行，联系经营管理实际，认真贯彻党的经济工作总方针

批林整风激发了广大职工群众的革命热情。要不要因势利导，把群众的积极性引导到坚持大干，做好石油储存保管和供应工作上去？有人担心这样会重蹈刘少奇鼓吹的"业务挂帅"的旧辙。这反映了对林彪鼓吹的"政治可以冲击其它"的谬论还批得不深不透。于是，我们就组织干部、职工学习毛主席关于政治和业务关系的论述，反复批判了林彪割裂政治和业务关系的罪行，具体分析了"三次混油一把火"的经验教训。大家进一步认识到：过去油库一度严

重混乱，事故接连不断，就是在林彪"政治可以冲击其它"谬论的影响下，既不抓政治，又不敢抓业务造成的。要改变落后面貌，就要坚持无产阶级政治挂帅，把群众的积极性引导到坚持大干上去，就要在正确路线指引下，做好业务工作。

毛主席革命外交路线的胜利，使我国的对外贸易不断扩大，援外任务日益增加。分配给我们的援外出口石油任务，每年一万多吨，占桶装供应量的百分之四十以上，而且质量要求严，时间要求急，劳动强度大。在批林整风中，通过批判林彪干扰和破坏毛主席革命外交路线的罪行，进一步激发了广大职工的无产阶级义愤，工人们把援外供应，看成是贯彻执行毛主席革命路线，支援世界革命的光荣任务。大家说："多装一桶油，就是为打击帝、修、反多尽一分力量"。援外任务的增加不但没有影响其它工作，而且促进了各项工作任务的完成。

今年第二季度，大连石油七厂大幅度超产润滑油，要求我们所在计划外接受储存。广大职工把完成这项任务当成支持工农业生产，落实**"发展经济，保障供给"**总方针的具体行动，提出了"大干、苦干、加巧干，为支持工农业生产服务"的革命口号，坚决接受这批任务。由于油品的品种不一样，在接储以前，必须把油池腾空，刷洗干净，工作量很大。刷洗油池，需要工人钻到油池里操作，池内闷热不透气，油味呛人。干部和工人一起发扬了**"一不怕苦，二不怕死"**的革命精神，坚持大干，从五月下旬到六月下旬，先后腾空洗刷了七个一千立方米的油池，接储了七千五百多吨油品。不仅支持了大连石油七厂完成超产任务，同时把这些油品及时调往各地，有力地支持了华北地区广大农村抗旱用油的需要。

通过斗争实践，我们深深体会到，在批林整风运动中，要搞好联系实际，必须坚决贯彻执行毛主席关于**"首先是批林，其次才是整风"**的方针，严格区分两类不同性质的矛盾，把矛头紧紧对准林彪反党集团，牢牢掌握斗争大方向。同时领导干部要善于从两条路线斗争中汲取经验教训，认真改造思想，改进工作。

首先，领导干部要把自己摆进去，严于解剖自己，自觉地总结经验教训。过去工作中出现问题，往往不加分析地"上挂林彪，下联群众"，就是不从自己思想上找原因，所以问题总是解决不了。后来我们遵照毛主席关于**"要认真总结经验"**的教导，坚持用三条基本原则对照思想实际，在学习和总结工作时自觉地把自己摆进去，总结经验教训，看到了工作上的乱只是现象，领导没有狠抓路线问题才是本质。领导认识提高了，作风转变了，从而密切了干群关系，调动了群众的积极性。维修车间一个钳工师傅为了把"射流工艺"运用到装卸油槽车上，闷头研究了两年多时间，因为怕领导不支持，又怕搞不成丢脸，一直没有拿出来。在深入批林整风中，油库党总支书记亲自找他促膝谈心，鼓励他大胆试验，并在时间和物质上给予大力支持。最近"射流自控额定液面器"终于试制成功，效果较好，防止了冒油，降低了损耗，提高了效率，而且可以避免中毒事故的发生。

其次，对群众必须坚持正面教育。批林整风运动，对广大群众来说，是在两个阶级、两条道路、两条路线的激烈斗争中进行的一次深刻的社会主义教育，必须坚持正面教育的方法。对群众中的模糊认识，主要是通过学习和讨论的方法，帮助群众提高认识，划清是非界限，不搞无限上纲。储运车间党支部书记，先后找全车间二百多名职工开展谈心活动，效果很好 。对工作中的缺点和错误，采取总结经验教训的方法，提高认识，改进工作。输油二班一次装槽车忘了关截门，造成跑油事故。领导同志就和他们一起开会研究总结经验教训，提出了改进措施。此后，他们认真执行操作规程，防止了事故的发生，成了先进班组。对犯有严重错误而又屡教不改的人，要敢管敢抓，并按照情节轻重分别给予处理。通过上述这些做法，进一步调动了群众的积极性。

第三，根本的问题在于认真看书学习。我们领导班子从斗争实践中深刻体会到：在批林整风中，要搞好联系实际，就必须认真看书学习，从马列著作和毛主席著作中找立场、观点和方法。只有这样，才能提高识别能力和路线觉悟。目前，我们储油所的干部、职工的学习自觉性普遍提高。领导班子坚持学习制度，各车间普遍整顿和建立了业余学习小组，学习马列著作和毛主席著作的群众运动正在蓬勃发展。

学批结合，推动批林整风运动不断深入

棉 纺 四 厂 党 委 会

在批林整风运动中，我们遵照毛主席关于**"认真看书学习，弄通马克思主义，方能抵制王明、刘少奇、陈伯达一类骗子"**的教导，引导全厂职工认真看书学习，批判修正主义，把学习马列著作毛主席著作和批判林彪反革命修正主义路线紧密结合起来。批林整风带动了看书学习，看书学习又促进了批林整风。干部、职工的阶级斗争、路线斗争觉悟和马克思列宁主义理论水平不断提高，发展了革命和生产的大好形势。在去年全面、超额完成国家计划的基础上，目前又全面、超额完成了今年上半年的任务。

在批林整风运动中，有些班、组出现过只批不学和只学不批的两种学批脱节的倾向。通过解决这两种倾向，我们逐步加深了对处理好学批关系重要性的认识，提高了学批结合的自觉性。

只 批 不 学，就 批 不 透

去年年初，在批判《"571 工程"纪要》反革命政变纲领时，广大职工怀着满腔阶级仇恨，纷纷用大量铁的事实，有力地驳斥了林彪一伙的反动谬论。但在批判中出现过只举一些事实就简单地下结论，道理说得不充分的现象。一纺细纱乙班职工对林彪鼓吹的"青年工人工资冻结，等于变相受剥削"的谬论进行了批判。开始，他们用解放后职工工资增加、生活提高以及一九七一年部分职工调整工资的事实，说明党和政府对职工生活的关怀，驳斥了林彪的无耻谰言。但是，有个别青年工人提出"我们和老工人干活一样多，可是工资差一大块，这怎么解释？"还有人提出"我这点工资，一天纺几十个纱就够了，现在我一天至少纺几千个，这叫什么？"乙班党支部研究以后，认为这个问题反映了一部分工人由于学习不够，对于什么是社会主义分配原则，什么是剥削，缺乏正确的认识。针对这种情况，党支部组织大家学习马克思的《哥达纲领批判》有关章节和毛主席关于社会主义社会分配原则的论述。马克思对拉萨尔"不折不扣的分配"所进行的批判和毛主席关于**"在分配问题上，我们必须兼顾国家利益、集体利益和个人利益"**的教导，对大家启发很大。认识到：任何社会、任何阶级都不存在什么"不折不扣的分配"，在社会主义社会，从总产品中进行"六个扣除"是完全必要的，它反映了社会主义扩大再生产的规律，是社会主义革命和建设的需要，是支援世界革命的需要，是完全符合工人阶级和广大劳动人民的根本利益的，根本不是什么剥削。剥削是一个阶级占有另一个阶级的劳动果实，这种现象，只存在于生产资料私有制社会里，它是生产资料私有制的产物。在我们社会主义制度下，消灭了生产资料私人占有制，铲除了剥削的根源，工人成了国家和工厂的主人。大家说："按照林彪的说法，难道我们工人是自己剥削自己吗？这简直荒谬透顶了！"通过这样一学一批，大家进一步认识到，林彪一伙散布这一谬论的罪恶目的，是诬蔑攻击社会主义制度，是用资产阶级的"经济主义"为诱饵，拉拢、腐蚀工人阶级，妄图挑拨党和人民的血肉关系，离间工人阶级内部的团结，从而达到复辟资本主义的目的。同时，青年工人能正确地认识老工人的贡献和作用，端正了对老工人的态度，密切了新、老工人的关系。掀起了一个新工人向老工人学思想、学技术和新老工人互学、互帮的热潮，使全班的生产和工作出现了新气象。

通过这件事，我们体会到：在批判中出现就事论事、道理讲不透、界限划不清的现象，最根本的原因就是没有能够掌握马列主义、毛泽东思想的基本原理。只有认真看书学习，掌握马列主义、毛泽东思想基本原理，用马列主义的立场、观点、方法去分析问题，才能对林彪反动谬论的本质看得清，要害抓得准，从理论和实践的结合上批深批透。

只学不批，也学不深

在学批结合上，也出现过只学不批的倾向。有的学习小组和有些青年职工，在学习马列著作和毛主席著作时，往往在名词、概念上纠缠不休，在枝节问题上钻牛角尖，对领会精神实质，应用基本原理联系实际下功夫不够。去年春天，有的业余哲学小组，在学习《共产党宣言》时，只是就书本记概念，没有联系阶级斗争实际去学，书虽然读了，但没有真正弄懂。以后，他们结合批判林彪一伙"真正的社会主义"的反动谬论，重新学习《共产党宣言》，效果就大不一样。他们在全面领会《共产党宣言》阐述的科学社会主义原理的基础上，从理论、经济、政治等方面，剥下了林彪的"真正的社会主义"的画皮。在理论上，林彪的"真正的社会主义"是以唯心论的先验论作基础的，从根本上否定马列主义基本原理；在经济上，林彪妄图把社会主义公有制变为资本主义私有制，在我国复辟资本主义；在政治上,林彪竭力反对无产阶级专政,阴谋篡党夺权,建立地主买办资产阶级专政。林彪的"真正的社会主义",是真正的资本主义。这样,既批判了林彪"真正的社会主义"的谬论,又加深了对《共产党宣言》的理解。斗争实践使广大职工认识到,学习马列主义、毛泽东思想,不但要从书本上学,更重要的是在三大革命斗争中学,当前特别要在批林整风斗争中学,才能真正学得懂,用得上。老工人说得好:"马列主义是在斗争中发展起来的,只有在斗争中学,斗争中用,才能真正掌握马列主义。"

学批结合，步步深入

在克服只批不学和只学不批这两种倾向的过程中,我们逐步认识到搞好学批结合的重要性。根据斗争需要,比较自觉地注意组织职工认真看书学习,努力掌握马列主义的立场、观点、方法,彻底批判林彪一伙的谬论,把学习和批判步步引向深入。

学和批如何结合？我们是从以下三个方面进行的。

一、重点学,专题批。

根据运动的发展和批判的专题,引导职工重点选学马列著作和毛主席著作的有关章节和语录。在布置批判专题的同时,布置具体的学习内容。在学习中强调在掌握马列主义的立场、观点、方法上用气力,具体剖析和批判林彪反动谬论的实质,不是搞简单的红黑对照。通过这样的重点选学,有力地促进了各个时期的专题批判。

去年下半年,职工在批判林彪《五·一八讲话》中的反动政权观时,对林彪鼓吹的"有了政权就有了一切"的谬论,不知从那里去批,这个难点不解决,批判就不能深入。

为了弄清林彪"有了政权就有了一切"的谬论的反动实质，厂党委组织职工反复学习《毛主席在外地巡视期间同沿途各地负责同志的谈话纪要》，学习毛主席的《论人民民主专政》和列宁的《国家与革命》中的有关章节，着重领会政权的阶级性以及路线和政权关系的基本观点。通过学习，大家认识到，任何政权都是为一定的阶级服务的，被一定的政治路线所支配的。老工人说："解放前，我们搞罢工，国民党反动军警包围工厂，架起机枪，枪口对准我们手无寸铁的工人；解放后，人民军队、人民警察处处爱护群众，关心群众，全心全意为人民服务。同样是军队、警察，为什么对我们工人态度完全不一样？这是因为解放前后两种政权代表着两个阶级的利益。"在批判中，同志们回顾了我党几十年斗争历史和国际共产主义运动的经验教训，深深感到毛主席关于**"思想上政治上的路线正确与否是决定一切的"**教导，是非常英明的。大家说："政权是阶级斗争的工具，运用这个工具，要靠人，要靠阶级，要靠路线。因此，尽管政权很重要，但是它不能决定一切，决定一切的是路线。"

二、整本学，系统批。

要把学习和批判引向深入，除坚持重点学，专题批的作法外，还根据批林整风的需要，一本一本地通读马列著作和毛主席著作，比较完整地掌握马克思主义基本原理，系统地批判林彪的反动谬论。九届二中全会以来，全厂职工重新学习《实践论》、《人的正确思想是从那里来的？》、《矛盾论》、《共产党宣言》，有些干部和工人业余学哲学小组还学习《反杜林论》、《唯物主义和经验批判主义》等著作。最近，有些班组又一次读了《实践论》、《人的正确思想是从那里来的？》，全面领会这两篇著作中的唯物论的反映论的原理,比较系统地批判了林彪唯心论的先验论。首先,根据毛主席**"实践第一"**的论述,批判了林彪鼓吹的"天生就会"、"天赋聪明"的谬论。认识到林彪鼓吹的唯心主义天才论,无限夸大头脑器官作用,把头脑器官这个"加工厂",说成是认识的"源泉",否认社会实践是认识的唯一来源,这就否定了物质第一性、**精神第二性**的马列主义原理,彻底暴露了他们唯心论的先验论的丑恶咀脸。接着,又根据毛主席关于**"物质可以变成精神,精神可以变成物质"**的教导,批判林彪所谓"从思想的形成过程来说,是从客观到主观,从实际到思想。从办事情的过程来说,倒过来,是从主观到客观,从思想到实际"的谬论。大家反复学习了毛主席关于**两个飞跃**的教导,认识到辩证唯物论的反映论不仅承认物质对精神的**决定作用**,而且承认精神对物质的反作用。但是,从精神到物质,从主观到客观,必须以从物质到精神、从客观到主观为前提。林彪把**"物质可以变成精神,精神可以变成物质"**的完整认识过程,别有用心地割裂开来,把思想形成过程和办事情过程对立起来。他的目的就是反对唯物论的反映论,贩卖他的唯心论的黑货。通过分析,大家看清了:林彪一方面大讲唯心主义天才论,否认物质可以变精神,另一方面又宣扬"从主观到客观",用主观随意性来冒充主观能动性,歪曲和篡改精神变物质的辩证唯物论的原理。他推销的完全是**唯心论**的先验论。从批判林彪一个一个的反动谬论中,大家清楚**地**看出,尽管林彪在不同问题上,变换手法,乔装打扮,但这些谬论的唯心论先验论的思想体系是变不了的。

整本学系统批和重点学专题批,是互相配合、相辅相成的。它不仅是学习和批林整风深入发展的需要,而且对于从根本上提高职工的马列主义理论水平，加强工人阶级队伍的思想建设，有着重要的意义。

三、反复学，反复批。

在批林整风过程中，我们感到，认识真理不能"一次完成"，批判谬误也不能"一次完成"。只有反复学、反复批，才能加深对马列主义、毛泽东思想的理解，从政治上、思想上、理论上把林彪的反动谬论批深批透。随着运动的深入发展，不断解决"差不多"、"学习、批判没新词"的思想，要抓住林彪路线的实质和谬论，反复批判，打纵深仗。反复学、反复批的过程，并不是简单的重复，而是不断丰富学批内容，不断提高学批质量的过程。每一次反复，都能比前一次深一步，都有一些新的收获，新的提高。

一年多来，我们学习马列著作和毛主席著作，批判林彪的唯心主义天才论，就经历了四学四批的过程：

第一次，组织职工学习毛主席的《我的一点意见》和《实践论》，批判林彪的"天资"、"天赋"的谬论。许多工人用自己亲身体会说明知识和才能是通过实践才有的，批判了林彪一伙鼓吹的知识和才能是"从娘肚子里带来的"谬论。通过批判，破除了迷信，解放了思想，在生产斗争中创造出优异的成绩。二纺场细纱一女工过去认为"别人心灵手巧，自己笨手笨脚，天生的不一样，和别人比不了。"批判了唯心主义的天才论后，克服了错误思想，在实践中勤学苦练，掌握了接头规律，接头速度由一分钟十三根提高到二十二根，被评为纺织系统的操作标兵。这个女工的变化，在工人中影响很大，进一步推动了全厂对唯心主义天才论的批判。

第二次，厂党委组织学习了《毛主席在外地巡视期间同沿途各地负责同志的谈话纪要》以及马、列有关教导。毛主席指出："**天才就是比较聪明一点，天才不是靠一个人靠几个人，天才是靠一个党，党是无产阶级先锋队。天才是靠群众路线，集体智慧。**"林彪胡说人的才能是"先天就有的"，是"父母给他生下一个好脑瓜"。经过对比，大家认识到：两种天才观含义不同，本质不同，代表着哲学上两条根本对立的认识路线，反映着无产阶级世界观同资产阶级世界观的斗争。通过学习和批判，不少同志克服了主观主义思想方法，大大发扬了深入实际、密切联系群众和调查研究之风。

第三次，组织职工学习了《毛主席致江青同志的信》和马、列的有关教导，着重弄清思想路线和政治路线的关系，揭穿林彪鼓吹唯心主义天才论的反革命目的。通过学习批判，大家认识到，林彪大肆宣扬唯心主义天才论是为他篡权复辟这一反革命阴谋服务的。林彪以"称天才"为幌子，歪曲无产阶级领袖形象，并自我吹嘘，为其招降纳叛，结党营私，拼凑反革命班底，抢班夺权制造舆论。一句话，林彪是把唯心主义天才论当做他建立林家父子封建法西斯王朝、登上皇帝宝座的梯子。

第四次，为了贯彻市委批林整风汇报会议精神，党委组织职工重新学习了毛主席的三篇光辉文献和《实践论》，着重批判了林彪鼓吹的"英雄和奴隶共同创造历史"的反动谬论，进一步从两种根本对立的历史观上弄清林彪宣扬唯心主义天才论的反动性。大家认识到：人民群众是历史的创造者，是推动历史前进的动力。林彪贩卖的"英雄和奴隶共同创造历史"，不过是"英雄创造历史"的唯心史观的变种。老工人说得好："林贼鼓吹英雄创造历史就是鼓吹林家父子是'英雄'，妄图由他们这帮家伙篡夺我们党和国家的领导权。"通过批判，广大干部进一步树立了群众观点，在工作中自觉地坚持群众路线。广大职工进一步认识了自己的力量，增强了主人翁的责任感。由于干部、群众思想认识的提高，大鼓革命干劲，群策群力，解决了一些"老大难"问题，促进了生产的发展。

通过一年多批林整风的实践，我们深深感到，学批结合，不仅是个方法问题，而是关系到批林整风运动能不能深入发展的重大问题，也是贯彻毛主席一贯倡导的理论联系实际的革命学风问题。搞好学批结合，既是深入批林整风的需要，又是认真看书学习的需要。事实证明，不认真读书，修正主义谬论就批不倒；不结合批林，马克思主义也不能弄通。正如工人们总结的："只批不学，批不透；只学不批，学不深。学批结合，以学带批，以批促学，才能学出新水平，批出新水平。"

剖析林彪的极"左"手法
认清林彪路线的极右实质

无线电元件一厂党支部

我们厂在前段批判林彪修正主义路线时，遇到了一个比较突出的问题：一部分职工总觉得林彪路线是"左"的，他们说，林彪历史上一贯反对毛主席，是右的；九届二中全会以后，他们妄图谋害伟大领袖毛主席，发动反革命政变，篡权复辟，更是右得无可再右了。这些大家看得比较清楚。可是，在九届二中全会以前，特别是无产阶级文化大革命期间，林彪煽动和利用极"左"思潮，说了一些很"左"的话，林彪的路线究竟是极"左"还是极右，就分辨不清了。有的同志说："两头看得清，当中想不通"、"两头是极右，中间看不透。"

群众的"想不通"、"看不透"，归纳起来，主要有以下几个方面：

一、林彪把自己标榜为"宣传毛泽东思想"的人，说了许多动听的话，象"顶峰"、"一句顶一万句"、"最高最活的马克思列宁主义"，还提出所谓"三十字学习方针"，等等。怎么说他是反对毛泽东思想，破坏学习马列主义、毛泽东思想的群众运动呢？

二、林彪别有用心地颂扬毛主席是"天才",宣扬"三忠于"、"四无限"、"四个伟大"等等。怎么说他是反对伟大领袖毛主席呢?

三、林彪口口声声讲"突出政治",鼓吹"政治可以冲击其它"。怎么说他是搞修正主义,反对无产阶级政治挂帅呢?

四、林彪煽动和利用极"左"思潮,叫嚷什么:文化大革命是"批判干部的运动。既批判走资本主义道路的当权派,也批判走社会主义道路的当权派。""对老干部,有的要烧,有的要烧而不焦"。"现在的革命是革我们原来革过命的命。"还宣扬"群众运动天然合理"等等。怎么说他是极右?

群众的这些"想不通"、"看不透"的地方,正是林彪最迷惑人的地方,也是当时我厂批林整风继续深入需要解决的难点。为了揭露林彪的伪装,认清林彪路线的极右实质,我们抓了三件事:

第一件事:组织职工认真看书学习,掌握批修武器。

我们围绕群众提出的这些模糊问题,组织职工学习毛主席的三篇光辉文献,并选学马列和毛主席的有关著作。

(1)针对林彪名为宣传实际是反对毛泽东思想的罪行,组织职工学习列宁关于**"任何真理,如果把它说得'过火'……,加以夸大,把它运用到实际所能应用的范围以外去,便可以弄到荒谬绝伦的地步"**的教导,和毛主席关于**"马克思列宁主义并没有结束真理,而是在实践中不断地开辟认识真理的道路"**的教导,大家以辩证唯物主义的认识论和马克思主义的真理观为武器,批判了林彪鼓吹的"顶峰"、"绝对权威"和"终极真理"等谬论,揭露了他的反革命手法。认识到林彪采用接过马列主义词句,加以歪曲篡改,来贩卖他的修正主义黑货，为其篡党夺权制造反革命舆论。

（2）针对林彪颂扬毛主席是"天才"实际是贬低伟大领袖的罪行，组织职工选学列宁关于**"生活、实践的观点，应该是认识论的首先的和基本的观点"**的教导，和毛主席关于**"我并不是不要说天才，天才就是比较聪明一点，天才不是靠一个人靠几个人，天才是靠一个党，党是无产阶级先锋队。天才是靠群众路线，集体智慧"**的教导，批判林彪的唯心主义天才观，揭露林彪颂扬毛主席是假，实际上他是个"语录不离手，万岁不离口，当面流眼泪，背后下毒手"的反革命两面派。学习马克思关于**"每一个社会时代都需要有自己的伟大人物，如果没有这样的人物，它就要创造出这样的人物来"**的教导，批判林彪恶毒攻击伟大领袖毛主席的罪行，认清无产阶级革命领袖在历史上的伟大作用，激发对伟大领袖毛主席深厚的无产阶级感情。

（3）针对林彪所谓"突出政治"的问题，组织职工选学列宁关于**"一个阶级如果不从政治上正确地处理问题，就不能维持它的统治，因而也就不能解决它的生产任务"**的教导，和毛主席关于**"红与专、政治与业务的关系，是两个对立物的统一"**、**"政治是统帅，是灵魂"**的教导，批判林彪散布的"政治可以冲击其它"、"工人做好工，就是政治"等反动谬论，认清林彪打着"突出政治"的幌子，来篡改马列主义，实际上他搞的是地主资产阶级的政治，法西斯政治。

（4）针对林彪煽动和利用极"左"思潮的问题，选学毛主席关于**"无产阶级文化大革命，实质上是在社会主义条件下，无产阶级反对资产阶级和一切剥削阶级的政治大革命"**的教导，批判林彪一伙散布的"怀疑一切，打倒一切"的罪行。认清林彪煽动和利用极"左"思潮的罪恶目的，是为了破坏无产阶级文化大革命，破坏无产阶级专政，为其篡权复辟服务的。

（5）为了使广大职工弄清林彪路线究竟是"左"还是右，还组织大家学习了毛主席关于**"右倾机会主义的特点，就是引导无产阶级适合资产阶级一群一党的私利"**、**"他们反对或者歪曲唯物论和辩证法，反对或者企图削弱人民民主专政和共产党的领导，反对或者企图削弱社会主义改造和社会主义建设"**的教导，大家认识到，林彪路线是和毛主席指出的右倾机会主义路线的特点一模一样的。林彪一伙违背社会历史发展规律，妄图把历史车轮拉向后退。林彪路线是一条彻头彻尾的右倾机会主义路线。

第二件事：让大家反复看有关林彪的罪证材料，进一步认清林彪的罪行。在组织群众开展大批判的过程中，让大家反复看了林彪的《"571工程"纪要》和中央专案组印发的关于林彪反党集团的罪证材料。从材料中看林彪是如何勾结黄、吴、叶、李、邱一伙，组成地下司令部，进行反革命阴谋活动的；看林彪反党集团是如何疯狂反对毛主席、党中央，并在九届二中全会上妄图发动反革命政变，阴谋篡夺党和国家最高权力的；看林彪一伙在九届二中全会以后，又是怎样躲在阴暗角落里加紧策划武装的反革命政变，炮制《"571工程"纪要》，并妄图谋害伟大领袖毛主席的；看林彪及其死党在他们的阴谋败露以后，是如何仓惶出逃，叛党叛国，粉身碎骨，自取灭亡的。在进一步了解林彪罪行的基础上，发动群众把林彪的某些极"左"言论，同他的这些反革命罪行联系起来，进行批判。这样，就进一步激发了广大群众对林彪的仇恨，有助于透过现象看本质，戳穿林彪的极"左"伪装。

第三件事：组织大家运用唯物辩证法，剖析林彪的谬论和罪行。

（1）把现象和本质联系起来，透过现象看本质。组织大家反复学习了毛主席关于"**我们看事情必须要看它的实质，而把它的现象只看作入门的向导，一进了门就要抓住它的实质，这才是可靠的科学的分析方法**"的教导，认清林彪有时表面说一些很"革命"的话，但这是他的反革命策略，必须运用马列主义、毛泽东思想的显微镜和望远镜，透过现象，认清本质，而不能被林彪搞的一些假象所迷惑。例如，林彪大肆鼓吹"顶峰"、"绝对权威"和"终极真理"，这里面包藏着险恶用心。从理论上说，林彪散布的这一套是极端反动的，再联系他在《"571工程"纪要》反革命纲领中对毛泽东思想的切齿咒骂，充分暴露了林彪所谓"宣传"、"高举"完全是假的。

（2）把林彪的言论和罪行联系起来，用林彪的罪行去检验他的言论。组织大家学习了毛主席关于"**只有人们的社会实践，才是人们对于外界认识的真理性的标准**"的教导，认清了行动是检验言论的标准。对林彪讲的一些极"左"谬论，要同他在"九大"、特别是九届二中全会以来的反革命罪行联系起来，戳穿他极"左"的画皮，进一步认清林彪言行不一、口是心非、反革命两面派的丑恶本质。如林彪在"颂扬"毛主席上，调子比谁唱得都高，表面上装作"忠诚、拥护"，满口甜言蜜语，可是在背后却丧心病狂地妄图使用法西斯手段，谋害伟大领袖毛主席。完全暴露了林彪两面派的反革命面目。

（3）把林彪采用的手段和其罪恶目的联系起来看。组织大家学习列宁关于**"马克思主义在理论上的胜利，逼得它的敌人装扮成马克思主义者，历史的辩证法就是如此"**的教导，认清了不管林彪表面作出"高举"、"紧跟"的姿态也好，在某些问题上散布极"左"谬论也好，煽动和利用极"左"思潮也好，不过是为了掩盖其极右实质而采取的一种反革命策略，其罪恶目的是为了实现他篡党夺权，改变党的基本路线和政策，颠覆无产阶级专政，复辟资本主义。

在分析和批判的过程中，对林彪的每一个谬论，都从言论到行动，从手段到目的，从现象到本质地进行分析，看清林彪一伙所代表的地主资产阶级利益，推行的是修正主义路线。这样，使职工解决了"中间想不通"的问题，既批判了林彪的一些极"左"谬论，又透过"左"的现象，进一步认清了林彪路线的极右实质。

以批林整风为纲，推动教育革命

天津师范学院政史系党总支

我们师范学院政史系师生，在批林整风和教育革命的关系上，曾出现过"坐下来抓纲，干起来抓目"的现象；也产生过"批林差不多了，该好好抓抓教育革命了"的思想。为了解决这个问题，我们党总支组织全系师生，认真学习毛主席关于**"路线是个纲，纲举目张。"** **"思想上政治上的路线正确与否是决定一切的"**教导，学习《市委批林整风汇报会议纪要》，进行了反复的讨论。认识到：搞好批林整风和教育革命的关系，不是个单纯方法或时间安排问题，而是关系到如何深入开展批林整风，把上层建筑领域的社会主义革命进行到底的大问题，是关系到用党的基本路线统帅教育工作，使教育事业更好地为党的政治路线服务的大问题。只有以党的基本路线和毛主席提出的三条基本原则为武器，抓住林彪路线的实质，深入开展革命大批判，分清路线上的大是大非，教育革命才能沿着正确的方向前进。也只有把批林整风和教育革命结合起来，批林整风才会更加深入，才能做到**"纲举目张"**。

一、以党的基本路线为武器，深入批判林彪路线的极右实质，坚持教育革命的方向

林彪路线的实质是"左"还是极右？有一段时间，有些同志认

识不清，对林彪路线在教育战线上的干扰、破坏也看不准，抓不住要害，甚至把教育革命中的一些新生事物同林彪路线的干扰、破坏混同起来。为了认清林彪路线的极右实质，今年初，我们组织全系师生学习中央两报一刊元旦社论和《市委批林整风汇报会议纪要》，以党的基本路线和毛主席提出的三条基本原则为锐利武器，深入批判林彪一伙妄图改变党的基本路线，颠覆无产阶级专政，复辟资本主义的罪行，使大家认清了林彪路线的极右实质。同时，我们又引导师生批判了林彪路线对教育战线的干扰、破坏的谬论和罪行，大家认识到：林彪举的是修正主义的黑旗，他反对教育为无产阶级政治服务，反对党的领导，反对开门办学，反对走"五·七"指示的道路，反对用马列主义、毛泽东思想指导教育革命。林彪在教育方面的谬论和罪行是刘少奇反革命修正主义教育路线的继续。他和刘少奇的修正主义教育路线一脉相承，一路货色，其罪恶目的是反对毛主席提出的**"教育为无产阶级政治服务，教育与生产劳动相结合"**的方针，妄图把学校成为他们培养资产阶级接班人的场所，成为他们破坏无产阶级专政、复辟资本主义的工具。

在深入批判林彪路线的极右实质及其对教育战线的干扰、破坏罪行的同时，我们对一些师生在教育革命中反映出来的模糊认识，坚持进行正面教育，用学习、讨论的方法，摆事实，讲道理，帮助其分清路线是非，提高认识。如有些教师片面地强调工农兵学员"文化低、参差不齐"，对工农兵学员在政治上"不服气"，业务上"不称心"。反映了这些教师的世界观还存在问题，是个方向路线性的问题。但这些认识是人民内部的思想问题。为了解决这些问题，我们组织全系教师学习毛主席的有关论述，就如何正确看待工农兵学员，开展了大讨论。另外，让一些学员给教师介绍他们战天斗地的事迹；让一些教师讲述自己在教学实践中如何扭转对工农兵学员看法的思想过程；还组织大家就学员的阶级情况，政治思想情况，分析问题解决问题的能力等方面情况，同文化大革命前的学生相比较。这样，使大家看到了工农兵学员路线斗争觉悟较高，学习目的比较明确，分析问题解决问题的能力较强，这些是区别于旧学校学生的根本特点。认识到对工农兵学员"不服气"、"不称心"的看法，实际上是教育战线上两条路线斗争的反映。认识提高了，从而增强了执行毛主席无产阶级教育路线的自觉性。

二、以批林整风统帅理论教学

为了认真贯彻毛主席关于**"路线是个纲，纲举目张"**的教导，必须以批林整风统帅理论教学，推动理论教学的改革。但是，有些教师对以批林整风统帅理论教学的意义认识不足，如何搞法心里没有底，有畏难情绪，怕批不准犯错误。我们组织教师反复学习毛主席关于**"路线是个纲，纲举目张"**的指示和理论联系实际的论述，并引导教师总结正反两方面的经验教训，加深对以批林整风统帅理论教学重要意义的认识。哲学教研室有个讲师，过去由于脱离批林整风这个最大的阶级斗争实践，讲课中只能从书本到书本。后来，他积极参加批林整风，走出校门，和工农兵一起开展革命大批判，思想发生了很大变化。他深有感触地说："过去是口头讲哲学，实际上脱离现实斗争，从根本上违背了马克思主义哲学原理。现在备课是在弄清原理的基础上，着重在理论和实际相结合上下功夫。"这位教师的转变，使大家深受教育，认识到是不是以批林整风统帅理论教学，不是一般的方法问题，而是个路线问题。

认识提高了，各教研室把对林彪路线的批判做为各门理论课的长期政治任务，纳入教学计划。党史课，以《毛主席在外地巡视期间同沿途各地负责同志的谈话纪要》为教材，学习党内两条路线斗争的历史经验，并对林彪的《论短促突击》、《中国人民的三年民族解放战争》等反党文章进行批判，剥下林彪"一贯正确"的伪装；历史课，着重批判林彪在"五·一八"讲话中宣扬的"政变经"，和他们一伙鼓吹的"英雄创造历史"的唯心史观；哲学课，着重批判林彪在九届二中全会上提出的反党理论纲领唯心论的天才观；政治经济学课，着重批判林彪叫嚷的"国富民穷"、"国民经济停滞不前"等反革命谬论；共运史课，着重批判林彪背叛党的基本路线，反对无产阶级革命和无产阶级专政的罪行。这样，以批林整风统帅理论教学，既能使大批判持久地不断向纵深发展，增强师生识别真假马克思主义的能力；又使理论教学做到理论联系实际，学生学得更加生动、活泼。

以批林整风统帅理论教学，推动了教学内容、教材和教学方法的改革。全系一百九十二名学员，共写了一千多篇批判稿，其中三分之二是结合教学搞的。二年级和进修班学员在准备政治经济学课的考试时，不少人抱着《资本论》背概念、记原理，搞得比较紧张。后来改变考试办法，组织学员运用在《资本论》中所学的基本原理，深入批判林彪一伙诬蔑大好形势的谬论和妄图颠覆无产阶级专政、复辟资本主义的罪行。这样既批判了林彪的谬论和罪行，也有效地考查了学生分析问题、解决问题的能力。

三、走文科以社会为工厂的道路，和工农兵一起
开展批林整风

毛主席指出：**"文科要把整个社会作为自己的工厂。"**通过批林整风，增强了师生走以社会为工厂的道路的自觉性。两年来，我们不断组织师生到工厂、农村、商店，积极参加三大革命斗争。今年五、六月间，又集中一个多月的时间，组织全系学员和大部分教师到工厂、商店同工人一起参加批林整风。在深入实际中，我们抓了以下三方面的工作：

第一，学习工农兵的坚定立场。

和工农兵一起学习马列和毛主席著作，一起搞大批判，一起写批判文章。工农兵在大批判中立场坚定，旗帜鲜明，密切联系三大革命斗争实际，联系厂史、村史、家史，进行新旧社会对比，有理论，有实际，师生受到了很大教育。一致反映：和工农兵一起批判，更加激发了对林彪一伙的刻骨仇恨，坚定了无产阶级立场，增强了革命斗志，学到了在课堂批判中学不到的东西。有的学员说，和工人一起搞批判，明确搞批判的目的，尝到了学原著的甜头。表示要向工人学习，带着深厚的无产阶级感情认真看书，深入批林。

第二，结合大批判，开展社会调查。

今年五、六月，我系师生下厂、下中学期间，共写了四十八份调查报告。有的是结合批判林彪一伙诬蔑大好形势的谬论，调查了工农业战线和中学教育革命的大好形势；有的结合批判林彪鼓吹的"阶级斗争熄灭论"和唯心史观，调查了工厂发展史。学员自己开调查会，自己动口、动手、动脑，运用所学的理论，分析综合，加工整

理，写出了不少有理论，有实际，比较生动而有说服力的调查报告。

在社会调查中，师生受到了具体、生动的阶级斗争、路线斗争的教育，加深了对党的基本路线的理解，提高了识别能力。如有些学员在校批判林彪唯心主义的天才观时，虽然认识到林彪宣扬唯心主义天才观，是为达到篡权复辟的目的；但是，对林彪为什么非要利用唯心主义的天才观作为反党的理论纲领搞不清楚。到工厂后，和老工人专题座谈时，工人师付说："旧社会地主、资本家都讲他们天生就该吃香的、喝辣的；而工人、农民命里注定要当牛当马。反动统治阶级用宿命论束缚我们的思想，让我们服服贴贴当奴隶。林彪鼓吹唯心主义天才论，是和地主资本家唱一个调子。"学员认识到，历代反动阶级为维护其统治，都利用唯心史观来欺骗、麻痹、统治人民，因而认清了林彪宣扬唯心主义天才观的罪恶目的。

第三，发挥文科的战斗性，为现实的阶级斗争服务。

文科要不要为现实阶级斗争服务，尤其在当前要不要在批林整风中发挥战斗作用，开始有些同志不明确。强调教学任务重，不愿走出校门，不愿承担社会政治任务。我们党总支专门讨论过这个问题，认识到文科要不要坚持以社会为工厂，是文科要不要实行革命改造、要办什么样的文科的大问题。离开了现实阶级斗争，离开了批林整风，文科的"服务"和"战斗作用"就会落空。

怎样在下厂期间发挥学员的战斗作用呢？

首先，教育学员虚心向老工人学习，在老工人的帮助下，当好批林整风中理论学习的辅导员。今年五、六月下厂，结合批林整风，共搞了厂、车间一级的辅导二十二次，班组辅导就更多了。具体做法是，学员虚心向工人请教，先做小学生，从工人中汲取先进思想和丰富的材料，理论联系实际地写出辅导稿，反复征求工人的意见。工人说："这样辅导有理论，有实际，我们爱听。"学员深有体会地说："搞辅导的过程，－是向工人阶级学习的过程，受到了实际锻炼。"

其次，让学员当好工厂批林整风中的助手，这样有利于学员的锻炼提高，有利于发挥文科的战斗作用。到红卫兵罐头食品厂的二十二名师生，有的参加厂批林整风办公室的工作，有些深入到各科室、车间和班组，和工人群众一起学习、批判，当好助手。在开展对林彪唯心史观批判的时候，他们和工人一起学习毛主席关于人民群众创造历史的有关论述，摆工人在党的领导下，为社会主义革命和社会主义建设所做的贡献，批判林彪的"英雄创造历史"和"英雄和奴隶共同创造历史"的反动谬论。工人对师生说："你们下厂又锻炼，又当助手，和我们心往一处想，劲往一处使，这样的文科就是好，这样的大学生是我们自己的大学生。"这个厂大学、大批、大干、大变的生动事实，也使师生受到了极其生动、具体的阶级斗争和路线斗争的教育。

的舵手　毛主席万岁！　万岁！　万万岁！

白求恩

红色造反画报

第 三 期

（本期四版）　1967.10.21

吉铁革联、吉林市革命造反委员会、市印井岗山、
吉纸革联、红色广播造反军总部、
红色工艺美术革联站《红色造反画报》编辑部

×××××××××××××××× 最　高　指　示 ××××××××××××××

混进党里、政府里、军队里和各种文化界的资产阶级代表人物，是一批反革命修正主义分子，一旦时机成熟，他们就会要夺取政权，由无产阶级专政变为资产阶级专政。

革命大批判漫画参考资料

刘少奇　邓小平　陶铸　彭真　陆定一

彭德怀　罗瑞卿　贺龙　薄一波　安子文　林枫　杨尚昆

王光美　李维汉　李井泉　张闻天　黄克诚　山口谥

王任重　陈再道　刘澜涛　杨秀峰　肖望东　吕正操　王明

陈独秀　李立三　瞿秋白　高岗　蒋介石　邓子恢　乌兰夫

（未完待續）

帝国主义和一切反动派都是纸老虎

约翰逊（美帝）　赫鲁晓夫（苏修）　柯西金（苏修）　威尔逊（英帝）　铁托（南）　蒋介石

奈温（缅甸）　英迪拉甘地夫人（印度）　苏加诺（印尼）　纳赛尔（阿联）　宫本显治（日修）　肖喻霍查（阿尔巴尼亚）

（上接第二期）

（八）书中宣揚一种什么"精神生活"？这就是国民党的反动哲学加上奴才的"思想"。陶鑄无耻地說：他是蔣介石的"学生"。更准确一些，是奴才！

（九）陶鑄和蔣介石同唱一曲的"精誠团結"，是抛弃原則，背叛社会主义方向、适合资产阶級要求，用来瓦解无产阶級对资产阶級的斗爭。他的"精神生活"是国民党反动哲学的世界。

（十）"全心全意为人民服务、个人利益就会来"，純粹是黑《修养》的垃圾。这正是他这个资产阶級反革命两面派混进革命内部夺取权力的詭計。

（十一）陶鑄欺騙青年說："我們共同的世界观和共同的思想方法""就是从客观实际出发的态度，是就是、非就非的态度"，这是从刘少奇那里販来的貨色。用抽象的"是非"来掩盖人們看問題时的阶級立場，是出卖灵魂的机会主义者的"共同的"特性。

（十二）什么是陶鑄的"思想"？那就是对党对偉大領袖毛主席对无产阶級的刻骨仇恨。他咒駡党和毛主席說："太阳的光和热发射得过份了"，"太阳本身上还有黑点"。这是十足的資产阶級的黑話，正好暴露自己是見不得阳光的鬼物。

（十三）廬山会議上粉碎了彭德怀反党集团的猖狂进攻。陶鑄表示了无限同情，劝告破了产的右傾机会主义分子伪装成"轉变立場"，混进革命的"行列"中来继續干反社会主义的勾当。

（十四）陶鑄的腐朽不堪的"文采"，十分卖力地宣揚了整套刘少奇的修正主义文艺綱領，几乎把文艺界的各种反动論点，統統收罗进他的黑店。

（十五）"共产党員是讲感情的……除了反革命分子以外，对一切人都要有感情"。这就是要爱剥削阶级，爱走資派……，这是向反动派屈膝跪拜的最无耻的行經。

（十六）"生活是多方面"文艺作品要"真实地反映現实"。呸！什么"写真实"就是反对文艺宣傳毛澤东思想，反对文艺用共产主义精神教育人民，抹煞和掩盖文艺的阶級性。

（十七）陶鑄的"暴露黑暗"論，这是毛主席早就痛斥过的"光明与黑暗并重，一半对一半"的反动理論的翻版。这是帝国主义、修正主义和资产阶級进行造謠誹謗的老譜，这位老右派不过依样画葫芦罢了。

（十八）陶鑄是个反革命的两面派，是两面三刀的伪君子，是赫魯曉夫式的野心家，是手伸得长长的"南霸天"，这两本书就是走資本主义道路的鉄証！

（十九）陶鑄是个卑劣的实用主义者。忽而极"右"，忽而极"左"抛出"怀疑一切"妄图炮打以毛主席为首的无产阶級司令部。现在的"五、一六"組織者操纵者，就是这样一个搞阴謀的反革命集团，他們有着不可告人的罪恶目的。

（二十）自作"聪明"的陶鑄发明的"换头术"，可算登峰造极。但是一切反对毛主席无产阶級革命路綫的修正主义坏蛋必然垮台，这是历史的判决！

（二十一）无产阶級文化大革命的洪流滚滚向前。毛澤东思想的閃閃金光照耀着全中国、全世界。一切阶級敌人的垂死挣扎决不能阻止我們的前进，我們一定把文化大革命进行到底！同志們，举起双手欢呼这滌蕩中国大地的大風雨吧！

《文革史料叢刊》六冊

李正中編著 古月齋叢書3-5

第一輯共六冊，圓背精裝
ISBN：978-986-5633-03-5

第二輯共五冊，圓背精裝
ISBN：978-986-5633-30-1

第三輯共五冊，圓背精裝
ISBN：978-986-5633-48-6

文革史料叢刊　內容簡介

　　《文革史料叢刊第一輯》共六冊出版了。文革事件在歷史長河裡，是不會被抹滅的，文革資料是重要的第一手歷史資料。其中主要的兩大類，一是黨的內部文宣品，另一是非黨的文宣品，本套叢書搜集了各種手寫稿，油印品，鉛印文字、照片或繪畫，或傳單、小報等等文革遺物，甚至造反隊的隊旗、臂標也不放過，相關整理經過多年努力，台灣蘭臺出版社出版《文革史料叢刊》，目前已出版第一輯六鉅冊，還在陸續出版中。

蘭臺出版社書訊

第一輯－第三輯（三輯）目錄

文革史料叢刊第一輯

第一冊	頁數：758
第二冊	頁數：514
第三冊	頁數：474
第四冊	頁數：542
第五冊	頁數：434
第六冊	頁數：566

文革史料叢刊第二輯

第一冊	頁數：188
第二冊㈠	頁數：416
第二冊㈡	頁數：414
第二冊㈢	頁數：434
第三冊	頁數：470

文革史料叢刊第三輯

第一冊	頁數：239
第二冊	頁數：284
第三冊	頁數：372
第四冊㈠	頁數：368
第四冊㈡	頁數：336

9 789865 633035　20000

古月齋叢書 3　定價　20000元

9 789865 633301　20000

古月齋叢書 4　定價　20000元

9 789865 633486　25000

古月齋叢書 5　定價　25000元

書款請匯入以下兩種方式

銀行
戶名：蘭臺網路出版商務有限公司
土地銀行營業部（銀行代號005）
帳號：041-001-173756

劃撥帳號
戶名：蘭臺出版社
帳號：18995335

100 台北市中正區重慶南路1段121號8樓之14
TEL：(8862) 2331-1675 FAX：(8862) 2382-6225
E-mail：books5w@gmail.com
網址：http://bookstv.com.tw/